Églises et État
en République démocratique du Congo

Histoire du droit congolais des religions (1885-2003)

5-7, rue de l'Ecole polytechnique ; 75005 Paris

http://www.librairieharmattan.com
diffusion.harmattan@wanadoo.fr
harmattan1@wanadoo.fr

ISBN : 978-2-296-05401-1
EAN : 9782296054011

Jean-Pacifique BALAAMO MOKELWA

Églises et État en République démocratique du Congo

Histoire du droit congolais des religions (1885-2003)

L'Harmattan

Etudes Africaines

Collection dirigée par Denis Pryen et François Manga Akoa

Dernières parutions

Toumany MENDY, *Sénégal. Politiques publiques et engagement politique*, 2008.

Alfred Yambangba SAWADOGO, *Afrique : la démocratie n'a pas eu lieu*, 2008.

Dr BOGA Sako Gervais, *Les Droits de l'Homme à l'épreuve : cas de la crise ivoirienne du 19 septembre 2002*, 2008.

W. Zacharia TIEMTORE, *Technologie de l'information et de la communication, éducation et post-développement en Afrique*, 2008.

BOUOPDA Pierre Kamé, *De la rébellion dans le Bamiléké*, 2008.

Méthode GAHUNGU, *La formation dans les séminaires en Afrique. Pédagogie des Pères Blancs*, 2008.

Dieudonné TSOKINI, *Psychologie clinique et santé au Congo*, 2008.

José DO-NASCIMENTO, *La renaissance africaine comme alternative au développement. Les termes du choix politique en Afrique*, 2008.

Jérôme T. KWENZI-MIKALA, *Les noms de personnes chez les Bantu du Gabon*, 2008.

Côme KINATA, *Prosélytisme chrétien au Congo français*, 2008.

Alain KISITO MÉTODJO, *Devenir maire en Afrique. Décentralisation et notabilités locales au Bénin*, 2008.

Simon-Pierre E. MVONE-NDONG, *Médecine traditionnelle. Approche éthique et épistémologique de la médecine au Gabon*, 2008.

Simon-Pierre E. MVONE-NDONG, *La nature, entre rationalité et spiritualité*, 2008.

Jean MPISI, *Antoine Gizenga. Le combat de l'héritier de P. Lumumba*, 2007.

Auguste ILOKI, *Le droit du mariage au Congo. Le pré-mariage, le mariage à l'état civil*, 2008.

Vincent AUCANTE, *L'Afrique subsaharienne et la mondialisation*, 2008.

A toi ma regrettée mère, ***Régine Nanundu***, arrachée précipitamment à mon affection,

A toi maman ***Agnès Vande Walle***, tu es une présence discrète de la tendresse maternelle dans ma vie,

Je dédie cette modeste contribution à la reconstitution de l'histoire du droit de la République démocratique du Congo.

LISTE DES ABREVIATIONS ET SIGLES

AA/MAERB	Archives africaines du Ministère des Affaires Étrangères, du commerce extérieur et de la Coopération internationale du Royaume de Belgique à Bruxelles
A.A.M-B.	Archives de l'Archidiocèse de Malines- Bruxelles
AAS	Acta Apostolicae Sedis
ABFMS	American Baptist Foreign Mission Society
A.I.A.	Association Internationale Africaine
A.I.C.	Association Internationale du Congo
APB	Archives de la Maison Généralice des Missionnaires d'Afrique (Pères Blancs) à Rome
APCM	American Presbyterian Congo Mission
A.R.	Arrêté royal
Arch. de Sc. soc. des Rel.	Archives de Sciences sociales des Religions
ARSOM	Académie royale des sciences d'Outre-mer
art. cit.	article cité
ASBL	Association sans but lucratif
ASPF, S.C.	Archivio Storico di Propaganda Fide. Fondo Scitture riferite nei congressi (Archives de la Sacrée Congrégation de la Propagande de la Foi, Notes relatives aux congrès).
ASPF, N.S.	Archivio Storico di Propaganda. Nuova serie (Archives de la Sacrée Congrégation de la Propagande de la Foi, Nouvelle série).
ASV	Archives Secretes Vaticanes
BMS	Baptist Missionary Society
B.O	Bulletin officiel
CBM	Congo Balolo Mission
CEDAF	Centre d'études et documentations africaines
CEPMMC	Centre pour l'Etude des Problèmes du Monde Musulman Contemporain
C.I.C.	Corpus Iuris Canonici
C.I.C.M.	Congrégation du Cœur Immaculé de Marie
CMA	Christian and Missionary Alliance
C.P.C.	Conseil Protestant au Congo
CRIP	Centre de Recherches Interdisciplinaires et de Publications
CULR	Catholic University Law Review

DC	Documentation catholique
DCCM	Disciples of Christ in Congo Mission
DDC	Dictionnaire de droit canonique
D.T.C.	Dictionnaire de théologie catholique
E.C.C.	Eglise du Christ au Congo
E.C.Z.	Eglise du Christ au Zaïre
E.I.C.	Etat Indépendant du Congo
E.J.C.S.K.	Eglise de Jésus Christ sur la Terre par le Prophète Simon Kimbangu
E.KI	Entraide Kimbanguiste
FTCK	Faculté de Théologie Catholique de Kinshasa
FTPZ	Faculté de Théologie Protestante au Zaïre
Ibidem	Même auteur, même ouvrage et au même endroit
Idem	Même auteur
J.O	Journal officiel
J.O.RDC	Journal officiel de la République démocratique du Congo
J.O.Z	Journal officiel de la République du Zaïre
M.C	Moniteur congolais
Mgr.	Monseigneur
M.P.R.	Mouvement Populaire de la Révolution
NEA	Nouvelles Editions Africaines
O.N.U.	Organisation des Nations Unies
op. cit.	Œuvre citée
O.U.A.	Organisation de l'unité africaine
p.	page
PUF	Presse Universitaire de France
R.A.	Recours administratif
RAJC	Revue analytique de jurisprudence du Congo
R.D.C.	République démocratique du Congo
RDPSP	Revue du Droit Public et de la Science Politique en France et à l'étranger
RJC	Revue juridique du Congo
R. J. C. B.	Revue juridique du Congo belge
R.J.P	Revue juridique
RJPIC	Revue Juridique et Politique Indépendance et Coopération
RJZ	Revue juridique du Zaïre
R.P.	Révérend Père
SBMPC	Société Belge des Missions Protestantes au Congo
S.E.	Son Excellence
S.M.	Sa Majesté
SMF	Svenka Mission Förbundet

U.A.	Union africaine
UE	Universalis Encyclopedia
ULB	Université Libre de Bruxelles
USHS	Université des Sciences Humaines de Strasbourg

Introduction

Il paraît plus important de se pencher sur l'un des phénomènes les plus marquants de la trajectoire historique de l'Etat importé par la colonisation. « Elle [la colonisation][1], écrit M. Ekanza, se dévoile comme un processus de désintégration et de réintégration de l'espace africain, et aussi de désintégration des institutions anciennes »[2]. La colonisation démantela les sociétés politiques et les institutions préexistantes africaines et effaça les espaces et entités politiques, ainsi que toutes les organisations sociales dans les nouveaux empires coloniaux. C'est dans ce processus de désintégration et réintégration des constructions sociopolitiques que s'inscrivent les propos de cet ouvrage sur la recherche d'un rassemblement administratif des politiques religieuses unifiées par une législation. Il s'agit de la question religieuse dans le nouvel espace politique d'origine coloniale.

La question religieuse dans l'entreprise coloniale est une transplantation de la problématique de la cohabitation entre le pouvoir temporel et spirituel qui a marqué l'itinéraire historique des institutions sociopolitiques européennes. Dans l'histoire contemporaine du Congo[3], la question religieuse a été appréhendée sous plusieurs aspects, le présent ouvrage se veut une appréhension de cette histoire à partir du binôme « droit et religions ». La problématique intègre le multipolarisme religieux, l'instrumentalisation des religions dans la politique, les politiques religieuses des puissances publiques. Cet ouvrage apporte une aide précieuse à la compréhension plus générale du problème de la régulation étatique des religions en République Démocratique du Congo.

L'Etat importé, par la conférence de Berlin en Afrique, s'était engagée, au nom de la « *mission civilisatrice* », à la reproduction des identités socioreligieuses de nations « *dites civilisées* » dans les empires coloniaux. Il était alors de son devoir de pacifier l'espace public voulu

---

[1] Le mot entre crochet [...] est un ajout rédactionnel de l'auteur.

[2] EKANZA, S-P., « Le double héritage de l'Afrique », in *Le Christ au monde*, 3, 2007, p. 236.

[3] Cf. YOGOLELO TAMBWE YA KASIMBA, « Notes introductives à l'histoire du Congo ancien et du Congo moderne », in *Cahiers africains*, 65-66-67, 2004, p. 47.

par le nouvel ordre public. Comme le dit M. Naurois, « les Eglises ne peuvent guère faire l'économie de droit étatique ; il faut à leurs biens une assiette juridique, leurs activités intéressent l'ordre public, dont l'Etat porte la responsabilité... »[4]. Cette assiette juridique des confessions religieuses n'est compréhensible que dans la mesure où elle est située dans l'histoire sociopolitique de la République démocratique du Congo.

Les pesanteurs historiques et politiques, qui ont pesé dans l'émergence du droit congolais des religions, ne semblent pas être maîtrisées par manque des études plus fouillées. C'est pour combler à ce manque qu'il nous a paru nécessaire de revisiter l'histoire du droit congolais afin de donner un peu de lumière à ce sujet. Le droit des religions d'un pays est lié à l'histoire de confrontation entre les institutions religieuses et l'Etat. Le champ juridique devient alors le lieu de limitation de la coexistence quotidienne des institutions religieuses et de l'Etat.

L'histoire du droit congolais des religions est un indicateur des rapports de pouvoir entre les institutions religieuses et l'Etat. Elle nous permet de faire émerger le socle juridique sur lequel repose les relations Eglises et Etat en République démocratique du Congo. Elle nous aide à situer les lois dans le contexte qui les a vues naître. Elle est plus une histoire de rapports entre les Eglises et l'Etat où l'Etat a cherché toujours à imposer sa souveraineté dans l'organisation religieuse du pays. Elle est une histoire de l'organisation de la « tutelle » que l'Etat exerce à l'égard des institutions religieuses.

Le présent ouvrage s'efforce d'illustrer les divers aspects du droit relatifs à la question religieuse sur une période de cent dix-huit années d'histoire du Congo contemporain. Cette période est marquée, de plus en plus fortement, par l'emprise étrangère, coloniale et impérialiste partant de la Conférence de Berlin (du 15 novembre 1884 au 26 février 1885) à nos jours[5]. Cette période d'investigation s'arrête sur l'année 2003. En effet, l'adoption de la *Constitution de la transition* à Sun City en Afrique du Sud, le 1er avril 2003, mit fin à l'illégalité née de l'échec d'une transition politique manquée initiée le 24 avril 1990. Aussi mit-elle un terme à la balkanisation de fait du pays suite à une guerre meurtrière entre plusieurs rébellions et forces gouvernementales depuis le 2 août 1998.

---

[4] DE NAUROIS, L., « Église et État » in *Encyclopaedia Universalis*, corpus 7, Paris, UE France, 1990, p. 976.

[5] Cf. YOGOLELO TAMBWE YA KASIMBA, *art. cit.*, p. 48.

Le cadre structurel de ce travail impose un ensemble d'outils indispensables de recherche qui lui est inhérent. La méthode historique aidera à situer la législation congolaise dans la matrice historique où elle a évolué pour pouvoir dégager les périmètres de sa compréhension. Elle permettra de situer la loi dans son milieu d'émergence par sa contextualisation, la définition de son objet et de sa finalité qui sont les clés de toute interprétation juridique honnête. La méthode critique sera un précieux outil pour la saisie de la raison d'être des lois dans leur enchevêtrement historique. Elle permettra également une appropriation aisée des tenants et des aboutissants des normes de droit dans l'évolution intempestive des événements sociopolitiques qui ont marqué l'histoire de la République démocratique du Congo. Cet outil d'approche historico-critique permettra de situer la pensée du législateur dans le temps et dans l'espace pour éviter les accommodations d'un autre âge, et déterminer ainsi les pesanteurs historiques qui ont occasionné la nécessité de la législation.

L'histoire ne s'écrit pas sans référence à des vestiges matériels qui la portent, et la présente étude qui se veut historique ne pourrait pas échapper à la règle. Ces vestiges constituent les sources de cette modeste contribution à la découverte de l'histoire du droit congolais des religions. Les sources qui nous ont aidé à l'élaboration du présent ouvrage sont éparses et variées, nous les avons regroupées en deux blocs : les sources manuscrites et les sources imprimées. Les sources manuscrites sont le résultat d'un tri sélectif d'une abondante littérature d'archives sur la question classée selon les lieux de leur conservation. La bibliographie est plus large et complexe. Elle vise à présenter sommairement les sources officielles de la législation congolaise, les recueils de la législation congolaise et les recueils de traités internationaux, qui sont des outils de travail à partir desquels les recherches ont été menées. Elle nous présente aussi une riche documentation sur l'histoire de la République démocratique du Congo dans laquelle a pris corps le droit congolais des religions. Cet ouvrage regroupe donc une documentation abondante dispersée, allant des textes de la législation commune aux textes de la législation spéciale, les travaux qui ont nourri la doctrine congolaise et les quelques éléments de la jurisprudence qui est encore peu abondante à ce sujet.

La division du présent ouvrage a été dictée par l'évolution historique de la République démocratique du Congo : la période de l'Etat Indépendant du Congo (1885-1908) où le Congo est un Etat patrimonial, une propriété privée du roi Léopold II, la période du Congo belge (1908-1960) où le Congo est une colonie de la Belgique et la période postcoloniale (de 1960 à 2003) où le Congo est dit Etat indépendant appelé « *République démocratique du Congo* ». Les trois parties de la présente étude s'identifient à chacune des trois périodes de l'histoire contemporaine de la République démocratique du Congo[6].

La première partie cherche les fondements du régime des cultes et missions de l'E.I.C dans la question religieuse de la dynamique coloniale européenne du 19ème siècle. La question religieuse dans la dynamique de la conquête coloniale en Afrique centrale est d'une extrême complexité et ne peut être réduite à une simplification du type « sabre et goupillon »[7]. En effet, elle était prise en compte dans les études géostratégiques et géopolitiques de la conquête coloniale de l'Afrique par les puissances européennes[8]. Elle englobe les questions de l'instrumentalisation des religions par les politiques coloniales, de l'expansion des religions chrétiennes et les contraintes de la christianisation dans la « *mission civilisatrice* », de résistance des forces religieuses présentes avant la conquête coloniale. La question religieuse coloniale est fondée sur le principe de l'Etat libéral importé où la neutralité de l'Etat en matière religieuse garantit le droit à la liberté de religion. Le principe de l'Etat libéral privilégie une perspective institutionnelle. Il met en évidence les rapports de force qui caractérisent les relations entre la puissance publique et les institutions religieuses reconnues. Les cultes et missions reconnus sont incorporés dans l'appareil d'Etat. Ils remplissent des fonctions publiques sociales, scientifiques, éducatives et culturelles. Mais l'Etat conserve la prééminence et le contrôle sur eux par l'octroi de la personnalité juridique qui leur donne une existence légale. La reconnaissance des organisations et institutions religieuses par l'Etat découle de leur utilité politique et sociale.

La deuxième partie étudie le régime des cultes et missions sous le Congo belge. Le régime des cultes et missions s'appuie sur les acquis du régime léopoldien très complexe et varié. La politique religieuse de la puissance coloniale est fondée sur la domination étatique. Le régime de coopération entre les Missions et la Colonie est fondé sur la politique de « *préférence nationale belge* » où la puissance publique filtre l'offre religieuse quelles que soient sa tendance et son origine. Le droit à la liberté de religion est garantit mais, pour subsister, les organisations et institutions religieuses doivent se montrer « correctes » vis-à-vis de

[6] Cf. YOGOLELO TAMBWE YA KASIMBA, *art. cit.*, p. 48.
[7] Cf. MORLAT, P., *La question religieuse dans l'empire colonial français*, Paris, Les Indes savantes, 2003, p. 7.
[8] Cf. BALAAMO MOKELWA, J-P., « L'avenir de l'Eglise en Afrique : Points de vue des missionnaires », in *Dialogue*, 233, 2004, p. 67.

l'ordre public interne et international établi au nom de la « *mission civilisatrice* ». Tous les cultes et missions reconnus jouissaient de la liberté d'exercice mais ne jouissaient pas des même droits. Il existe une grande diversité de statuts juridiques des organisations et institutions religieuses due à la politique de « *missions nationales* » et au subventionnement qui sous-tend ce modèle politique. Le régime des cultes et missions au Congo belge fut marqué par la tradition politique coloniale de « *préférence nationale belge* » pour certaines traditions religieuses et une ouverture mitigée aux missions religieuses étrangères due à la politique d'une pluralité religieuse sélective.

La troisième partie présente l'évolution de la législation congolaise postcoloniale des religions. Dès son indépendance, l'Etat congolais se veut un Etat laïc. La question de la laïcité de l'Etat en République démocratique du Congo sera inscrite dans le contexte des controverses de l'indépendance liées aux questions de souveraineté de l'Etat et des droits fondamentaux des citoyens. La laïcité de l'Etat sera alors située plus dans l'approche des solutions aux problèmes liés à la décolonisation que dans un débat dogmatique entre le pouvoir temporel et le pouvoir spirituel. Dans la conquête d'une souveraineté effective sur tous les secteurs de la vie publique, l'Etat va fonder sa politique religieuse sur la théorie de la domination étatique. Le nouvel ordre public interne et international ne justifiant plus la politique religieuse coloniale, l'Etat va ouvrir l'espace public à un autre modèle de l'économie du religieux et du spirituel. Le nouveau modèle de l'économie du religieux et du spirituel est marqué par le modèle américain fondé sur la théorie de l'offre et de la demande, caractérisé par la pluralité et la concurrence du religieux et du spirituel. L'espace public s'ouvre aux règles du marché par la pluralité et la concurrence où l'Etat veille essentiellement à ce que le marché reste calme[9].

Cependant l'abandon de la politique coloniale de pluralité religieuse sélective ne mit pas fin au régime des cultes et missions en droit congolais en vertu du principe de continuité juridique consacré par la tradition constitutionnelle congolaise. Durant la période postcoloniale, la tendance législative dominante sera d'identifier le droit appliqué aux activités et institutions religieuses au seul droit privé. Les interventions du législateur dans « les querelles de personnalités civiles » et dans la question de la prolifération des sectes religieuses prouveront à suffisance

[9] Cf. CAMPICHE, R., « La régulation de la religion par l'Etat et la production du lien social », in *Arch. de Sc. soc. des Rel.*, 121, 2003, p. 9-11.

l'ancrage de la théorie de la domination étatique et fera tomber l'illusion du principe de la neutralité de l'Etat.

En guise de conclusion, nous présenterons succinctement les tendances dominantes du système de régulation des religions dans l'évolution historique du droit congolais dès 1885 jusqu'en 2003. Nous relèverons des questions qui mériteraient des études plus approfondies pour la redynamisation de la vie juridique du pays en la matière d'une part, et pour l'amélioration de la nouvelle option de la régulation du religieux et du spirituel par les pouvoirs publics en vue d'une construction harmonieuse, loyale et juste de la communauté nationale d'autre part.

Prolégomènes à l'histoire du droit congolais des religions (1885-2003)

L'appartenance à une confession religieuse est devenue déterminante dans la classification de la population congolaise à notre temps. Au-delà de son identité régionale et culturelle, la population congolaise pourrait être classée aussi par son appartenance religieuse. Les confessions religieuses sont une réalité vivante dans la vie de la société congolaise moderne. Il nous a paru utile de classer la population congolaise par rapport aux grandes tendances religieuses auxquelles elle appartient. L'émergence du religieux sur l'espace public congolais n'est qu'une conséquence de l'attachement de la population congolaise à son appartenance religieuse, qui donne lieu à l'existence des confessions religieuses. Aussi paraît-il nécessaire, avant la présentation du vocabulaire spécifique du droit congolais des religions, de donner un cliché du pays et de sa sociologie religieuse.

1. Le pays et la répartition religieuse de ses habitants

Situé au centre de l'Afrique de part et d'autre de l'équateur, la République démocratique du Congo, connue également sous les noms de Congo-Kinshasa, pour établir une distinction avec l'autre Congo, dit Congo-Brazzaville, et de Zaïre, a une superficie de 2 345 000 Km^2. Troisième pays africain par sa superficie après le Soudan et l'Algérie, il partage ses frontières avec neuf pays limitrophes : à l'ouest, le Congo, au nord, la République centrafricaine et le Soudan, à l'est, l'Ouganda, le Rwanda, le Burundi et la Tanzanie ; au sud, la Zambie et l'Angola. La République démocratique du Congo correspond, pour l'essentiel, à l'immense bassin du fleuve Congo excepté la région Nord-est qui appartient au bassin du fleuve Nil[10].

En effet, c'est à la Conférence de Berlin (du 15 novembre 1884 au 26 février 1885) qu'un Etat nouveau sorti sans convulsions du sein d'une association privée. Dirigée par le roi Léopold II des Belges, l'association obtint sa place dans la communauté politique, siégeant au Conseil pour régler le sort de l'Afrique et résoudre les différends entre les puissances occidentales dans le bassin conventionnel du fleuve Congo[11]. Cette reconnaissance internationale permit au roi des Belges de proclamer par un décret du 20 mai 1885 l'existence de l'Etat Indépendant du Congo et

[10] Cf. *Encyclopaedia Universalis*, corpus 23, Paris, EU, 1990, p. 960-972.
[11] Cf. BLANCHARD, G., *Etude sur la formation & la constitution politique de l'Etat Indépendant du Congo*, Thèse pour le doctorat, Université de Grenoble, 1899, p. 37-73.

de proclamer son propre avènement au trône[12]. Le Congo devint ainsi un Etat patrimonial ou une propriété privée du roi des Belges. Par le traité du 18 octobre 1908, le roi céda son patrimoine à la Belgique et le Congo devint une colonie belge[13]. C'est cette colonie belge qui deviendra à son indépendance le 30 juin 1960, la République démocratique du Congo. En 1972, dans la dynamique de la révolution de Mobutu, ce dernier va rebaptiser le pays avec le nom de la République du Zaïre. A la chute du président Mobutu, le pays reprit encore le nom de la République démocratique du Congo.

En 2002, la République démocratique du Congo avait une population estimée à 56 445 000 d'habitants dont 46,8 % de moins de 15 ans, soit une densité de 24 habitants par kilomètre carré. La population congolaise est répartie entre deux grandes tendances religieuses : la tendance religieuse traditionnelle africaine et la tendance religieuse étrangère ou le courant dit des religions importées. La tendance religieuse traditionnelle africaine regroupe toutes les religions traditionnelles des peuples et ethnies du Congo. Bien que n'étant pas organisées socialement sous la forme institutionnelle d' « Eglise », les religions traditionnelles fédèrent plusieurs croyances religieuses qualifiées d' « *animisme* » par les ethnologues et anthropologues. Ces croyances religieuses constituent le socle du religieux dans les cultures africaines. Les religions traditionnelles africaines furent les grandes victimes de la campagne « culturicide » de l'*invasion islamo-esclavagiste* arabe et de la *mission civilisatrice* coloniale européenne du 19ème siècle[14]. Malgré le déclin des religions traditionnelles africaines proclamé par les missionnaires chrétiens et musulmans, elles représentent encore plus de 4,01 % de la population congolaise.

La tendance religieuse étrangère ou le courant dit des religions importées regroupe toutes les religions et mouvements spirituels d'origine étrangère implantés sur l'ensemble du territoire de la République démocratique du Congo : le Christianisme, l'Islam, la foi Bahaïe, le Judaïsme, l'Hindouisme, le Bouddhisme…

La tendance religieuse étrangère est dominée par le catholicisme qui a été propulsé par l'entreprise coloniale belge. En 2002, l'Eglise catholique du Congo, qui est le géant du catholicisme en Afrique, comptait 28 443 000 membres, soit 50, 39 % de la population congolaise. Du point de vue

---

[12] Cf. *ibidem*, p. 78.

[13] Cf. *Bulletin officiel*, 10 bis, 1908, p. 1.

[14] Cf. BALAAMO MOKELWA, J-P., « La mystique spirituelle africaine », in *Tuj-i-buntu*, 40, 2004, p. 41.

nombre de baptisés, elle occupe le premier rang en Afrique et le 16ème rang au niveau mondial[15]. L'Eglise catholique est la communauté religieuse la plus structurée et la mieux organisée de toutes les confessions religieuses en République démocratique du Congo. Elle compte 41 diocèses et 6 archidiocèses regroupés en 6 provinces ecclésiastiques.

Bien qu'il soit très segmentaire, le protestantisme congolais se partage en deux courants : les fédéralistes et les anarchistes. Le courant fédéraliste cherche à regrouper toutes les tendances protestantes du pays en une seule fédération où les Eglises membres gardent chacune son autonomie de discipline, d'action et de gestion. C'est le courant hérité de la tradition fédéraliste des missions protestantes au Congo, qui donna naissance à une fédération des missions protestantes au Congo appelée jadis CPC (Conseil Protestant du Congo) et connue actuellement sous le nom de l'ECC (Eglise du Christ au Congo). L'ECC (Eglise du Christ au Congo) est considérée par les pouvoirs publics comme le partenaire légal traditionnel représentant le protestantisme congolais. L'ECC compte en son sein environ 17 millions de membres, soit 30,11 % de la population congolaise, qui sont répartis au moins en 12 000 paroisses[16]. L'ECC est une fédération d'une centaine d'Eglises ou Communautés ecclésiales protestantes autonomes de divers horizons n'ayant pas nécessairement une même doctrine. Le courant anarchiste, qui s'est développé durant la période postcoloniale et qui est en forte progression, regroupe les *Eglises du réveil* et les *Ministères indépendants* qui ne veulent pas être sous la coupe de l'ECC et de la vieille tradition missionnaire protestante. Le courant anarchiste compte en son sein quelques centaines d'Eglises et sectes religieuses ayant la personnalité juridique et environ 3 millions de fidèles, soit 5,31 % de la population congolaise.

Depuis le début de la transition politique le 24 avril 1990, plusieurs confessions religieuses protestantes fonctionnent dans l'illégalité comme des associations de fait. Le foisonnement du protestantisme congolais complique bien le travail d'une statistique fiable qui donnerait une image de la représentativité du protestantisme dans la société congolaise. Les *Eglises du réveil* et les *Ministères indépendants* connaissent une propension rapide et provoquent des abandons massifs dans d'autres confessions religieuses de telle sorte qu'ils constituent une véritable menace pour les Eglises issues des anciennes missions.

---

[15] Cf. www.catholic-hierarchy.org

[16] Cf. www.ecc.faithweb.com

La République démocratique du Congo qui est le berceau de l'Eglise de Jésus-Christ sur la terre par le prophète Simon Kimbangu (E.J.C.S.K), connue aussi sous le nom de l'*Eglise kimbanguiste*, qui est une des grandes *Eglises d'institution africaine* [*African instituted (Independent) Churches*], appelées aussi *Eglises indépendantes africaines*, détient la palme d'adhésion de fidèles avec plus de 3 500 000 membres soit 6,20 % de la population congolaise.

L'Islam est très répandu à l'Est du pays dans l'ancien fief arabe à l'Est du bassin du fleuve Congo et dans les grandes villes du pays. On enregistre ces dernières années un accroissement remarquable de la présence musulmane dans la capitale Kinshasa dû à un afflux massif de l'immigration ouest-africaine et à un éveil missionnaire islamique. On estime à plus de 2 000 000, les membres de la communauté musulmane en République démocratique du Congo, soit 3,54 % de la population congolaise.

Les nouvelles religions d'origine étrangère peuvent être classées en deux catégories : les religions communautaristes et les religions propagandistes. Les religions communautaristes sont liées à la présence de la communauté de ses adeptes établis en République démocratique du Congo, il s'agit surtout de l'hindouisme et du bouddhisme liés à la présence asiatique très remarquable dans le commerce congolais. Les religions propagandistes sont des nouvelles religions d'origine étrangère qui ont pour but de propager leur foi en République démocratique du Congo. Par exemple : la foi Bahaïe, l'Eglise de la scientologie… Ces nouvelles religions ne sont pas encore très connues et répandues malgré la curiosité qu'elles attirent. On estime à 250 000 âmes, soit 0,44 % de la population congolaise, les membres de ces divers groupes ou mouvements religieux.

En réalité, les populations congolaises vivent dans un syncrétisme religieux où l'appartenance officielle à une confession religieuse n'entraîne pas nécessairement l'adhésion effective aux dogmes qu'elle professe et le renoncement aux croyances religieuses traditionnelles africaines. C'est pourquoi les statistiques officielles des confessions religieuses ne traduisent pas l'appartenance religieuse de la population congolaise à cause du papillonnage religieux des baptisés ou des adhérents déclarés des confessions religieuses. Cependant les statistiques officielles nous permettent de dégager les grandes tendances religieuses parmi lesquelles nous pourrions classer la population congolaise dans son ensemble.

2. Evolution d'une terminologie juridique

Les concepts clés du droit congolais des religions sont tributaires de l'évolution historique du système de régulation des religions par l'Etat. Au moment où se peaufinent les visées coloniales européennes sur l'Afrique, la question religieuse est prise en compte positivement dans les doctrines coloniales du 19ème siècle. L'option libérale de la Conférence de Berlin détermina la politique religieuse des empires coloniaux. Le vocabulaire juridique restera tributaire des expressions utilisées par l'Acte de la conférence de Berlin. Les puissances coloniales ne sont plus chargées directement de la christianisation des territoires païens conquis mais collaborent à l'évangélisation des indigènes à travers l'assistance et la protection des missions religieuses chrétiennes. Les concepts clés qui définissent la matière ont évolué avec l'histoire de la puissance publique. Des cultes et missions aux confessions religieuses, il y a eu tout un glissement terminologique qui témoigne même la place des religions dans la société et de ses rapports avec la puissance publique.

a. Dans la législation coloniale

La législation coloniale est fondée sur les conventions internationales notamment sur l'Acte de la conférence de Berlin et la convention de Saint-Germain-en-Laye qui obligent les puissances coloniales à un système libéral au niveau politique, économique et religieux. Elle est également fondée sur le concordat ou la convention de 1906 entre l'E.I.C et le Saint-Siège. Les concepts clés de la législation coloniale qui définissent la matière, notamment les notions de cultes et de missions sont tributaires pour une grande part du vocabulaire fixé par le droit concordataire et conventionnel (le droit spécial). Les conventions internationales et spéciales consacrent la souveraineté de la puissance coloniale sur l'organisation religieuse. La civilisation qu'introduit la puissance coloniale est neutre et areligieuse, autrement dit la puissance coloniale n'impose pas une religion dans la colonie. Cependant l'objet de la colonisation, la « *mission civilisatrice* », permet aux puissances coloniales de protéger et de favoriser les missionnaires chrétiens pour l'implantation de la civilisation chrétienne européenne. La terminologie juridique coloniale appliquée à la matière religieuse appartient à la tradition juridique franco-belge mais appliquée au contexte colonial. La fixation du vocabulaire juridique usité a été beaucoup influencée par la prise en compte de l'acception catholique des termes. Elle est dominée par trois mots clés : *cultes*, *évangélisation* et *missions*[17].

Le *culte* est la manifestation extérieure des sentiments religieux[18] à travers un rite privé ou public. Au Congo, sont admis seulement les cultes qui ne sont pas contraires à l'ordre public et aux bonnes mœurs qu'impose la *mission civilisatrice*. Il y a des *cultes reconnus* et des *cultes non-reconnus*. Les *cultes reconnus* sont les cultes des missions chrétiennes (catholiques et protestantes) et dans une certaine mesure l'Islam. Le culte israélite est organisé à Elisabethville dans la riche région minière de Katanga où vivait une colonie juive à l'époque[19]. Les *cultes non-reconnus* sont tous les cultes barbares et païens indigènes. Certains cultes « païens » sont plus tolérés qu'acceptés dans les limites de la loi pour raison d'ordre public et de bonnes mœurs. La liberté de cultes est accordée aux seuls cultes reconnus. Le mot *culte* sert à qualifier juridiquement une religion organisée reconnue, c'est-à-dire le culte catholique, le culte protestant, le culte musulman et le culte israélite. Les cultes sont organisés sous forme d'organismes (institution ou association religieuse) reconnus par la puissance publique.

L'*évangélisation* est l'action de répandre les doctrines religieuses des missionnaires chrétiens parmi les populations indigènes. Les administrations coloniales ont toujours estimé l'évangélisation comme un facteur essentiel dans la conquête morale des colonies[20]. Elle a été considérée comme une action instructive. Elle a été liée aux cultes et à l'instruction. C'est pourquoi la puissance coloniale a toujours associé « Instructions » et « Cultes », c'est-à-dire la puissance publique ne limite pas l'action religieuse aux seules fonctions rituelles. Les institutions éducatives et caritatives sont considérées comme des précieux instruments de l'évangélisation pour promouvoir et maintenir l'action chrétienne au sein des masses populaires[21]. Elles sont appelées également les « œuvres des missions ».

En droit colonial belge, le terme « *mission* » désigne une circonscription confiée par la puissance publique à un organisme chargé d'évangélisation. La mission est une circonscription définie par l'acte qui la crée de commun accord entre le Saint-Siège et la puissance publique

[17] Cf. SCHMITZ, L., « Cultes et Missions », in *Les Novelles. Droit colonial*, Tome II, Bruxelles, Les Editions Edmond Picard – Maison Ferdinand Larcier, 1936, p. 569-593.
[18] Cf. *Ibidem*, p. 573.
[19] Cf. Arrêté royal du 27 décembre 1920, in *Bulletin officiel*, 1, 1921, p. 267.
[20] Cf. SCHMITZ, L., *art. cit.* , p. 573.
[21] Cf. *Ibidem*, p. 573-574.

pour les catholiques, confiée à un institut ou ordre religieux et missionnaire capable d'administrer une mission pour son évangélisation ; entre la mission religieuse et la puissance publique pour les missions protestantes comme son champ d'apostolat propre. Le Congo était divisé en plusieurs circonscriptions confiées à plusieurs missions religieuses catholiques et protestantes. Le terme « *mission catholique* » ou « *mission protestante* », signifie territoire à évangéliser confié au culte catholique ou au culte protestant. Il s'agit d'un territoire de mission et il est suivi dans ce cas par le nom du territoire concerné. Par exemples : *Mission catholique* de *Mungombe*, *Mission protestante* de *Kalambi*. Cette définition du terme est une reprise de la définition juridique catholique du terme, la « *mission* » est un territoire « dans lequel les missionnaires déterminés exercent leur effort d'évangélisation »[22].

Une « *mission catholique* » peut être une préfecture, une administration ou un vicariat apostolique, ou encore une mission spéciale ayant le même statut canonique. Elles sont qualifiées d'apostolique parce qu'elles sont dirigées par des représentants du Saint-Siège Apostolique, du pape. Par exemple, le vicariat apostolique de l'Etat Indépendant du Congo, le vicariat apostolique du Haut-Congo, la mission jésuite du Kwango...

Selon le canon 371 du Code de droit canonique de 1983, « le vicariat apostolique ou la prélature apostolique est une portion déterminée du peuple de Dieu qui, à cause de circonstances particulières, n'est pas encore constituée en diocèse, et dont la charge pastorale est confiée à un Vicaire apostolique ou à un Prélat apostolique qui la gouverne au nom du Pontife Suprême »[23].

La *préfecture apostolique* est une mission dont la charge de direction est confiée à un prélat ecclésiastique nommé préfet apostolique. Le préfet apostolique « est un prélat ecclésiastique, qualifié d'apostolique parce qu'il représente le pape dont il exerce la mission dans les pays où la hiérarchie de l'Eglise n'a pas encore pu être établie ou rétablie »[24].

Le *vicariat apostolique* est une mission dont la charge de direction est confiée à un vicaire apostolique. « On nomme vicaire apostolique, c'est-à-dire vicaire du Saint-Siège, le prélat qui exerce les fonctions du

---

[22] NAZ, R., « Mission », in *DDC*, tome VI, Paris Letouzey et Ané, 1957, col. 901.

[23] *Code de Droit Canonique*. Texte officiel et traduction française, Paris, Editions du Centurion, Cerf, Tardy, 1984, p. 66.

[24] NAZ, R., « Préfet apostolique », in *DDC*, tome VII, Paris Letouzey et Ané, 1965, col. 166.

ministère ecclésiastique au nom du Souverain pontife dans un pays où la hiérarchie de droit commun n'est pas établie »[25]. La différence entre le préfet et le vicaire apostolique « tient en ce que le premier ne jouit pas normalement, comme le second, du pouvoir d'ordre inhérent à l'épiscopat »[26].

Le 29 novembre 1959, le Pape Jean XXIII va instituer la hiérarchie épiscopale au Congo belge. Le décret romain établit 6 provinces ecclésiastiques qui correspondent aux 6 provinces civiles du Congo, chacune est placée sous l'autorité d'un archevêque. Les sièges métropolitains sont fixés à Léopoldville, à Coquilhatville, à Stanleyville, à Bukavu, à Luluabourg, à Elisabethville. Autour de ces six métropolitains se rangent vingt-quatre évêques suffragants et sept préfets apostoliques. En tout le Congo compte 6 archidiocèses, 24 diocèses et 7 préfectures apostoliques[27]. Ainsi les *missions* sont devenues des *diocèses* et les *établissements de mission* des *paroisses*.

Une « *mission protestante* » est une circonscription définie par l'acte qui la crée de commun accord entre la puissance publique et une mission religieuse protestante comme son champ d'apostolat propre. Par exemple, la mission baptiste de Kivu, la mission méthodiste du Sud-Congo… Avant la loi des associations de 1959, le territoire de la colonie belge était réparti en 30 missions protestantes où une mission religieuse s'identifiait à sa mission[28].

---

[25] Idem, « Vicaire apostolique », in *DDC*, tome VII, Paris Letouzey et Ané, 1965, col. 1479.

[26] Idem, « Préfet apostolique », in *DDC*, tome VII, Paris Letouzey et Ané, 1965, col. 166.

[27] Cf. *AAS*, II, 1, 1960, p. 14-21; *DC*, 1320, 1960, col. 125-126.

[28] Missions protestantes au Congo avant 1960 : 1. Bapist Missionary Society (BMS), 2. American Baptist Foreign Mission society (ABFMS), 3. Svenska Missionsförbundet (SMF), 4. Christian Missionary Alliance (CMA), 5. Mission Méthodiste du Sud-Congo (MMSC), 6. Garenganze Evangelical Mission (GEM), 7. Congo Balolo Mission (CBM), 8. American Presbyterian Congo Mission (APCM), 9. Svenska Baptistmissionen (SBM), 10. Congo Inland Mission (CIM), 11. Disciples of Christ Mission (DCCM), 12. Westcott Mission (WM), 13. Africa Inland Mission (AIM), 14. American Mennonite Brethren Mission (AMBM), 15. Mission Méthodiste au Congo central (MMCC), 16. Heart of Africa Mission (HAM), 17. Congo Evangelistic Mission (CEM), 18. Mission Baptiste Norvégienne (MBN), 19. Union Pentecostale des Missionnaires de Grande-Bretagne et d'Irlande (UPMGBI), 20. Seventh Day Adventist (SDA), 21. Mission Libre Suédoise (MSL), 22. Assemblées de Dieu au Congo (ADC), 23. Evangelization Society African Mission (ESAM), 24. Association des Eglises Libres de Norvège (AELN), 25. Mission Emmanuel (ME), 26. Baptist Mid-Missions (BMM), 27. Mission Baptiste de Kivu (MBK), 28. Mission du Sankuru du Nord (MSN), 29. Unevangelized Fields Mission (UFM), 30. Salvation Army (SA).

Une « *mission religieuse* », au sens de la loi coloniale belge, est une association privée chargée des œuvres d'évangélisation. Il s'agit de tout institut ou ordre religieux et missionnaire ayant pour objectif la propagande de la foi catholique au Congo d'une part, ou de toute association ayant pour objectif la propagande de la foi protestante au Congo. Les « *missions religieuses* » sont des congrégations, instituts et ordres religieux qui visent à répandre la foi chrétienne au Congo. Les activités variées (charitables, scientifiques et enseignement) exercées par les missions religieuses sont ordonnées à l'œuvre d'évangélisation. En droit colonial belge, toutes les « *missions religieuses* » catholiques, c'est-à-dire instituts ou ordre religieux et missionnaire n'ont pas nécessairement la capacité d'administrer une « *mission* ».

Les *missions religieuses* s'implantaient au Congo avec l'accord des pouvoirs publics qui fixaient les limites du territoire de chaque mission pour que la confrontation de plusieurs missions religieuses ne soit pas un facteur de trouble de l'ordre public.

Les *missions nationales* sont des missions religieuses sans distinction de cultes qui ont leur siège en Belgique, qui sont dirigées par des Belges et qui comptent un certain nombre de Belges parmi leurs missionnaires au Congo. Les missions nationales sont chrétiennes, catholiques et protestantes.

L' « *établissement de mission* » est une institution publique dont l'existence juridique est liée à l'assurance du ministère sacerdotal pour les catholiques ou du ministère pastoral pour les protestants par l'implantation d'une résidence stable des missionnaires. En langage courant, l'« *établissement de mission* » était appelé aussi *station de mission.*

En droit colonial belge, les « *missions* » et les « *établissements de mission* » sont des institutions publiques vu qu'elles sont des institutions religieuses créées par le Gouvernement en accord avec les « *missions religieuses* » qui vont les administrer et représenter, et leur capacité civile est réglée de la manière indiquée par le décret ou la législation particulière qui les établit. Les « *missions* » sont des institutions religieuses alors que les « *missions religieuses* » sont des associations religieuses au terme du décret de 1888.

La puissance publique sera obligée d'adapter le vocabulaire juridique aux particularités de chaque culte reconnu. Toutes les circonscriptions ecclésiastiques catholiques sont désormais appelées : « archidiocèses »,

« diocèses » et « paroisses ». Pour le culte protestant, chaque *mission* deviendra *Eglise* et chaque *établissement* de mission deviendra *paroisse*. Par exemples : Eglise Méthodiste du Sud-Congo, Eglise Baptiste du Kivu ... Le nouveau culte des adeptes de Kimbangu étant issu du milieu protestant sera assimilé à une nouvelle Eglise protestante. D'ailleurs l'Eglise kimbanguiste est nommée « Eglise de Jésus-Christ sur la terre par le Prophète Simon Kimbangu » sur l'acte de sa reconnaissance juridique du 24 décembre 1959.

b. Dans la législation postcoloniale

Suite aux bouleversements générés par le mouvement de décolonisation depuis 1958 qui aboutirent à la proclamation de l'indépendance du pays le 30 juin 1960, le concept « *mission* » semble être délaissé au profit de celui d'« *Eglise* » pour désigner une Eglise locale. Derrière cette évolution terminologique se cache une révolution interne dans les institutions religieuses, celle de l'élévation des congolais aux postes de direction des institutions religieuses. L'africanisation des cadres dirigeants dégénéra en conflit ouvert entre les « *missions* » et les « *missions religieuses* » parce que les « *missions religieuses* » s'identifiaient aux « *missions* » qu'elles desservaient. Le conflit se traduisit dans le protestantisme congolais en conflit entre Missions et Eglises locales, ou mieux entre « églises-mères » et « églises-filles ». En réalité le conflit était de nature juridique et devait être résolu selon les règles du droit des cultes et missions en vigueur à l'époque mais la puissance publique préféra une solution négociée au sein du Conseil Protestant du Congo[29].

Après l'instabilité politique de la première République du Congo indépendant (1960-1965), vint un régime fort du président Mobutu qui instaura l'autorité de l'Etat. Dans la loi de 1971, l'ordonnance de 1972 et la loi de 1979, le mot « *cultes* » utilisé dans la législation coloniale, est remplacé dans le vocabulaire juridique par les termes « *Eglises* » et « *Sectes religieuses* ». Au nom de la laïcité constitutionnelle de l'Etat, la puissance publique prit une certaine distance par rapport aux Eglises issues des anciennes missions pour manifester la neutralité de l'Etat en matière religieuse. Par une série de lois réglementant l'exercice des cultes, la puissance publique réduisit les Eglises à des associations cultuelles, c'est-à-dire aux seules fonctions cultuelles. Jaloux de sa

[29] Cf. MUNONGO BANIANGA, *Aspects du protestantisme dans le Congo-Zaïre indépendant (1960-1990)*, Thèse de doctorat, Université Charles De Gaulle - Lille III, 2000, p. 106-109.

souveraineté, l'Etat veut s'imposer dans l'organisation religieuse du pays. Les Eglises ne sont plus un ordre dans l'Etat ayant le monopole de la direction des institutions éducatives et caritatives. Elles deviennent des associations dont l'objet est l'exercice du culte.

Ainsi est née une législation congolaise des Eglises et Sectes religieuses, qui est un ensemble de lois sur l'organisation de l'exercice des cultes. Dans cette législation, le mot culte est pris dans son sens premier, manifestation extérieure des sentiments religieux, et perd sa signification spécifique qu'il avait dans la législation coloniale. Le changement du vocabulaire manifeste bien l'intention du législateur de limiter l'action des anciens cultes reconnus dans la législation coloniale.

Depuis le mouvement de démocratisation du pays en 1990, les Eglises et Sectes religieuses sont appelées dans le vocabulaire juridique congolais les « confessions religieuses » pour marquer la neutralité de l'Etat en matière religieuse. Ainsi dans la loi de 2001, les termes « *Eglises* » et « *Sectes religieuses* » ont été remplacés par le terme « *association confessionnelle* ». En effet toutes les confessions ou traditions religieuses ne sont pas organisées sous le modèle social de « *ecclesia* » ou Eglise. L'institution religieuse visualisée socialement est appelée « *Eglise* » dans la tradition chrétienne, « *Umma* » dans la tradition islamique … D'ailleurs, comme le dit M. Messner, « aucun spécialiste des sciences des religions n'a jamais fait état d'une Eglise juive, d'une Eglise musulmane ou d'une Eglise hindouiste ou bouddhiste, alors qu'elles sont qualifiées de religion »[30]. Le terme « Eglise » reste tributaire de la tradition chrétienne et son usage marque une certaine orientation du discours. Le vocabulaire juridique vise à respecter le principe d'égalité des religions vis-à-vis de la puissance publique en supprimant la distinction entre Eglise et Sectes religieuses. Les associations confessionnelles sont des associations cultuelles car elles sont définies par rapport aux lieux des cultes.

L'évolution des concepts clés de la terminologie juridique nous montre bien l'évolution du débat autour de la religion sur l'espace public en République démocratique du Congo. La question de la religion a été posée jusqu'ici en termes d'institution sans être posée en termes de droit subjectif.

---

[30] MESSNER, F., PRELOT, P-H. et WOEHRLING, J-M. (dir.), *Traité de droit français des religions*, Paris, Edition du Juris-Classeur, 2003, p. 9.

3. Le droit congolais des religions : au-delà du droit des cultes et missions et du droit des associations confessionnelles

a. Droit des cultes et missions

En droit colonial belge, les cultes ne sont pas des associations cultuelles car elles ne remplissent pas seulement une fonction rituelle et cultuelle. L'activité des cultes porte à la fois sur l'organisation du culte (la liturgie), de l'instruction religieuse par la prédication et la catéchisation, et les œuvres de promotion sociale éducatives et caritatives. Le droit des cultes est un droit des cultes reconnus (catholique, protestant, israélite, islam). Les « *missions* » et les « *établissements de mission* » sont des institutions religieuses créées par la puissance publique coloniale en accord avec les « *missions religieuses* » qui vont les administrer et représenter. Les institutions et associations religieuses légales sont des organismes sans but lucratif régis par le décret de 1888. Le droit des cultes et missions était un traité spécifique du droit colonial belge[31] qui était enseigné à l'école coloniale d'Anvers qui formait les cadres coloniaux destinés à l'administration coloniale. L'étude M. L. Schmitz publiée en 1936 est le premier et l'unique traité de droit des cultes et missions et constitue encore la référence pour l'histoire de droit congolais des religions. Le droit des cultes et missions n'est pas une collection des lois relatives à l'exercice des cultes, encore moins un droit appliqué aux activités et aux institutions cultuelles mais un droit appliqué aux activités et institutions religieuses reconnues. La terminologie « cultes et missions » impose une limitation à ce droit colonial au nom de la mission civilisatrice où le phénomène religieux n'est pas pris dans tout son ensemble.

b. Droit des associations confessionnelles

Depuis l'indépendance du pays, la question de la souveraineté de l'Etat a été au centre du débat sur les relations Eglises et Etat en République démocratique du Congo. L'Etat veut étendre sa souveraineté dans tous les secteurs de la vie publique. L'Etat se veut laïc et neutre en matière religieuse. L'Etat se refuse à prendre toute mesure discriminatoire envers des confessions religieuses, ne privilégie aucune confession religieuse par rapport aux autres et reconnaît une liberté égale à toutes les confessions religieuses[32]. La puissance publique accorde la personnalité juridique conformément à la loi à toute confession religieuse

[31] Cf. SCHMITZ, L., *art. cit.*, p. 569-593.
[32] Cf. DE NAUROIS, L., *art. cit.*, p. 980.

requérante. Toutes les confessions religieuses légales jouissent des mêmes droits. Il n'y a plus des cultes reconnus et des cultes non-reconnus. L'espace public s'ouvre à toute manifestation du religieux dans le respect de la loi. Les confessions religieuses sont réduites à des associations cultuelles. Le droit des confessions religieuses est un droit appliqué aux activités et institutions cultuelles. Il s'agit bien d'un aspect de l'organisation juridique positive de l'activité des confessions religieuses.

Durant la période postcoloniale, la question religieuse a été posée, avant tout, en termes de droit institutionnel ou de droit des institutions religieuses, sans être posé en termes de droit subjectif. En voulant limiter l'activité religieuse aux seules fonctions cultuelles des institutions religieuses, l'Etat a fini par brimer les libertés individuelles et les droits des institutions religieuses. D'ailleurs la question des relations Eglises et Etat était posée plus sur le plan politique que juridique. Dans l'euphorie du mouvement de la décolonisation, le débat sur la laïcité de l'Etat s'est développé dans un contexte de confrontation entre l'Etat et les « *missions* » en tant qu'un des piliers de la trilogie coloniale (Administration, Commerce et Missions). La « *laïcité pragmatique* » prônée par la puissance publique est fondée sur le libéralisme adopté par la jeune République lors de son accession à l'indépendance. D'où l'ouverture de l'espace public à toutes les convictions religieuses, qui est un dépassement des limitations du droit des cultes et missions.

c. Droit des religions

Pour dépasser la limitation du phénomène religieux qu'imposait le droit des cultes et missions par une approche positive du phénomène religieux dans son ensemble, pour dépasser la tentative réductrice du fait religieux au cultuel du droit des associations confessionnelles et en vue d'affermir la neutralité de l'Etat en matière religieuse, l'avènement d'un Etat de droit qui garantit les droits et les libertés publiques est plus qu'une nécessité pour la renaissance du Congo. Il faut une nouvelle approche juridique du phénomène religieux déterminée par le pluralisme religieux de la société congolaise et la neutralité active de l'Etat par rapport à ce phénomène comme cela est le cas en tout Etat de droit[33]. Comme le dit M Messner, l'expression droit des religions « prône une valorisation de la liberté religieuse individuelle et collective ... dépasse également le cadre étroit et convenu du régime ou statut des cultes. Elle a

[33] Cf. MESSNER, F., PRELOT, P-H. et WOEHRLING, J-M. (dir.), *op. cit.* , p. 10.

une vocation plus étendue et englobant l'ensemble des dispositions juridiques relatives aux phénomènes religieux »[34].

C'est une nouvelle approche du droit congolais sous un nouvel angle qui n'avait jamais été abordé plus systématiquement malgré l'intérêt timide que suscite le sujet ces derniers temps au pays[35]. C'est une approche transversale de toutes les disciplines du droit ayant traité des questions relatives aux activités et institutions religieuses (droit public et administratif, fiscal, social, pénal, …).

---

[34] *Ibidem.*

[35] Du 25 au 28 avril 2001, le Centre de Recherches Interdisciplinaires et de Publications de l'Université Protestante au Congo et la Commission Théologique de l'Eglise du Christ au Congo ont organisé des Journées Scientifiques autour du thème « L'Eglise dans la société congolaise : Hier, aujourd'hui et demain », avec un sous-thèmes qui touche à la question « Les Eglises en droit congolais ». Les actes de ces Journées scientifiques ont constitué le premier numéro de la Revue du Crip.

Première partie : L'Etat Indépendant du Congo

et les origines du régime des cultes et missions (1885-1908)

Titre premier : La liberté des missions religieuses et la genèse de l'Etat Indépendant du Congo

L'ère des explorations scientifiques dans le bassin du fleuve Congo commence vers la fin du 18ème siècle[36] sans susciter beaucoup d'intérêt. Il a fallu attendre la deuxième moitié du 19ème siècle pour que les nations européennes, poussées par la recherche de matières premières et de nouveaux débouchés commerciaux, se lancent à la conquête du continent mystérieux[37].

Les puissances occidentales, pour des motifs économiques, vont se lancer plus rapidement dans la conquête coloniale et vont se partager le gâteau africain. Comme le soutient M. Eucher Deroy, « Livingstone, Baker, Cameron, Stanley et tant d'autres pénètrent dans les régions inconnues de l'Afrique ; ils ne rêvent pour la plupart, que d'ouvrir des voies nouvelles au commerce, d'élargir les horizons de la géographie et, sans le savoir, ils ne sont, entre les mains de Dieu, que des pionniers de l'Evangile »[38].

En fait, les travaux de tous les explorateurs et scientifiques ne faisaient que susciter l'attention de l'Occident sur cette partie du monde. « L'Afrique centrale, écrit M. Latour Da Veiga Pinto, inconnue, suscita une succession d'explorations. Cependant, si les premières furent, en partie, désintéressées, très rapidement, elles devinrent, elles aussi, un instrument de pénétration, à l'instigation ou avec l'appui de diverses nations ou institutions »[39]. Des discours ambigus des explorateurs, qui mélangent les récits pittoresques et les scènes macabres de l'horreur de la traite négrière à la publicité donnée aux découvertes sensationnelles faites sur ces terres inconnues, ne pouvaient laisser indifférentes les puissances occidentales. Une concertation s'avérait nécessaire pour une

---

[36] Cf. WAUTERS, A. – J., *L'Etat Indépendant du Congo*, Bruxelles, Librairie Falk Fils, 1899, p. 9.

[37] Cf. MUNAYI MUNTU-MONJI, *Les vingt-cinq ans de la Faculté de Théologie protestante au Zaïre 1959-1984*, Kinshasa, Publications de la FTPZ, 1984, p. 11.

[38] EUCHER DEROY, *Le Congo. Essai sur l'histoire religieuse de ce pays depuis sa découverte (1484) jusqu'à nos jours*, Huy, Charpentier & Edmond, 1894, p. 213.

[39] LATOUR DA VEIGA PINTO, F., *Le Portugal et le Congo au XIXème siècle*, Paris, PUF, 1972, p. 75-76.

meilleure coordination de l'immense activité de l'exploration de l'Afrique. Le roi des Belges, habité par une ambition expansionniste, trouva une occasion en or de réaliser ses rêves. « Léopold II, soutient M. Roeykens, profitant des leçons qu'il avait pu tirer de ses échecs antérieurs, associa son nouveau projet au mouvement d'intérêt pour l'Afrique qui se développait alors en Europe. Il conçut sa nouvelle entreprise, non pas sous la forme d'une affaire commerciale ou industrielle, comme dans ses tentatives antérieures d'expansion, mais sous la forme d'une œuvre internationale et privée, à préoccupations scientifiques et humanitaires. Il ne fit en somme qu'adapter adroitement son ancienne formule aux circonstances, tout en y intégrant les éléments très utiles qu'il avait trouvés dans maintes suggestions concernant le problème de l'exploration de l'Afrique »[40].

Ainsi naquit l'idée d'organiser une conférence en vue d'étudier les meilleurs moyens de combiner les efforts pour explorer ces régions inconnues de l'Afrique[41]. « De toutes parts, écrit M. Wauters, les dévouements s'offraient. Il ne manquait, semblait-il, qu'un lien puissant pour coordonner les efforts, pour ne laisser aucune bonne volonté stérile. Ce fut cette dernière constatation qui conduisit Léopold II, roi des Belges, à convoquer une conférence géographique qui réunirait les voyageurs africains les plus notables, les présidents des grandes sociétés de géographie, des hommes politiques et des philanthropes »[42].

Il convient de souligner que les différentes missions philanthropiques, religieuses et scientifiques étaient déjà à l'œuvre dans cette région du monde, sans aucune prétention politique. Les missions chrétiennes en Afrique équatoriale étaient nées en toute liberté dans la mouvance des explorations du 19ème siècle, avant la politisation du mouvement explorateur. L'initiative africaine du roi des Belges paraît être le début de la politisation de l'entreprise européenne en Afrique centrale qui ne tardera pas à se faire voir au grand jour lors de la conférence africaine de Berlin. Cette période conduisant à la conférence de Berlin s'avère être un moment de maturation d'une entreprise qui marquera à jamais l'avenir politique du continent. C'est dans cette période qu'il faut rechercher les origines lointaines du régime légal des cultes dans les futures colonies africaines, et la genèse de la diplomatie de la future colonie belge du

---

40 ROEYKENS, A., *L'initiative africaine de Léopold II et l'opinion publique belge*, tome I, Bruxelles, ARSOM, 1963, p. 23-24.
41 Cf. EUCHER DEROY, *op. cit.*, p. 214.
42 WAUTERS, A-J., *op. cit.*, p. 11.

Congo[43]. La période est fondamentale pour le développement ultérieur de la question religieuse dans les futures colonies car nous passons d'une période de libre initiative religieuse à une période d'initiatives contrôlées et encadrées par des pouvoirs politiques coloniaux nouvellement constitués. C'est au cœur du ballet diplomatique intense organisé par le roi des Belges qu'il faut ainsi situer l'organisation des missions religieuses dans le bassin du Congo. Nous examinerons sous les aspects juridiques et politiques, l'essor des missions religieuses dans le bassin du Congo, depuis le jour où Léopold II a lancé son initiative africaine par la convocation de la conférence géographique de Bruxelles de 1876, jusqu'à la conférence de Berlin en 1885 où le Congo est né comme structure étatique moderne. Notre investigation revêt un caractère historique, diplomatique et politique ; et surtout elle a un objet appartenant à la sphère du droit international public comme point d'appui des problèmes juridiques que nous aborderons.

Chapitre premier : La conférence géographique de Bruxelles

La conférence géographique eut lieu du 12 au 14 septembre 1876 au palais royal, à Bruxelles. Convoquée sur l'initiative du roi des Belges, Sa Majesté le roi Léopold II, cette conférence réunit les voyageurs ou explorateurs étrangers, les représentants de la Russie, de l'Allemagne, de l'Angleterre, de l'Italie, de l'Autriche et de la Belgique. A l'égard du droit international, la conférence géographique de Bruxelles n'avait aucune couverture juridique. Dépourvue de tout mandat politique légal des pays représentés, la conférence avait un caractère philanthropique et humanitaire. Dans le discours de l'ouverture de l'assemblée, le roi Léopold II souligne le mobile humanitaire de son initiative et fixe par le fait même les balises de son initiative. Attentif à la marche naturelle des événements, le roi des Belges voulait organiser sur un plan commun et international l'exploration des parties inconnues de l'Afrique. Il souligne clairement dans sa présentation de l'ordre du jour de la séance du 13 septembre 1876 : « le but est identique : ouverture de l'Afrique aux efforts de la civilisation européenne, établissement de routes vers l'intérieur de ce continent, suppression de la traite des nègres »[44].

---

[43] Cfr. JENTGEN, P., *La terre belge du Congo. Etude sur l'origine et la formation de la colonie du Congo Belge,* Bruxelles, Imprimerie Bolyn, 1937, p. 7.
[44] *ASPF*, S.C. , VIII, p. 437.

La séance de la première journée de travail fera ressortir la nécessité de la création de stations scientifiques et hospitalières en Afrique. Les stations seraient des centres de rayonnement de la civilisation et des points de référence des agents « civilisateurs ». Pour le belge De Laveleye, participant à la conférence, « l'utilité de telles institutions est incontestable, mais il demande dans quelles conditions il faudrait les organiser pour en obtenir des résultats pratiques »[45]. D'où il fallait fixer le caractère à donner à ces centres internationaux de civilisation que l'on voulait créer.

Un des représentants de la Grande Bretagne, Sir Henry Rawlison soutenait qu'il « ne faut pas donner à ces stations un caractère exclusivement religieux, politique ou commercial, ce seraient des centres de renseignements, des postes hospitaliers, des foyers de civilisation »[46]. Par contre, le vice-amiral De la Roncière-Le Noury, tout en se ralliant au principe de l'établissement des stations, souligna l'importance de l'apport des missions religieuses et des firmes commerciales. « Les missions religieuses, souligne-t-il, qu'il ne faut pas organiser directement, mais qui suivraient les stations, seraient d'un utile concours. Les relations commerciales qu'il est d'un intérêt général de créer et d'étendre tendent au même but »[47]. Bien que la question de missions religieuses ne retienne pas une grande attention de l'assemblée, elle se pose comme une question connexe à celle de l'œuvre de la « *civilisation* » de l'Afrique.

Il fallait déterminer alors les itinéraires à suivre pour atteindre l'intérieur du bassin du Congo. Si l'ouest du bassin du Congo était ouvert déjà aux Portugais depuis quatre siècles, il fallait trouver les voies pour pénétrer dans la région Est du bassin du Congo. Il fut décidé de suivre les voies commerciales existantes pour faire pénétrer la civilisation européenne à l'intérieur du continent et barrer ainsi la route aux esclavagistes[48]. « Quant à la traite, affirme le docteur Nachtigal, la fermeture des débouchés du littoral ne suffira pas à la supprimer. Partout où pénètre l'Islam, l'esclavage s'installe avec lui ; celui-ci se maintiendra donc à l'intérieur même dans les Etats relativement civilisés du Soudan Central. C'est dans l'Islamisme qui est sa source, qu'il faut combattre le commerce des esclaves ; or, les Etats du Soudan sont très accessibles à

---

[45] *Ibidem*, p. 431.
[46] *Ibidem*, p. 432.
[47] *Ibidem*.
[48] Cf. *Ibidem*, p. 433.

l'influence européenne. C'est par le commerce qu'on civilisera le mieux l'intérieur de l'Afrique »[49].

Cette lecture liant l'esclavagisme à la religion islamique n'est pas sans intérêt. En effet, selon les rapports de tous les explorateurs, l'esclavage était encore pratiqué par les Arabes dans la partie orientale du bassin du Congo. Après l'abolition de l'esclavage en 1848, le monde civilisé voulait éradiquer le mal sous toutes ses formes. L'assemblée fut sensible aux nuances sémantiques entre les deux expressions « suppression de la traite des nègres » et « abolition de l'esclavage ». Pour radicaliser l'option contre tout trafic d'êtres humains, « à la demande de Sir Ruther Ford Alcock et de Sir Fowell Buxton, la Conférence décide qu'on substituera dans tous les actes et comptes-rendus de ses travaux les termes de : 'suppression de la traite des nègres' à ceux de : 'abolition de l'esclavage' »[50].

Dans ses conclusions, la conférence géographique de Bruxelles décida de fonder une association internationale africaine pour mettre un terme au trafic d'esclaves et ouvrir le continent à la civilisation. Comme on peut le lire dans le rapport présenté par M. Maunoir : « Pour atteindre le but de la Conférence internationale de Bruxelles, c'est-à-dire : explorer scientifiquement les parties inconnues de l'Afrique, faciliter l'ouverture de voies qui fassent pénétrer la civilisation dans l'intérieur du continent africain, rechercher des moyens pour la suppression de la traite des nègres en Afrique, il faut :

1° organiser, sur un plan international commun, l'exploration des parties inconnues de l'Afrique, en limitant la région à explorer, à l'orient et à l'occident, par les deux mers, au midi par le bassin du Zambèze, au nord par les frontières du nouveau territoire égyptien et le Soudan indépendant. Le moyen le mieux approprié à cette exploration sera l'emploi d'un nombre suffisant des voyageurs isolés, partant des diverses bases d'opérations ;

2° établir comme bases de ces opérations, un certain nombre de stations « scientifiques et hospitalières » tant sur les côtes de l'Afrique que dans l'intérieur du continent. De ces stations, les unes devront être établies, en nombre très restreint, sur les côtes orientale et occidentale d'Afrique aux points où la civilisation européenne est déjà représentée, à Bagamoyo et à Loanda, par exemple. Les stations auraient le caractère

---

[49] *Ibidem.*
[50] *Ibidem*, p. 445.

d'entrepôts destinés à fournir aux voyageurs des moyens d'existence et d'exploration. Elles pourraient être fondées à peu de frais, car elles seraient confiées à la charge des Européens résidant sur ces points.

Les autres stations seraient établies sur les points de l'intérieur les mieux appropriés pour servir de base immédiate aux explorations. On commencerait l'établissement de ces dernières stations par les points qui se recommandent, dès aujourd'hui, comme les plus favorables au but proposé (...) »[51].

La stratégie ainsi définie par la conférence géographique de Bruxelles repose sur une action philanthropique et humanitaire internationale privée d'intérêt public. L'*Association Internationale Africaine (A.I.A)* créée par la conférence de Bruxelles était une association non-gouvernementale et ouverte à toutes les nations civilisées que l'assemblée voulut mettre sous la direction de Sa Majesté le roi Léopold II. La tâche primordiale de l'association sera de fonder ces « stations scientifiques et hospitalières » voulues par la conférence comme des centres de rayonnement de la civilisation européenne. Comme le note M. Brunschwig, « l'exploration et la civilisation occidentales rayonneraient à partir de ces stations, dont les comités nationaux prendraient la charge. Une commission internationale coifferait l'ensemble, sous la présidence de Léopold II, qui fit désigner peu après, comme secrétaire général, l'ambassadeur de Belgique à Madrid, Jules Greindl »[52].

Pour mieux apprécier objectivement cette initiative du roi des Belges, il faut connaître le statut dont jouissait la Belgique au plan international. Depuis son indépendance, la Belgique jouissait d'une certaine neutralité politique imposée par les cinq grandes puissances européennes, à savoir la France, l'Allemagne, l'Angleterre, l'Autriche et la Prusse. En fait, le protocole du 20 janvier 1831 était assez clair à ce sujet : « La Belgique formera un Etat perpétuellement neutre. Les cinq Puissances lui garantissent cette neutralité perpétuelle ainsi que l'intégrité et l'inviolabilité de son territoire. Par une juste réciprocité la Belgique sera tenue d'observer cette neutralité envers tous les Etats et de ne porter aucune atteinte à leur tranquillité intérieure et extérieure »[53].

---

[51] *Ibidem*, p. 444.

[52] BRUNSCHWIG, H., *L'avènement de l'Afrique noire*, Paris, Librairie Armand Colin, 1963, p. 135.

[53] *Protocole du 20 janvier 1931* cité par LECLERE, L., « La politique étrangère de la Belgique », in *Cahiers de Politique Etrangère*, 82, 1939, p. 11.

Cette neutralité imposée à la Belgique par les grandes puissances européennes diminuait sa souveraineté car elle ne pouvait contracter aucune alliance ni prendre position directement ou indirectement en faveur d'une partie en cas de conflits. Comme le souligne M. Leclère, cette neutralité « avait trois caractères : elle était perpétuelle, garantie, armée. Perpétuelle et non temporaire, limitée à tel ou tel conflit...garantie : par les cinq grandes puissances qui s'engageaient à respecter le sol belge et à intervenir pour le défendre contre tout envahisseur. Armée, parce que la Belgique avait le devoir de faire respecter sa neutralité par ses propres forces et ne devait pas seulement se fier à la garantie des puissances »[54].

En effet cette neutralité permanente imposée à la Belgique par les puissances européennes avait caractérisé l'histoire internationale de la Belgique indépendante avant la première guerre mondiale[55]. Le roi Léopold II voulut imprimer ce caractère de neutralité politique belge à son initiative africaine. La Belgique se servait de cette neutralité comme prétexte afin de ne pas se charger de certaines obligations nationales ou internationales. La neutralité était admise sous son angle le plus étroit : passivement. Le roi Léopold II parvient à en tirer une force diplomatique pour servir les intérêts de la Belgique[56]. La conférence ne fut pas une assemblée politique où les participants étaient pourvus des mandats publics de puissances qu'ils représentaient. Il s'agissait de réunir en un faisceau toutes les bonnes volontés dispersées et étudier les moyens de concourir ensemble à civiliser l'Afrique[57]. La Conférence proclama la nécessité d'organiser, sur un plan international commun, l'exploration des régions inconnues de l'Afrique ; et s'attacha à la création des stations comme base de ces explorations. Ces stations devaient être des stations hospitalières, scientifiques et civilisatrices[58].

L'établissement de ces stations fut l'œuvre capitale de la Conférence géographique de Bruxelles. Ces stations ne sont ni des postes d'administration, ni des comptoirs commerciaux, ni des centres religieux mais des postes internationaux et des foyers de civilisation[59]. « Ces

---

[54] LECLERE, L., *art. cit.*, p. 10.
[55] Cf. *Ibidem*, p. 18.
[56] Cf. EICKHOFF, F., *Essai sur les origines diplomatiques de l'Etat Indépendant du Congo*, Conférence du Jeune Barreau de Bruxelles, Séance solennelle de rentrée 18 janvier 1936, p. 26-27.
[57] Cf. BLANCHARD, G., *Etude sur la formation et la constitution politique de l'Etat Indépendant du Congo*, Paris, Pedone, 1899, p. 10.
[58] Cf. JENTGEN, P., *La terre belge du Congo. Etude sur l'origine et la formation du Congo Belge*, Bruxelles, Imprimerie Bolyn, 1937, p. 9.
[59] Cf. BLANCHARD, G., *op. cit.*, p. 11-14.

stations, écrit Blanchard, ne seront pas non plus des centres religieux ; la Conférence reconnaît toute l'importance des missions pour civiliser les nègres. Elle déclare que l'Evangile, qui a tiré de la barbarie les peuples d'Occident, aura le même effet sur les sauvages de l'Afrique. Les essais déjà tentés le prouvent. Mais, si les stations s'étaient transformées en centres religieux, c'en était fait de l'entente des grandes nations pour cette conquête pacifique du Continent Noir. Aussi les postes créés, devant être internationaux, n'appartiendront à aucune confession religieuse déterminée. Mais pour ne pas négliger d'aussi puissants agents de civilisation, ils devront protéger et favoriser toutes les missions qui s'établiront autour d'eux, à quelque religion chrétienne qu'elles appartiennent »[60].

C'est dans la neutralité de ces stations qu'il faut chercher l'origine lointaine du principe de la liberté des missions religieuses qui sera respecté par l'association née de la Conférence de Bruxelles. Ces stations seraient internationales et non liées à une nation européenne déterminée, équipées et financées par le comité de l'Association. La neutralité de stations est non seulement politique mais aussi religieuse. En fait les principes de la liberté des missions religieuses et de l'égalité politique de tous les explorateurs, en tant que citoyens du monde civilisé, quelle que soit la confession ou la religion à laquelle ils appartiennent, étaient déjà des principes de droit dans tous les Etats policés[61].

Chapitre deuxième : La liberté des missions religieuses dans l'œuvre de stations internationales

La neutralité belge ne donnait pas au roi Léopold II assez de manœuvre pour son initiative africaine si ce n'est que la diplomatie. Sur un terrain aussi délicat que celui de la diplomatie, il devrait user d'assez de talents pour mettre son initiative au diapason de l'opinion publique belge et des mouvements géographiques et humanitaires. Il ne voulait pas se poser en concurrent ou antagoniste des sociétés scientifiques, philanthropiques et missionnaires religieuses qui étaient déjà à l'œuvre dans le bassin du Congo. En fait les missions religieuses protestantes s'étaient déjà établies à différents points de la région des Grands Lacs. Le roi Léopold II, en fin politicien et habile stratège, avait déjà une politique religieuse clairement définie, à la hauteur de ses ambitions politiques

[60] *Ibidem*, p. 13-14.
[61] Cf. *Ibidem*, p. 88-90.

impérialistes. Comme l'écrit Roeykens, il « ne partageait nullement les préjugés et les préventions qui inspiraient l'attitude hostile d'une grande partie des libéraux et des libres-penseurs belges à l'endroit de l'Eglise catholique et qui les menaient à nier la valeur morale et régénératrice de la foi chrétienne, tout comme l'efficacité de l'action civilisatrice des missionnaires sur les populations primitives. D'autre part, son esprit était trop ouvert, son génie politique trop averti, ses connaissances de l'histoire coloniale trop étendues pour qu'il ne se ralliât pas à l'avis des théoriciens de son époque qui proclamaient 'la puissance et l'habileté colonisatrice des missionnaires catholiques' et pour qu'il renonçât à en bénéficier à son tour aussi bien au profit du bien être moral et matériel des populations africaines qu'en vue de la poursuite de son dessein politique personnel »[62].

La question de la liberté des missions religieuses était déjà une question politique qui opposait les acteurs de la politique intérieure belge d'une part, et une question qui pourrait opposer les représentants des divers pays représentés à la Conférence de Bruxelles d'autre part. A ce sujet, le roi Léopold II s'engagea publiquement pour une politique d'ouverture en matière religieuse.

Dans la lettre du roi Léopold II à M. J. Devaux, le roi rappelle sa vision politique des stations par rapport à l'évangélisation et aux missionnaires. En soulignant le caractère laïc de son initiative internationale, le roi ne voulait pas manifester de prime abord son désir de collaborer avec les missions religieuses[63].

Tout en ne voulant exclure aucune force de son œuvre civilisatrice en Afrique centrale, le roi Léopold II joue sur tous les tableaux pour n'irriter aucune sensibilité. Le caractère laïc des stations tant souligné révèle bien cette préoccupation. Les griefs que le roi porte au manuscrit du livre de Banning sur la Conférence de Bruxelles dont il avait assuré le secrétariat, révèlent bien ses préoccupations à ce sujet. En fait, « le Roi désirait sans doute que le livre de Banning corroborât la déclaration qu'il comptait y faire au sujet des rapports de l'œuvre des stations avec les missions religieuses. Le Roi était également soucieux d'éviter que les libéraux ne trouvent dans l'écrit de Banning des arguments en faveur de leur interprétation anticatholique du caractère laïc de l'œuvre africaine. Il

---

62 ROEYKENS, A., *L'initiative africaine de Léopold II et l'opinion publique belge*, tome I, Bruxelles, ARSOM, 1963, p. 349.

63 Cf. Idem, *La Politique religieuse de l'Etat Indépendant du Congo. Documents I. Léopold II, le Saint-Siège et les Missions catholiques dans l'Afrique Equatoriale (1876-1885)*, Bruxelles, ARSOM, 1965, p. 34.

tenait toutefois à les rassurer en précisant que l'entreprise ne deviendrait jamais une affaire cléricale, puisque les stations ne s'occuperaient pas elles-mêmes de l'évangélisation »[64]. Il serait insensé de croire que l'initiative du roi des belges était gratuite et qu'il n'avait pas de visée. Il avait besoin de s'attirer le soutien et la sympathie de tout le peuple belge, de toute tendance politique et religieuse, pour son entreprise humanitaire et philanthropique en Afrique centrale. Il se lança dans l'entreprise avec beaucoup de précaution et de minutie politique et diplomatique.

En convoquant la Conférence géographique de Bruxelles, le roi se faisait déjà une idée de l'œuvre internationale des stations. Comme l'écrit M. Roeykens, « c'est sur cette action pacificatrice et humanitaire des stations internationales que le Roi semble avoir tablé pour réaliser son dessein politique. On peut présenter son plan de la façon suivante : Les commandants des stations s'efforceraient de grouper les chefs indigènes de l'Afrique dans une vaste confédération politique sous la protection et l'administration de l'Association Internationale. Une fois ce résultat acquis, il ne serait pas difficile au président - promoteur de l'Association - de se faire reconnaître par les autochtones comme le chef mandaté et souverain de leur fédération. Cette nouvelle création politique, née du libre accord des chefs indigènes et en dehors de toute intervention ou dépendance d'une nation européenne quelconque, pourrait obtenir la reconnaissance par les Puissances grâce à une politique de large liberté commerciale. Elle constituerait une sorte de colonie internationale sous l'égide du roi des Belges. Le Gouvernement et les Chambres belges ne devaient intervenir dans la constitution de cet Etat et dans son développement ultérieur que pour accorder au roi la faculté d'en assumer la souveraineté. Dès lors, il deviendrait facile à Léopold II de faire profiter le commerce et l'industrie belges des possibilités qui s'offraient en Afrique. … Le nouvel Etat, ainsi constitué par l'initiative privée du Roi, serait en quelque sorte le complément extérieur et le prolongement de la Belgique, puisque les destinées de ces deux pays seraient soudées dans la personne de leur commun souverain et par la communauté de leurs intérêts économiques et politiques »[65].

[64] Idem, *L'initiative africaine de Léopold II et l'opinion publique belge*, tome I, Bruxelles, ARSOM, 1963, p. 341.
[65] *Ibidem*, p. 27-28.

Chapitre troisième : Le Saint-Siège et l'initiative civilisatrice du roi Léopold II

Malgré l'absence du Saint-Siège à la conférence géographique de Bruxelles, l'intérêt que suscita l'entreprise de la civilisation de l'Afrique centrale ne pouvait pas laisser indifférent le Saint-Siège. La nonciature apostolique de Bruxelles avait suivi de loin mais avec un grand intérêt l'initiative internationale du roi des Belges. Après la dite conférence, la nonciature apostolique de Bruxelles s'empressa de faire un rapport au Saint-Siège, où elle donna le côté religieux de l'initiative africaine du roi Léopold II :

- son désir d'avoir le concours des missionnaires catholiques pour conquérir à la civilisation chrétienne des populations sauvages ;

- sa déclaration publique de bonnes intentions sur le caractère non-confessionnel de son œuvre ;

- son projet secret d'utiliser les stations hospitalières et scientifiques pour y créer dans le futur des couvents ou résidences missionnaires[66].

Au moment où le roi Léopold II affichait publiquement le caractère non-confessionnel de son œuvre, il menait une intense activité diplomatique auprès du Saint-Siège à travers la nonciature apostolique de Bruxelles. D'abord il voulait avoir des aumôniers pour les stations scientifiques et hospitalières. Il usa de tout son pouvoir pour s'allier le Saint-Siège dans son entreprise de la civilisation de l'Afrique centrale. En effet, la Conférence de Bruxelles n'avait nullement la prétention d'organiser les missions religieuses. Mais le roi Léopold II, dans son agenda caché, ne voulait qu'installer la civilisation chrétienne dans ces terres inconnues qu'il voulait s'approprier. Pour comprendre les manœuvres diplomatiques du roi Léopold II, il faut avoir à l'esprit la reconnaissance historique du Saint-Siège comme sujet du droit international. Comme le souligne M. Minnerath, « le fait que le Saint-Siège jouisse de la qualité de sujet de droit international est un phénomène qui s'inscrit dans la continuité historique. En réalité, avant même que n'aient pris forme les Etats nationaux en Europe, et que n'ait été élaborée une doctrine du droit des gens, le Siège Apostolique était

[66] Cf. *ASPF*, S.C., VIII, p. 510-511.

reconnu comme l'organe capable d'agir au nom de l'Eglise catholique et de l'engager face aux souverains temporels »[67].

Tout en reconnaissant la neutralité religieuse des stations scientifiques et hospitalières, le roi Léopold II voulait avoir des aumôniers belges pour ces stations. Il voulait avoir du Saint-Siège le droit de diriger la mission d'évangélisation de ce nouveau territoire païen en tant que prince catholique. En effet les princes catholiques, dans l'histoire de l'Eglise d'Occident, demandaient au Saint-Siège le droit de patronage de l'évangélisation des nouveaux territoires conquis. « Le droit de patronage (*ius patronatus*) est un ensemble de privilèges et de charges qui, en vertu d'une concession de l'Eglise, appartiennent aux fondateurs catholiques d'une église, d'une chapelle ou d'un bénéfice ou à leurs ayant droit » (CIC 1917, can. 1448)[68]. Le droit de patronage constituait un titre juridique colonial opposable en cas de contestation de propriété dans l'histoire des colonisations.

Acquérir le droit de patronage du Saint-Siège constituait un atout dans le processus de reconnaissance internationale de la souveraineté du prince catholique sur le nouveau territoire conquis. Ainsi les privilèges qui lui seraient accordés par le Saint-Siège constitueraient d'une certaine manière une reconnaissance de son autorité et de sa légitimité sur le dit territoire au plan international. Le roi Léopold II cherchait à obtenir du Saint-Siège le droit de patronage sur l'immense territoire du bassin du Congo où il s'engageait à créer une mission catholique belge. Le roi des Belges projetait demander au Saint-Siège d'ériger un vicariat apostolique en Afrique centrale qu'il confierait aux missionnaires belges.

Des discussions allant dans ce sens furent même initiées par la cour de Laeken avec la nonciature apostolique de Bruxelles[69]. Le roi voudrait se servir d'une mission belge pour mettre le pied dans cette région de l'Afrique centrale très convoitée pour procurer une colonie à son pays sous la couverture d'une œuvre humanitaire de civilisation. Le droit de patronage constituerait un premier acte de reconnaissance international accordé par le Saint-Siège au prince catholique. C'est pourquoi il faudrait confier le nouveau champ apostolique aux missionnaires belges afin que leur truchement le roi puisse avoir un pied-à-terre dans la région. Il lui faudrait des braves fils de l'Eglise et des dignes fils du pays, qui en

---

[67] MINNERATH, R., « Le Saint-Siège en droit international », in *Αφιερωμα εισ τον Κωνσταντιϖον Βαβουσκον τ. Γ*, ΘΕΣΣΑΛΟΝΙΚΗ, ΕΚΔΟΣΕΙΣ ΣΑΚΚΟΥΛΑ, 1990, p. 306.

[68] NAZ, R., *Traité de droit canonique*, tome III, Paris, Letouzey, 1947, p. 203.

[69] Cf. *ASPF*, S.C., VIII, p. 1007.

servant avec dévouement l'Eglise serviraient loyalement la mère patrie. C'est pourquoi le roi projetait la création d'un vicariat apostolique qui serait confié aux missionnaires belges en Afrique centrale.

Le roi voulait à tout prix contribuer à la fondation d'une mission belge qu'il appuierait financièrement en Afrique centrale. Il savait très bien que Rome ne pourrait pas se passer d'un tel appui de la part d'un prince catholique comme en témoigne l'histoire des missions dans d'autres régions du monde. A chaque occasion, le désir du roi sera rappelé par ses services dans toutes les correspondances avec les instances romaines. Il ressort bien de cette lettre du 4 juillet 1884 du baron Borchgrave à Mgr Van Weddingen (aumônier de la cour) : « Le Roi vous prie de bien vouloir télégraphier au cardinal Simeoni : 'd'après le désir du cardinal Lavigerie, j'ai l'honneur d'informer Votre Eminence que nous ne pourrions voir qu'avec plaisir un noviciat belge établi ici par l'Archevêque d'Alger, s'il est bien entendu, comme nous le pensons, que Son Eminence de son côté enverra de préférence les prêtres belges dans les contrées ouvertes par l'Association Internationale du Congo et ne gênera en rien le noviciat que nous voulons fonder nous-mêmes pour pourvoir d'aumôniers les stations du nouvel Etat' »[70].

En effet Mgr Van Weddingen, dans sa note de juin 1884 fait un bon commentaire des démarches du Primat de Belgique auprès des instances romaines, qui révèle déjà la politique religieuse du roi Léopold II. Face aux convoitises politiques des puissances européennes, il voulait entraîner une opinion publique belge réticente dans son entreprise coloniale en sollicitant l'appui des catholiques belges à la grande œuvre de civilisation et d'évangélisation. Il lia son entreprise civilisatrice à l'évangélisation pour susciter la participation d'une Belgique catholique. Au-delà des motivations philanthropiques apparentes, le roi Léopold II, fonde son action d'une part sur le nationalisme de son jeune Etat et d'autre part sur l'Eglise catholique du pays qui a été un des irréductibles acteurs de la révolution belge de 1830. C'est ainsi qu'il chercha à tout prix à se constituer un clergé officiel soumis à Rome pour les stations du nouvel « Etat belge du Congo ». Comme on peut le relever déjà dans une note de l'Aumônier de la cour royale belge, le roi cherche à implanter une

[70] Lettre tirée de la note 26 dans NKULU BUTOMBE, J. I., *La Question du Zaïre et ses répercussions sur les juridictions ecclésiastiques (1865-1888)*, Kinshasa, FTCK, 1982, p. 146.

« Eglise officielle » avec la bénédiction du Saint-Siège dans le nouveau territoire considéré comme une colonie[71].

Dans cette perspective, le roi fit participer les évêques belges à la formation de ce clergé destiné aux stations du Congo. Il voulait créer un « séminaire africain » pour la formation du clergé séculier pour le Congo. Le « séminaire africain » serait une maison de formation de prêtres pour le Congo, placée sous le patronage de la hiérarchie de l'Eglise de Belgique et sous celui du roi. Le roi ne voulait pas créer un institut missionnaire mais un clergé séculier pour ses stations du Congo. Le roi Léopold II choisit la voie diplomatique afin d'amener les instances romaines à confier l'évangélisation du bassin du Congo à la Belgique. Il finit par recevoir du Saint-Siège le droit de rattacher les nouveaux territoires belges du Congo à l'autorité hiérarchique ecclésiastique de son pays[72].

Face aux exigences de la politique religieuse du roi, les instituts missionnaires catholiques à l'œuvre dans ce que le roi considérait comme l' « Etat belge du Congo » qui étaient d'origine française, furent obligés de se « belgiciser ». L'archevêque d'Alger, qui venait de fonder un institut missionnaire pour l'Afrique centrale, comprit vite la nécessité d'ouvrir une maison de formation en Belgique. Comme le confirme M. Nkulu Butombe, « la solution qui s'offrait à Lavigerie était d'établir en Belgique même un noviciat, qui fournirait à son Institut les missionnaires belges qu'exigeait le Roi. C'est ce qu'il fit en novembre 1884 avec l'accord de Léopold II, des évêques belges et de la Propagande »[73].

En réalité, l'établissement d'un « Séminaire africain » présentait un certain danger pour le jeune institut missionnaire de Mgr. Lavigerie qui voulait se vouer à l'évangélisation de l'Afrique équatoriale. Face à l'intransigeance du roi d'avoir des missionnaires belges pour son « Etat belge du Congo », l'archevêque d'Alger fut obligé d'ériger un noviciat en Belgique. L'ouverture du noviciat de missionnaires d'Afrique ne devrait pas porter préjudice à l'ouverture du « Séminaire africain » pour la formation du clergé séculier pour le Congo. Les deux institutions

---

[71] Cf. ROEYKENS, A., *La politique religieuse de l'Etat Indépendant du Congo. Documents I. Léopold II, le Saint-Siège et les Missions catholiques dans l'Afrique Equatoriale (1876-1885)*, p. 462-463.

[72] Cf. NGOMO OKITEMBO, L., *L'engagement politique de l'Eglise catholique au Zaïre (1960-1992)*, Thèse de doctorat, Université des Sciences Humaines Strasbourg, Strasbourg, 1996, p. 37.

[73] NKULU BUTOMBE, J. I., *op. cit.*, p. 146.

fonctionneraient en parallèle pour le même but : donner au Congo des missionnaires catholiques belges.

En effet, le roi Léopold II ne cachait pas sa crainte que des missionnaires français afficheraient leur patriotisme et défendraient ainsi les intérêts français dans la région. Le roi Léopold II tenait coûte que coûte à avoir son « *séminaire africain* » confié à la hiérarchie belge pour former officiellement les aumôniers des stations du Congo. Quelle que soit son ouverture vis-à-vis du Saint-Siège, le roi tenait à avoir un clergé national belge attaché à l' « Eglise officielle » de l' « Etat belge du Congo ». « Le Roi, écrit M. Nkulu Butombe, qui connaissait bien le danger qui planait sur son domaine exposé aux convoitises internationales, affichait une attitude de méfiance envers tous et se montrait généralement intransigeant, même à l'égard du Saint-Siège »[74].

Dans sa lettre du 8 juillet 1884, Mgr Van Weddingen rappelle au Cardinal Simeoni d'une manière claire la politique religieuse de la Cour de Laeken que l'on pourrait résumer en un point : l'établissement d'une mission belge dans les territoires de l'Association Internationale considérés déjà par le roi comme « *l'Etat belge du Congo* ». Cela n'est pas sans intérêt du côté du roi des belges car il est en quête d'un droit de patronage sur le Congo de la part du Saint-Siège. C'est pourquoi il tient mordicus à l'établissement de la mission belge à confier aux missionnaires belges[75].

Alors qu'aucun Etat moderne n'était jusqu'ici officiellement constitué en Afrique centrale, le roi Léopold II, qui était à la tête d'une association (Association Internationale du Congo), se comportait déjà comme le chef d'un Etat légalement fictif, « *l'Etat belge du Congo* ». Fin stratège et habile politicien, il n'écarte pas l'Eglise de son pays de ses ambitions politiques pour l'Afrique centrale. Le roi considérait le commerce et le christianisme comme des puissants moyens pour asseoir son pouvoir en Afrique centrale. « Civiliser et évangéliser » vont de pair dans la conception de sa politique coloniale[76]. Parler de civiliser l'Afrique est, pour lui, christianiser l'Afrique et plus encore la « catholiciser ». En effet la politique religieuse de Léopold II est fondée sur l'utilitarisme que procure le prosélytisme catholique. Un journal libéral populaire de Bruxelles, *La Gazette*, qualifiait l'*Association Internationale Africaine,*

---

[74] ROEYKENS, A., *op. cit.*, p. 464.
[75] Cf. *Ibidem*, p. 468-469.
[76] Cf. AXELSON, S., *Culture confrontation in the lower Congo. From the Old Congo Kingdom to the Congo Independent State with special reference to the Swedish Missionarie in the 1880's and 1890's.* , Falköping, Gummessons, 1970, p. 205.

dans sa parution du 26 et 27 décembre 1884, d'*Association Apostolique Africaine.* Le roi avait une visée utilitaire et instrumentale de la religion : profiter de ce précieux moyen de civilisation qui a fait ses preuves dans l'histoire. Comme on peut donc le lire : « 'De l'utilité de la religion dans le commerce des dents d'éléphants', et qui établit qu'il n'y a pas d'affaires sans honnêteté, pas d'honnêteté sans religion, pas de bons nègres sans catéchisme, pas de catéchisme sans missionnaires. Vous voyez l'enchaînement. »[77].

En réalité, l'*Association Internationale du Congo,* « se dit neutre en matière religieuse et s'engage par ses statuts à donner une égale protection aux missionnaires de tous les cultes. Seulement, 'il est incontestable', voyons-nous dans la thèse en question, 'que la religion catholique, *la seule véritable*, a aussi, elle seule, un droit complet à la protection de l'Etat'. Bien plus, cette thèse affirme que 'les chefs de l'*Association internationale* sont entièrement favorables aux missionnaires belges', et l'on ajoute que la fondation, pour la formation de jeunes missionnaires en destination de l'Afrique, a été facilitée 'par l'assurance d'une protection qui lui est particulièrement précieuse' ! »[78]. La neutralité statutaire de l'Association en matière religieuse est certainement incontestable en principe mais seul la religion catholique bénéficie d'une protection véritable du président de l'Association et roi des Belges. C'est ainsi que le roi Léopold II voulait avoir un clergé belge qui sera dépendant de lui. L'ouverture de son « *séminaire africain* » aura pour mission de former des prêtres séculiers belges pour ces stations du Congo.

En effet les accords entre le roi des Belges et le Saint-Siège en ces débuts de l'évangélisation du Congo reconnaissent au roi le pouvoir d'organiser l'œuvre des missions. Une « *mission officielle* » organisée par le roi Léopold II vit le jour alors qu'il y avait déjà des juridictions ecclésiastiques attribuées par le Saint-Siège à des instituts missionnaires à l'œuvre en Afrique équatoriale. En effet le rescrit du 24 février 1878 du Pape Léon XIII confiait les deux Missions des Grands Lacs, celles des régions des lacs Nyanza et Tanganyika, aux Missionnaires de Notre-Dame d'Afrique[79].

Durant cette période de l'A.I.C (Association Internationale du Congo), la question de la liberté de missions religieuses se pose aux stations issues

---

77 *La Gazette* citée par ROEYKENS, A., *op. cit.*, p. 505.
78 *Ibidem*, p. 505-506.
79 Cf. NKULU BUTOMBE, J.I., *op. cit.*, p. 96-97.

de la Conférence géographique de Bruxelles. Elle ne concerne que les agents des sociétés géographiques, scientifiques et philanthropiques ; mais elle commence à se poser par les rivalités politiques des puissances européennes dans la région. La question ne se pose pas pour les populations indigènes mais pour les différentes missions chrétiennes engagées dans l'évangélisation de ces territoires inconnus des européens jusque-là. En effet les missions chrétiennes ne veulent trouver aucune entrave de la part des puissances politiques en lutte expansionniste sur cette région du continent africain. La diplomatie belge est déjà en œuvre auprès du Saint-Siège pour obtenir certaines faveurs de coopération dans l'initiative africaine du roi Léopold II. En effet le roi des Belges cherchait à obtenir du Saint-Siège le « droit de patronage » que le Saint-Siège accordait aux rois catholiques, d'évangéliser les territoires lointains qu'ils venaient de conquérir. Il était urgent pour le roi de trouver un personnel ecclésiastique belge sur qui il pouvait fonder son droit. Pour la cause, il associe l'épiscopat de son pays à la création d'une mission belge dans le bassin du Congo. Alors que les missions protestantes relevaient des initiatives libres des missions religieuses scandinaves, anglaises et américaines ; les missions catholiques, dépendantes du Saint-Siège, bénéficiaient de l'expérience séculaire du Saint-Siège dans les relations internationales. La liberté de missions religieuses devenait par voie de conséquence un problème politique qui sera traité avec succès par la Conférence de Berlin.

Chapitre quatrième : La conférence de Berlin et le droit à la liberté religieuse

La deuxième moitié du 19ème siècle est une période très mouvementée pour la pénétration européenne à l'intérieur du continent africain. Une campagne tous azimuts scientifique, philanthropique, religieuse... fut déclenchée pour cette région de l'Afrique centrale qui était une terre inconnue, « *terra incognita* », pour l'Occident. Les intérêts divergents des puissances européennes finirent par prendre le dessus et suscitèrent de graves incidents diplomatiques entre les puissances européennes. Les puissances occidentales furent obligées de s'asseoir autour d'une même table pour régler les litiges engendrés par la course à l'occupation de l'Afrique centrale. « L'idée d'une conférence, écrit M. Adu Boahen, qui permettrait de résoudre les conflits territoriaux engendrés par les activités des pays européens dans la région du Congo fut lancée sur l'initiative du Portugal et reprise plus tard par Bismarck, qui, après avoir consulté les autres puissances, fut encouragé à lui donner corps. La conférence se déroula à Berlin, du 15 novembre 1884 au 26 février 1885. A l'annonce de cette conférence, la ruée s'intensifia. La conférence ne discuta sérieusement ni de la traite des esclaves ni des grands idéaux humanitaires qui étaient censés l'avoir inspirée »[80].

La conférence de Berlin devint une rencontre où les « *nations civilisées* » se partagèrent l'Afrique comme un gâteau sur une table au nom des intérêts économiques. C'est elle finalement qui délivra l'acte de naissance à la colonisation de l'Afrique par les puissances européennes. La formation des empires coloniaux devenait une visée qui pourrait offrir à l'Afrique une garantie sécuritaire pour l'établissement des relations commerciales[81]. La « *mission civilisatrice* », mobile de la colonisation, ne peut pas faire oublier qu'au niveau le plus profond, tout impérialisme a des motifs économiques[82]. L'histoire de la colonisation de l'Afrique en général et du Congo en particulier, tout en étant spécifique, s'inscrit dans l'universel, c'est-à-dire dans une mondialisation à entendre comme tendance à la « marchandisation du monde »[83].

Dans cette perspective, la campagne de la christianisation de l'Afrique par des missions religieuses, catholiques et protestantes, n'a rien de naturel ni de spontané ; elle n'est pas née d'une dynamique interne et apostolique des Eglises chrétiennes mais elle s'inscrit dans cette dynamique de l'européanisation du monde par la conquête spirituelle où les occidentaux se disputent l'Afrique. Un commentaire de l'article 6 de l'Acte de la Conférence de Berlin dans les archives du Ministère des Affaires Etrangères du Royaume de Belgique est très explicite à ce sujet : « Comme la Conférence de Berlin, les fondateurs de l'Etat Indépendant du Congo ont saisi l'appui qu'ils trouveraient dans le missionnaire. Chaque mission fondée est un foyer nouveau d'où rayonne l'influence du blanc, c'est une étape de plus vers la conquête pacifique des populations indigènes. Les missions comme les stations de l'Etat, comme les établissements de commerce augmentent les points de contact entre les indigènes et les Européens »[84]. La christianisation a été ainsi utilisée comme un moyen pour faire pénétrer la « civilisation chrétienne européenne » en Afrique par les puissances coloniales. C'est au milieu

---

80 *Ibidem*, p. 49.

81 Cf. ROEYKENS, A., *L'initiative africaine de Léopold II et l'opinion publique belge*, tome I, Bruxelles, ARSOM, 1963, p. 21-22.

82 Cf. ADU BOAHEN, A., *Histoire générale de l'Afrique. L'Afrique sous domination coloniale 1880-1935*, Paris, Unesco / Nea, 1987, p. 40.

83 Cf. PEEMANS, J – Ph., *Préface*, in MAUREL, A., *Le Congo. De la colonisation belge à l'indépendance*, Paris, 1992, p. V.

84 AA / MAERB, M 561, Carton 62 – Dossier 29 : Les missions religieuses au Congo, p. 2.

des conflits d'intérêts en Afrique et des tractations internationales que la christianisation de l'Afrique a été mise sur pied.

Section 1. Les missions religieuses et le droit à la liberté religieuse

Le Saint-Siège chercha à tout prix à obtenir que la Conférence ne limite pas l'action des missions religieuses en Afrique. L'action de la diplomatie du Saint-Siège s'intensifia pour faire connaître sa conception du droit à la liberté religieuse à certaines capitales européennes pour s'assurer des chances de succès que cette proposition pourrait rencontrer au sein d'une telle assemblée[85]. Le Saint-Siège envoya une dépêche au Ministre des affaires étrangères de l'Autriche-Hongrie afin qu'il plaide en faveur de la liberté des missions religieuses dans ces territoires dont le sort était en train d'être discuté à Berlin[86].

La Turquie suivait avec beaucoup d'intérêts les débats sur la liberté religieuse à Berlin car elle était le seul Etat musulman qui participait à la conférence. Elle intensifia son action diplomatique auprès de Bruxelles pour que le traité qui serait signé à Berlin contienne une mention au sujet de la protection à accorder au culte musulman. La diplomatie turque s'intensifia à Bruxelles afin que le culte musulman bénéficie aussi de la tolérance religieuse dans les nouveaux pays[87].

Le roi Léopold II ne tarda pas à donner ses directives qui restèrent en substance fidèles à sa politique religieuse qui proclame le principe de la liberté de conscience consacré par tous les instruments juridiques internationaux[88].

A la veille de la signature du traité de Berlin, le roi avait déjà balisé la politique religieuse de sa future propriété. En fait le roi ne voulait pas ajouter aux grands conflits territoriaux qui l'opposaient à la France et au Portugal l'épineuse question de liberté des missions religieuses. Il persévéra dans sa ligne politique d'ouverture garantissant en principe toutes les libertés publiques des Etats policés.

L'étude de l'historique de la formulation de l'article sur le droit à la liberté religieuse révèle la complexité de son contenu que le traité veut

---

[85] Cf. ROEYKENS, A., *La politique religieuse de l'E.I.C. Léopold II, le Saint-Siège et les Missions catholiques dans l'Afrique Equatoriale (1876-1885)*, Bruxelles, ARSOM, 1965, p. 486.
[86] Cf. *Ibidem*.
[87] Cf. *Ibidem*, p. 548.
[88] Cf. *Ibidem*, p. 549.

protéger. Elle veut montrer que la question religieuse était au centre des débats politiques et révèle les antagonismes qu'elle suscitait. La liberté religieuse était comprise comme un droit de propagande reconnu à toutes les missions religieuses chrétiennes sans distinction des cultes, un droit à la tolérance religieuse, un droit à la liberté de conscience. La conciliation de diverses tendances exclut la possibilité d'adoption d'une religion officielle et le respect du principe d'égalité des cultes par rapport à la puissance publique. La formulation définitive de l'article 6 adopté fut un assemblage conciliant toutes les tendances ayant l'unique objectif de restreindre les droits de la souveraineté des puissances coloniales.

L'Assemblée qui était réunie à Berlin trancha politiquement la question des conflits territoriaux du bassin du Congo et l'épineuse question de liberté religieuse dans les nouveaux territoires qu'elle venait de créer par l'adoption de l'article 6 du premier chapitre de l'Acte Général de la Conférence de Berlin :

« *Art. 6. Dispositions relatives à la protection des indigènes, des missionnaires et des voyageurs, ainsi qu'à la liberté religieuse.*

Toutes les Puissances exerçant des droits de souveraineté ou une influence dans lesdits territoires s'engagent à veiller à la conservation des populations indigènes et à l'amélioration de leurs conditions morales et matérielles d'existence, et à concourir à la suppression de l'esclavage et surtout de la traite des noirs ; elles protégeront et favoriseront, sans distinction de nationalité ni de cultes, toutes les institutions et entreprises religieuses, scientifiques ou charitables créées et organisées à ces fins ou tendant à instruire les indigènes et à leur faire comprendre et apprécier les avantages de la civilisation.

Les missionnaires chrétiens, les savants, les explorateurs, leurs escortes, avoirs et collections seront également l'objet d'une protection spéciale.

La liberté de conscience et la tolérance religieuse sont expressément garanties aux indigènes, comme aux nationaux et aux étrangers. Le libre et public exercice de tous les cultes, le droit d'ériger des édifices religieux et d'organiser des missions appartenant à tous les cultes ne seront soumis à aucune restriction ni entrave »[89].

L'article 6 de l'Acte de Berlin est le premier instrument juridique international qui protège plusieurs droits publics dans les futurs empires coloniaux : liberté religieuse, liberté des missions religieuses, liberté de conscience, liberté des cultes, tolérance religieuse, protection des missions religieuses. L'étude de l'historique de la formulation de cet article nous a révélé que tous ces droits publics ont été définis en fonction des missions religieuses en tant qu'institutions de propagande religieuse. En fait, l'article 6 imposait aux puissances publiques le devoir de protéger et de favoriser la propagande religieuse dans le cadre de la « *mission civilisatrice* ».

En fait, la cause de la convocation de la Conférence de Berlin par Bismarck était de résoudre les conflits territoriaux qui opposaient les puissances européennes (le Portugal, la France et la Belgique) en Afrique centrale ; il serait illusoire de croire à un acte de bienfaisance et de protection d'une race en disparition par le commerce de honte, celui des esclaves. Le mobile humanitaire, « *la protection des indigènes* », a été un des mobiles de l'entrée en jeu des missions chrétiennes dans la conquête de l'Afrique[90], mais peut-on vraiment dire que la christianisation de l'Afrique a été réellement une défense du droit à la liberté religieuse pour les populations indigènes africaines ? Les termes utilisés dans l'article 6 de l'Acte de Berlin sont aussi confus que vagues, et suscitent déjà des questions de fond qui traverseront toute la période coloniale.

En réalité, nous pouvons comparer l'œuvre des puissances européennes réunies à Berlin « à celle de la Papauté au Moyen-âge lorsqu'une bulle pontificale attribuait à tel ou tel royaume chrétien les terres nouvellement découvertes, comme la bulle *'Inter Ceteroe'* d'Alexandre VI partageant les pays à découvrir entre les Espagnols et les Portugais. Dans cet article 6, plus que partout ailleurs, éclate l'analogie. Lorsque les Papes disposaient ainsi des territoires dont l'existence venait d'être révélée à l'Europe, ils le faisaient pour donner à une nation déterminée la mission de convertir ces peuplades barbares au christianisme, qui représentait alors la seule forme de la civilisation. La Conférence de Berlin a repris ces nobles traditions ; elle a obligé toute puissance prenant pied en Afrique à assumer le soin d'éduquer les

[89] HOPF, J., *Nouveau recueil général de traités et autres actes relatifs aux rapports de droit international*, deuxième série, tome X, Gottingue, Librairie de Dieterich, 1885-1886, p.418.
[90] Cf. AXELSON, S., *op. cit.*, p. 206.

indigènes. Ces dispositions n'ont évidemment qu'une portée morale ... »[91].

Section 2. « La protection des indigènes » et le droit à la liberté religieuse

Dans l'article 6, il n'est pas fait mention de la responsabilité des populations indigènes. L'expression humanitaire « *l'amélioration de leurs conditions morales et matérielles d'existence* » signifie seulement civiliser. Comme dit plus haut, civiliser c'est européaniser, christianiser ; « *l'œuvre civilisatrice* » ne vise qu'à reproduire le modèle de société européenne en Afrique. C'est amener les populations indigènes à la civilisation, les faire bénéficier des avantages de la civilisation. Le droit à la liberté religieuse devrait signifier pour les populations indigènes, le droit de maintenir et de suivre la religion traditionnelle africaine, la religion de leurs ancêtres d'une part, et la liberté reconnue aux populations indigènes de se convertir au christianisme ou à la religion de leur choix d'autre part. Les puissances européennes chrétiennes qui se croyaient investies d'une noble mission de civiliser le reste du monde, pouvaient-elles accorder un tel privilège aux primitifs soumis à leur puissance ? Dans ce nouveau contexte colonial naissant, le « primitif » pouvait-il être si estimé ? Il était admis ou sous-entendu que les primitifs n'avaient pas des croyances religieuses élevées et qu'il fallait les amener à la foi chrétienne, à la civilisation. La protection de la propagande religieuse accordée aux seules missions chrétiennes constituait en soi une atteinte à la liberté religieuse et à la liberté des cultes.

Par cet article, « *les Puissances exerçant des droits de souveraineté ou une influence dans lesdits territoires s'engagent à veiller à la conservation des populations indigènes et à l'amélioration de leurs conditions morales et matérielles d'existence* ». N'y a-t-il pas là l'exigence de contraindre la conscience des populations indigènes par l'enseignement de la bonne morale, la morale chrétienne, seule capable d'élever les indigènes à la civilisation ? Cet article accorde aux pouvoirs politiques, au nom du devoir humanitaire, le droit de christianiser tout le bassin du Congo et de porter un jugement des valeurs sur les missions religieuses. C'est une manière d'exclure toute mission religieuse dont la morale qu'elle prêche n'est pas conforme aux règles de la civilisation européenne (l'esclavage, la polygamie, le fétichisme, ...). Le droit de protection dont bénéficient les missions chrétiennes constituait déjà une entrave à la liberté religieuse car il était fondé sur une discrimination

[91] BLANCHARD, G., *op. cit.*, p. 183.

religieuse à l'encontre de l'Islam et des religions traditionnelles africaines[92].

Il n'est pas facile de comprendre pourquoi le droit à la liberté religieuse a été intégré dans l'article sur « la protection des indigènes » sans faire le lien avec les motivations humanitaires de plusieurs compagnies philanthropiques, scientifiques et religieuses engagées sur le continent. Bien que l'article ne fasse pas allusion clairement à l'abolition de l'esclavage, il se réfère à la traite des noirs en cours à l'Est du bassin du Congo. L'esclavagisme dans cette région était lié à la présence arabe. Le lien établi dans l'article entre le droit à la liberté religieuse et l'esclavage et la traite des noirs n'est pas sans intérêt car il lie le trafic des êtres humains aux Arabes et Arabisés musulmans à l'Est du bassin du Congo. L'article 6 de l'Acte de Berlin accorde par voie de conséquence le droit de s'attaquer aux esclavagistes et à leur religion, l'Islam, qui favorise la traite des noirs.

Le texte de l'article 6 fait une distinction subtile entre l'esclavage et la traite des noirs. Il lie le premier à une pratique séculaire supposée de toute forme d'exploitation de l'être humain dans les sociétés traditionnelles africaines. Par contre, la traite des noirs fait allusion d'une manière explicite au commerce de honte, le trafic des êtres humains qui était encore pratiqué à l'Est du bassin du Congo. Les puissances européennes veulent se montrer fidèles au respect du droit international sur l'abolition de l'esclavage. Le texte s'attaque à la fois aux traditions africaines et à l'Islam d'une manière voilée, sans faire allusion au travail forcé qui est une autre forme d'esclavage pratiquée par les puissances européennes dans la conquête coloniale[93]. Les compagnies commerciales et les stations étaient obligées de chercher leurs esclaves à qui elles donnaient des contrats de travailleurs libres. De toutes les façons, toutes ces compagnies et ces stations scientifiques recrutaient des ouvriers contre leur gré et les faisaient travailler à leur guise, et même, les stations religieuses n'offraient pas plus de liberté aux nouveaux convertis. En combattant un esclavagisme clairement défini à l'article 6, l'Acte de Berlin consacrait, en son article 9, une autre forme d'esclavagisme, celui de la pratique du travail forcé[94]. C'est cet article 9 qui constituera le fondement de la politique coloniale du travail du roi Léopold II.

---

[92] Cf. AXELSON, S., *op. cit.*, p. 208-209.
[93] Cf. *Ibidem*, p. 209.
[94] Cf. *Ibidem*.

Après avoir ignoré la religion des primitifs et lié l'Islam à l'esclavagisme et à la traite des noirs, il serait illusoire de voir le droit à la liberté religieuse respecté dans les futurs empires coloniaux. Au nom de la mission civilisatrice, l'article protège et assure le droit à la liberté aux seules missions religieuses chrétiennes. Il s'agit bien d'un droit à la liberté religieuse pour les missions religieuses et les sujets civilisateurs d'une part, et non d'un droit subjectif pour les populations indigènes d'autre part. La conclusion de l'article qui semble ouverte concerne davantage les civilisateurs que les indigènes : « La liberté de conscience et la tolérance religieuse sont garanties aux indigènes, aux nationaux et aux étrangers ».

Titre deuxième : Le régime des cultes et missions dans l'Etat Indépendant du Congo

Avec la Conférence de Berlin, une association à vocation scientifique et humanitaire créée sur l'initiative de Sa Majesté Léopold II, le roi des Belges, va devenir un Etat libre et une propriété personnelle du roi Léopold II. Comme l'affirme M. Wauters : « Toutes les puissances représentées s'étaient entendues pour reconnaître que la société privée constituée par le roi des Belges et qui, depuis cinq ans, donnait des preuves indéniables de sa vitalité, était de nature à faciliter la solution de la question du bassin du Congo. Par leurs reconnaissances successives, elles donnèrent, en fait, au nouvel Etat une existence internationale régulière. Toutes les reconnaissances de souveraineté sont datées de Berlin, du 14 octobre au 23 février 1885 »[95].

Dès la naissance de l'E.I.C, le roi Léopold II, souverain du nouvel Etat, fidèle aux protocoles de la conférence de Berlin, cherchait à organiser administrativement son nouvel Etat. Dans sa lettre du 15 avril 1885, le roi sollicita des chambres des représentants belges l'autorisation d'ajouter à son titre de : « Roi des Belges », celui de : « Souverain de l'Etat Indépendant du Congo »[96]. « Cette autorisation, poursuit M. Wauters, lui fut accordée à titre personnel et dans les termes suivants : 'S. M. Léopold II, roi des Belges est autorisé à être le chef de l'Etat fondé en Afrique par l'Association Internationale du Congo. L'union entre la Belgique et le nouvel Etat du Congo sera exclusivement personnelle' »[97].

Après la création du nouvel Etat par la volonté internationale des puissances représentées à la Conférence de Berlin, le lien juridique entre le nouvel Etat et son propriétaire fut établi par la décision des chambres de représentants belges. Ne voulant pas s'engager dans toute entreprise coloniale, par la voix des chambres de représentants, la Belgique personnalisa l'initiative coloniale du roi. En effet l'E.I.C fut une création *ex nihilo* d'un homme isolé mais déterminé pour donner à son pays une

---

95 WAUTERS, A-J., *Histoire politique du Congo Belge*, Bruxelles, Van Fleteren Ed., 1911, p. 54-55.
96 Cf. *Ibidem*, p. 55.
97 *Ibidem*, p. 55.

colonie[98]. Ainsi le nouvel Etat fut consacré comme une monarchie absolue par son souverain. Comme le définit M. Jentgen : « L'Etat Indépendant du Congo était une monarchie absolue. Par monarchie absolue, il faut entendre celle où le monarque exerce tous les attributs de la souveraineté, par opposition à la monarchie constitutionnelle, sous le régime de laquelle le chef de l'Etat n'a que les pouvoirs que lui défèrent la constitution et les lois rendues en exécution de celle-ci »[99].

Le roi Léopold II, monarque absolu, possédait tous les pouvoirs et pouvait les exercer personnellement ou par délégation. Seule sa volonté prévalait contre celle de toute autre autorité. « Tous les pouvoirs, poursuit M. Jentgen, tant législatifs qu'exécutifs et judiciaires, étaient réunis sur la tête du monarque qui, par conséquent, cumulait la triple prérogative de faire la loi, d'en réglementer l'exécution et de dire la justice. Il lui était loisible d'exercer ses droits personnellement ou de les déléguer à des fonctionnaires désignés par lui, sous la seule réserve d'agir pour le bien de la nation. Ses décisions n'avaient besoin d'aucun contreseing ministériel. Sa volonté souveraine prévalait contre celle des autorités de toutes sortes. Dans les relations internationales sa liberté d'action était complète, les traités conclus par lui pouvant se passer de toute approbation »[100].

Dans une monarchie absolue, il n'y a aucune constitution qui limiterait l'action du monarque. La monarchie absolue exclut toute constitution dans le sens propre du mot. La caractéristique d'une monarchie absolue est « que la source ou tout au moins la jouissance des trois pouvoirs réside sur une seule et même tête : celle du Souverain. Celui-ci possède donc l'entièreté des pouvoirs, son autorité est absolue ; elle n'est limitée – et encore est-ce bien plus au point de vue moral qu'au point de vue juridique – que par les principes du droit naturel, et par les stipulations de quelques conventions, tels que les Actes généraux des Conférences de Berlin et de Bruxelles auxquels il a adhéré »[101]. Le monarque peut édicter les lois qui lui paraissent bonnes pour régler les relations extérieures et internes de droit public et de droit privé, sauf le

---

[98] Cf. CORNEVIN, R., *Histoire de l'Afrique (tome III). Colonisation, décolonisation, indépendance*, Paris, Payot, p. 442.

[99] JENTGEN, P., *La terre belge du Congo. Etude sur l'origine et la formation de la colonie du Congo Belge,* Bruxelles, Imprimerie Bolyn, 1937, p. 86.

[100] *Ibidem*, p. 87.

[101] LOUWERS, O., *Eléments du droit de l'Etat Indépendant du Congo*, Bruxelles, Weissenbruch, 1907, p. 4.

respect dû aux traités. Toute la vie politique de la monarchie dépend de lui seul[102].

Chapitre premier : Le régime général des cultes et missions de l'E.I.C

Le champ juridique du régime des cultes et missions de l'E.I.C est complexe et très diversifié. Il n'est pas facile de dégager une uniformité juridique quand on jette un regard rétrospectif sur l'histoire des relations Missions et Etat depuis la création de l'E.I.C jusqu'à l'annexion du Congo à la Belgique. Il faut relever la volonté du législateur d'intégrer les conventions internationales dans le droit interne de l'Etat en les approuvant par des lois[103]. Elles sont par le fait même une limitation aux droits régaliens et font échec au droit absolu de juridiction qui appartient à chaque Etat sur son territoire et qui ne peut, en principe, être limité que par des conventions particulières entre les diverses souverainetés. Les conventions internationales forment des axiomes du droit public congolais et font par le fait même partie de la législation même de l'Etat[104].

Section 1. L'E.I.C et les conventions internationales

L'analyse faite plus haut sur les origines diplomatiques de l'E.I.C nous a révélé les enjeux politiques de la question de la liberté religieuse. Le sentiment religieux existe au fond de l'humanité, il a ses impérieuses exigences et l'histoire des pays occidentaux avait déjà bien montré combien il importait de leur donner une satisfaction rationnelle[105]. Le nouvel Etat créé au cœur de l'Afrique par les puissances représentées à la conférence de Berlin ne pouvait pas manquer à cette exigence. En plus, l'Acte Général de la conférence de Berlin fait partie du droit public international et lie l'E.I.C vis-à-vis des autres puissances[106].

En effet, les clauses de la conférence de Berlin liaient l'E.I.C, Etat successeur de l'A.I.C, comme le considérait le roi Léopold II, son

---

102 Cf. JENTGEN, P., *op. cit.*, p. 91.

103 Cf. PAULUS, J-P., *Droit public du Congo*, Bruxelles, ULB, 1959, p. 365.

104 Cf. BLANCHARD, G., *op. cit.*, p. 89.

105 Cf. NYS, E., « Le droit international et la Papauté », in Extrait de la *Revue de Droit international et de Législation comparée*, 1878, p. 36.

106 Cf. VAN MOORSEL, G., *Etude sur la législation de l'Etat Indépendant du Congo*, Bruxelles, Larcier, 1887, p. 17.

président. Comme nous pouvons le lire dans l'extrait des protocoles de la conférence de Berlin : « L'Association Internationale du Congo a successivement conclu avec les Puissances représentées à la Conférence de Berlin (moins une) des traités qui, parmi leurs clauses, contiennent une disposition reconnaissant son pavillon comme celui d'un Etat ou d'un Gouvernement ami… La réunion et les délibérations de l'éminente assemblée qui siège à Berlin sous votre haute Présidence ont essentiellement contribué à hâter cet heureux événement »[107].

L'E.I.C fit même de l'article 6 de la conférence de Berlin le fondement juridique de toute sa réglementation légale sur la liberté des cultes et missions, la liberté de conscience et la tolérance religieuse, publié dans le premier numéro de son *Bulletin officiel* publié en 1885[108]. En effet les sociétés scientifiques, religieuses et philanthropiques et l'opinion publique de plusieurs pays occidentaux n'étaient pas prêtes à accepter toute forme de discrimination religieuse dans les nouvelles colonies africaines. La liberté religieuse s'inscrit dans une histoire occidentale riche et très mouvementée et octroyée dans la douleur, histoire dont les puissances européennes portent encore des stigmates.

Le droit à la liberté religieuse, reconnu par l'article 6 de l'Acte général de la conférence de Berlin, constitue un précepte juridique de droit international. Il est avant tout un droit reconnu pour les institutions et associations religieuses à créer ou à organiser. Les missions religieuses ont bénéficié dans les colonies africaines d'un droit à la liberté religieuse conquis au prix de souffrances atroces et séculaires par les nations européennes. La garantie du droit à la liberté religieuse ne signifie pas un traitement identique à toutes les missions religieuses par les puissances coloniales. Comme le souligne M. Cattier : « L'Etat du Congo doit donc protéger toutes les missions religieuses ou laïques qui s'assignent pour tâche d'instruire l'indigène et de développer sa culture morale, quelles que soient les méthodes qu'elles adoptent, quelles que soient les langues véhiculaires dont elles se servent, quelle que soit la nationalité dont elles relèvent. Les subsides accordés doivent donc, en principe, être distribués aux diverses institutions sur des bases identiques. Ceci, bien entendu, ne doit pas s'interpréter en ce sens que toutes doivent recevoir des subsides ou des avantages égaux. L'Etat peut tenir compte du travail civilisateur accompli, des difficultés particulières à chaque établissement, du nombre des missionnaires et professeurs, et même de la valeur des méthodes suivies. Le Gouvernement congolais jouit donc en cette matière d'une

---

107 *Bulletin officiel*, 1, 1885, p. 1.
108 Cf. *Ibidem*, p. 9-10.

grande liberté. Son action n'est pas susceptible de contrôle et, seule l'exclusion systématique des établissements appartenant à des confessions ou à des nationalités déterminées pourrait donner lieu à réclamations »[109].

Le même article fait des sociétés scientifiques, religieuses et philanthropiques de précieux moyens de civilisation et, partant, des outils efficaces de la colonisation[110]. Il impose par le fait même à l'E.I.C, comme l'affirme M. Cattier, « d'inscrire dans ses lois pénales des dispositions protectrices de la liberté de conscience et de la liberté des cultes des sujets congolais »[111].

En réalité, cet article consacrait la protection des missionnaires chrétiens et la tolérance des traditions religieuses africaines qui n'étaient pas incompatibles avec la morale chrétienne et les mœurs de la civilisation chrétienne européenne. Le principe du droit à la liberté religieuse était reconnu au niveau individuel pour les agents de la civilisation (explorateurs, commerçants, missionnaires, agents coloniaux), et au niveau collectif pour les missions religieuses chrétiennes qui sont des véritables agents de la civilisation. Par voie de conséquence, l'article 6 de l'Acte de la conférence de Berlin autorise les Etats colonisateurs à favoriser et protéger la christianisation des colonies en Afrique. Comme nous pouvons le lire dans un document d'archives du Ministère des affaires étrangères du Royaume de Belgique à Bruxelles : « En résumé, l'article 6 non seulement proclame la liberté des cultes, mais encore indique expressément, comme un devoir spécial pour les Etats qui se constitueront dans le bassin du Congo, l'obligation de protéger les missionnaires chrétiens. Cette sollicitude du Congrès pour les missionnaires ne doit pas étonner : n'est-il pas le pionnier par excellence de la civilisation, pionnier modeste, désintéressé, infatigable ? L'histoire ne nous le montre-t-il pas, marchant à la suite des conquérants, prêchant les vérités sublimes de la foi chrétienne à des peuples primitifs et barbares, que la force des armes pouvait avoir asservis momentanément, mais non réduits à l'impuissance ? Des vaincus, frémissant sous la domination étrangère, le missionnaire chrétien faisait des sujets fidèles et pacifiques, puis des hommes libres »[112].

---

109 CATTIER, F., *Droit et Administration de l'Etat Indépendant du Congo*, Bruxelles – Paris, Larcier – Pedone, 1898, p. 146-147.

110 Cf. *Ibidem*, p. 147.

111 *Ibidem*.

112 AA / MAERB, M. 561, 62 – 29 : Les missions religieuses au Congo, p. 1-2.

Le roi Léopold II, souverain de l'E.I.C, fit de l'article 6 de l'Acte de la conférence de Berlin la base juridique de la politique de son gouvernement en matière religieuse. Il s'allia les missionnaires chrétiens à la cause de la civilisation et de la lutte contre la traite des noirs pour bénéficier de leur appui. L'alliance de la puissance avec les missions religieuses était stratégique à cause des intérêts collatéraux qu'elle y tirerait. L'article 6 constituait aussi une obligation imposée aux Etats établis dans le bassin du Congo en matière de tolérance religieuse et de liberté de conscience, même pour les populations indigènes. « Il ne serait pas licite, écrit M. Cattier, de convertir par la force les populations du Congo, comme on l'a vu plusieurs fois dans l'histoire de la colonisation, à des religions ou à des croyances plus élevées. La propagande religieuse ne peut avoir d'autres moyens d'action que la persuasion et l'exemple. L'exercice public des cultes indigènes, si arriérés qu'ils soient, est libre, et toutes leurs pratiques doivent être tolérées, en tant qu'elles ne portent pas atteinte aux lois répressives ordinaires. Cette prescription de l'acte général, ... constitue un véritable bienfait pour les indigènes, en même temps qu'elle sera un élément de colonisation efficace et de civilisation progressive »[113].

A l'article 6 de la conférence de Berlin, il faudrait ajouter l'article 2 alinéa 3° de l'Acte de la conférence de Bruxelles qui garantit également la liberté religieuse et la protection de la propagande religieuse chrétienne. Les puissances réunies à Bruxelles, après plusieurs jours de longues et laborieuses discussions, formulèrent des décisions dans les cent articles de l'Acte général de Bruxelles rendu public en date du 2 juillet 1890[114]. La conférence de Bruxelles proclama dans son article 2, 3° alinéa le devoir de protection des misions religieuses sans distinction des cultes par des puissances exerçant une souveraineté dans les nouvelles colonies africaines. « *Les stations, les croisières intérieures organisées par chaque Puissance dans ses eaux et les postes qui leur servent de ports d'attache, indépendamment de leur mission principale, qui sera d'empêcher la capture d'esclaves et d'intercepter les routes de la traite, auront pour tâche subsidiaire : ... ; 3° De protéger, sans distinction de culte, les missions établies ou à établir ; ...* »[115].

113 CATTIER, F. , *op. cit.* , p. 147.
114 Cf. DEROY, E. , *op. cit.* , p.223.
115 *Bulletin officiel*, 4, 1892, p. 37-38.

Section 2. Les textes législatifs généraux

C'est par le décret du 28 décembre 1888 que Sa Majesté le roi Léopold II, roi des Belges et souverain de l'E.I.C, va jeter les fondements juridiques des institutions et associations scientifiques, religieuses ou philanthropiques dans son Etat[116]. La souveraineté du nouvel Etat, né d'une métamorphose juridique de l'ancienne Association Internationale du Congo, n'était pas reconnue par d'autres associations religieuses et philanthropiques qui ont assisté à la genèse de l'E.I.C. Ces associations voulaient continuer à travailler en toute liberté dans un champ sans loi. De l'organisation du monde associatif dont il était issu dépendait l'avenir politique de l'E.I.C comme Etat souverain. L'enjeu politique du décret du 28 décembre 1888 est de grande importance car, par ce décret, le nouvel Etat signifiait sa souveraineté à ses anciens congénères du mouvement associatif à l'œuvre dans le bassin conventionnel du Congo. Le nouveau décret était le premier essai d'organisation légale de la vie associative dans le nouvel Etat et visait à donner une personnalité juridique aux dites institutions et associations. « L'octroi de la personnalité civile, écrit M. Cattier, aux entreprises religieuses leur confère un avantage précieux. Elle assure la stabilité de leur existence et leur permet d'acquérir sans difficulté les ressources nécessaires à l'accomplissement de leur mission civilisatrice. Aussi un grand nombre de missions se sont-elles empressées de solliciter l'application du décret du 28 décembre 1888 »[117].

Le décret du 28 décembre 1888 fait une distinction entre « les institutions religieuses, scientifiques ou philanthropiques créées par le Gouvernement » d'une part (article 1) et « les associations privées qui ont pour but de s'occuper d'œuvres religieuses, scientifiques ou philanthropiques » d'autre part (article 2). Ce décret établit une distinction entre deux organismes poursuivant le même but sur la base de leur origine, les organismes de la première catégorie relèvent de l'initiative publique en partenariat avec les missions religieuses et ceux de la seconde, de l'initiative privée. Les organismes qui relèvent de l'initiative publique sont appelés « institutions » et les organismes qui relèvent de l'initiative privée sont appelés « associations ». La reconnaissance de deux organismes n'est pas fondée sur un texte unique, le même pour tous ; elle fait l'objet de dispositions légales différentes. Comme le stipule l'article premier du décret : « Les institutions religieuses, scientifiques ou philanthropiques créées par le Gouvernement

[116] Cf. *Bulletin officiel*, 1, 1889, p. 5-9.
[117] CATTIER, F., *op. cit.*, p. 283-284.

sont administrées et représentées, et leur capacité civile est réglée de la manière indiquée par le décret qui les établit »[118]. Les « institutions publiques » sont régies par des lois propres et ne sont donc pas concernées par les articles 3, 4, 5 et 6 comme l'énonce le décret du 28 décembre 1888 en son deuxième article qui concerne les « associations privées »[119]. C'est pourquoi il est indispensable d'examiner séparément les textes et dispositions légales qui accordent à chacun des cultes et missions sa personnalité juridique.

Les dispositions des articles 7, 8, 9 et 10 du décret fixent les droits et limites des personnes morales reconnues et les conditions de la perte de la personnalité civile des « institutions publiques » et des « associations privées » légales.

Les atteintes à la liberté de conscience et à la liberté des cultes étaient réprimées par l'article 76 du code pénal de l'E.I.C de 1888 : « L'art. 76 du code pénal punit d'une servitude pénale de huit jours à deux ans et d'une amende de vingt-cinq à cinq cents francs, ou d'une de ces peines seulement, toutes personnes qui, par des violences, outrages ou menaces, par des troubles ou par des désordres, auront porté atteinte à la liberté des cultes ou à leur libre exercice public et à la liberté de conscience garantie par l'Acte général de Berlin »[120].

Fidèle à la prescription de l'Acte général de Berlin, cette disposition légale protège le droit de liberté de conscience et de la liberté des cultes des sujets congolais et des étrangers dans l'E.I.C. Les conversions forcées des peuples indigènes sont prohibées et les missions chrétiennes n'ont qu'à trouver des méthodes de persuasion pacifique. Les institutions et associations religieuses et philanthropiques furent considérées comme de véritables défenseurs des droits des indigènes et de véritables agents de leur civilisation. Le gouvernement de l'E.I.C finit par instituer une commission pour la protection des indigènes, composée de membres issus des institutions et associations religieuses et philanthropiques[121]. La commission pour la protection des indigènes a pour mission de signaler « à l'autorité judiciaire les actes de violence dont les indigènes seraient victimes..., au gouvernement les mesures à prendre pour prévenir les actes de la traite, pour rendre plus efficace la prohibition ou la restriction

118 *Bulletin officiel*, 1, 1889, p. 5.
119 *Ibidem*.
120 *Bulletin officiel*, 6,1888, p. 93.
121 Cf. *Bulletin officiel*, 9, 1896, p. 253-254.

du trafic délictueux, et pour amener progressivement la disparition des coutumes barbares, ... »[122].

A côté de ces quelques textes et dispositions légales d'ordre général qui organisent la matière globalement pour toutes les missions religieuses, le législateur congolais avait développé une intense réglementation conventionnelle individualisée. C'est ce qui donne du fil à retorde à tout publiciste qui s'intéresserait au droit public de l'E.I.C sans prendre en compte l'histoire de la diplomatie de l'E.I.C dans laquelle il a surgi. Nous examinerons successivement les fondements juridiques du statut spécial des diverses institutions et associations religieuses selon les textes législatifs qui leur ont accordé la personnalité juridique.

Chapitre deuxième : Les régimes particuliers des divers cultes et missions

Section 1. Les Missions catholiques

Depuis la conférence géographique de Bruxelles de 1876, le Saint-Siège était entré en relation avec Bruxelles où se développait un intérêt croissant pour l'Afrique centrale. C'est ainsi qu'une intense activité diplomatique fut lancée entre Bruxelles et Rome pour l'évangélisation des nouvelles missions du Congo. Dès le lendemain de la conférence de Berlin, Sa Majesté Léopold II, roi des Belges et Souverain de l'E.I.C, intensifia son action diplomatique auprès du Saint-Siège et de la hiérarchie catholique de son pays pour obtenir des missionnaires pour l'E.I.C. Ce ballet diplomatique avec le Saint-Siège produisit un intense échange épistolaire, une abondante littérature diplomatique. Dans cette littérature se dégage le fondement de la coopération entre les Missions catholiques et l'E.I.C.

§ 1. L'E.I.C et le Saint-Siège

La proclamation de l'E.I.C fut une occasion de manifester au grand public les manœuvres diplomatiques du stratège et habile politicien devenu souverain d'un Etat, qui avait commencé par être président d'une association internationale sans personnalité juridique. Sa souveraineté reconnue sur le nouvel Etat, le roi Léopold II accentua son ballet

[122] *Ibidem*, p. 254.

diplomatique auprès du Saint-Siège afin de bénéficier d'un droit de patronage au Congo. Ayant une souveraineté absolue sur l'E.I.C, le roi était la source du droit pour le droit interne de l'Etat nonobstant les limites des conventions internationales et des conventions particulières avec d'autres institutions. Comme dit plus haut, l'E.I.C a hérité des bénéfices de la diplomatie de la cour de Laeken au sujet de l'évangélisation du Congo avec le Saint-Siège. Les acquis de la diplomatie royale de l'A.I.C constituaient les fondements juridiques de la coopération entre l'E.I.C et les Missions catholiques. D'ailleurs, la question religieuse de l'E.I.C constitue une des plus belles pages de l'histoire de la diplomatie de l'E.I.C dont les sources sont plus abondantes et variées : allant de la simple correspondance à des accords classiques. C'est pourquoi l'étude de la correspondance diplomatique échangée avec Rome et avec des instituts religieux et missionnaires révèle les engagements contractés par les parties, et constitue une bonne base des législations futures.

I. La question du séminaire africain

La proclamation de l'E.I.C précipita du côté du Saint-Siège l'autorisation de l'ouverture du séminaire pour les missions du Congo. Le roi des Belges et l'épiscopat belge décidèrent d'annexer le séminaire africain à l'université catholique de Louvain où existait déjà un séminaire américain[123]. Le rapport que fit l'aumônier de la cour royale, Mgr A. Van Weddingen, à la haute hiérarchie romaine chargée de la Propagande de la foi fait découvrir en substance les propositions du roi sur l'organisation du « séminaire international » pour l'Afrique qu'il souhaiterait mettre sous la tutelle de l'épiscopat belge. Il y définit le statut et la charge future des prêtres qui seront formés dans ce séminaire et propose de prendre le statut du séminaire de la « Mission de Paris » pour statut du « séminaire international » belge[124].

Les autorités de l'E.I.C définiront les grandes lignes de la politique religieuse du nouvel Etat fondée sur l'option politique de la Cour de Laeken : « *la préférence nationale* ». L'Eglise catholique de Belgique ne disposait pas de prêtres pour la nouvelle mission et il fallait à tout prix répondre à la demande du roi qui sollicitait son concours pour son initiative africaine. Le roi s'était engagé à ouvrir un séminaire africain pour la formation des aumôniers de stations scientifiques et hospitalières. En effet, s'il ne voulait pas des religieux, c'est parce que les ordres

---

123 Cf. ROEYKENS, A., *op.cit.*, p. 549.
124 Cf. *Ibidem*, p. 561-563.

religieux sont internationaux et pourraient lui offrir un personnel de plusieurs nationalités. Par contre, s'il confiait son œuvre à un clergé séculier, il était sûr d'avoir des prêtres de nationalité belge uniquement ou, à défaut, des prêtres dépendant directement de la hiérarchie catholique belge. Cette option royale n'était pas sans difficultés car elle soulevait des questions juridiques au niveau du droit propre de l'Eglise (droit canonique) qui pourraient faire obstacle à son projet.

En effet le roi avait besoin d'un personnel ecclésiastique pour les aumôneries de ses stations mais il allait vite se heurter à la question du statut juridique de ces prêtres comme ministres de l'Eglise. Un prêtre séculier est un prêtre lié à un diocèse ou à un institut séculier par son ordination sacerdotale, ces prêtres séculiers aumôniers des stations belges au Congo appartiendraient à quel diocèse ou institut séculier ? Quel serait le statut juridique (du point de vue droit canonique) de ces prêtres séculiers, aumôniers des stations belges ? Quel serait le statut juridique (du point de vue droit canonique) de la nouvelle mission congolaise ? Quel serait le lien juridique (du point de vue droit canonique) entre l'Eglise catholique de Belgique et la nouvelle mission du Congo ? Quel serait le statut des missionnaires catholiques déjà installés dans les territoires de ce qui est devenu l'E.I.C après la Conférence de Berlin ?

Le roi Léopold II, souverain de l'E.I.C, se trouvait en face de problèmes cruciaux qui lui imposaient de créer un terrain d'entente avec les autorités romaines pour la nouvelle mission du Congo. Il était appelé à adapter sa politique religieuse et à la définir par rapport aux exigences juridiques propres à l'Eglise auxquelles se confrontait son projet d'évangélisation du Congo. Il ne tardera pas à proposer au Saint-Siège un schéma de programme de coopération pour l'évangélisation du pays, dans un document publié en avril 1885 que Mgr. E. Gautier prendra soin de transmettre à son Eminence le Cardinal Simeoni, Préfet de la Sacrée Congrégation de la Propagande[125].

Après l'étude de la question religieuse du nouvel Etat, le roi proposa au Saint-Siège les voies de sortie de l'impasse où l'avait conduite sa politique de protection des intérêts nationaux. Il voulut soumettre directement l'œuvre de l'aumônerie des stations belges sous la bienveillante protection de la Sacrée Congrégation de la Propagande. Le prosélytisme de certains missionnaires ne tardera pas de confirmer les craintes du roi des Belges de voir des missionnaires non belges servir et défendre les intérêts politiques de leurs pays d'origine dans sa nouvelle

[125] Cf. *Ibidem*, p. 566-569.

colonie. En effet deux instituts religieux et missionnaires français étaient déjà à l'œuvre au Congo depuis 1880[126]. Le roi des Belges parvint à obtenir du Saint-Siège un éloignement forcé des missionnaires spiritains français de son Etat comme il l'avait souhaité. A ce sujet M. Bontinck souligne qu'« au moment où Léopold II, après neuf ans d'efforts intenses, voit son entreprise africaine reconnue comme un Etat (1885), les Spiritains desservaient trois postes : Boma, Kinlau (Nemlao) et Kwamouth. Or, le rival le plus dangereux du Roi avait été et restait la France ; celle-ci venait de lui enlever le bassin du Niadi-Kwilu où le Roi avait fondé une quinzaine de stations en vue d'élargir son accès à la mer ; en outre la France avait fait valoir des droits sur la rive méridionale du Stanley Pool (Pool Malebo). La méfiance du Roi fut encore accrue à la suite d'une imprudence de la part des missionnaires français : ceux-ci auraient aidé Brazza à renforcer son armement »[127].

Confier la mission du Congo à des ordres religieux était ouvrir le Congo à des missionnaires de plusieurs nationalités qui ne serviraient pas nécessairement les intérêts belges au Congo. Ce serait créer une certaine dépendance religieuse du nouvel Etat par rapport à l'étranger. Le roi-souverain de l'E.I.C ne voulait pas dépendre par voie de conséquence des autorités ecclésiastiques non belges. Sa politique religieuse restait fondée sur la politique de *préférence nationale* qui lui donnerait un *droit de patronage*, c'est-à-dire le droit d'évangélisation d'une mission confiée à une autorité politique. Le droit de patronage était un privilège que le Saint-Siège accordait aux princes catholiques dans les territoires païens nouvellement conquis.

Outre le privilège d'avoir une mission nationale belge au Congo, le roi Léopold II voulait aussi que le Saint-Siège crée une *autorité spirituelle* de la nouvelle mission ayant résidence au Congo, qui serait l'aumônier général et le coordinateur de l'œuvre de l'aumônerie des stations du Congo. Autrement dit, le roi demandait que le Saint-Siège érige une Eglise particulière sur un terrain vierge, sans prêtres et sans chrétiens car ses prêtres séculiers, aumôniers des stations belges seraient seulement des fonctionnaires de l'Etat, sans aucun lien avec une Eglise particulière. Au plan juridique propre de l'Eglise catholique, le projet royal portait en soi certaines entorses juridiques qu'il fallait surmonter. L'unique chance pour faire aboutir le projet royal de l'évangélisation du Congo était de confier la mission du Congo à des ordres religieux présents en Belgique ayant à

---

[126] Cf. BONTINCK, F., *L'évangélisation du Zaïre*, Kinshasa, Ed. Saint Paul Afrique, 1980, p. 39.
[127] *Ibidem*, p. 48.

leur sein des membres de nationalité belge comme le lui proposait un consulteur de la Propagande sur le dossier[128].

En plus, le roi Léopold II demandait au Saint-Siège de créer une « *Délégation Apostolique* » du Saint-Siège pour le Congo avec résidence à Bruxelles. Le désir ardent du roi d'obtenir à tout prix du Saint-Siège un droit de patronage exagéré sur l'E.I.C restreignait même l'action du Saint-Siège. Et dans ce sens, son projet de demander l'ouverture d'une « délégation apostolique » avait de maigres chances d'aboutir. Dans son projet de coopération soumis aux instances romaines, il est dit que « la Direction désire vivement qu'il y ait un délégué en Belgique, désigné par l'Archevêque de Malines et agréé par le Roi, reconnu par la Sacrée Congrégation de la Propagande (Voir art. III du règlement du séminaire). Ce délégué sera chargé de défendre auprès de l'administration du Congo (en Belgique) les intérêts religieux de la Mission. Il servira d'intermédiaire entre l'autorité laïque et la Sacrée Congrégation de la Propagande, car il entre dans la pensée du fondateur du nouvel Etat, de marcher d'accord avec l'autorité spirituelle pour le bien commun »[129].

Succinctement la demande de l'autorité de l'E.I.C avait une triple motivation que garantirait le droit de patronage : la création d'une mission nationale belge au Congo, l'érection d'un vicariat ou d'une préfecture apostolique au Congo et la création d'un délégué apostolique belge du Saint-Siège pour le Congo avec résidence en Belgique.

Dans sa réponse à la requête de l'autorité de l'E.I.C, la Sacrée Congrégation de la Propagande précisa les conditions d'ouverture du séminaire africain initié par le Souverain du nouvel Etat. Le Préfet de la Sacrée Congrégation de la Propagande rappela au « Palais de Laeken » les règles d'usage de la diplomatie du Saint-Siège, en lui conseillant de se référer à la Nonciature Apostolique de Bruxelles. Il posa déjà les problèmes pratiques auxquels se heurta la future mission du Congo notamment : le statut des futurs missionnaires et la nécessité de la présence de plusieurs instituts religieux pour l'évangélisation d'un si vaste territoire[130].

Depuis la Conférence géographique de Bruxelles, le Cardinal Français Lavigerie, archevêque de Tunis et Primat d'Afrique s'intéressait à la région de l'Afrique centrale pour la nouvelle société missionnaire qu'il

---

[128] Cf. ROEKENS, A., *op. cit.*, p. 569.
[129] *Ibidem*, p. 568.
[130] Cf. *Ibidem*, p. 592-594.

venait de fonder. Il ne tarda pas à obtenir la mission de l'évangélisation de la région par le rescrit du 24 février 1878 du Pape Léon XIII. Le rescrit confiait à sa société missionnaire les deux Missions des Grands Lacs africains, celles des régions des lacs Nyanza et Tanganyika. Pour faire face à la politique intransigeante de *préférence nationale* du roi Léopold II, le Cardinal Lavigerie fut obligé de fonder à Woluwé près de Bruxelles une maison de formation pour la Belgique afin de trouver des sujets belges dans sa jeune société missionnaire pour le Congo. Le roi l'encouragea dans cette initiative à condition que son noviciat n'entrave en rien son projet d'ouvrir son propre séminaire africain en accord avec l'épiscopat belge.

Le chanoine de Malines, Mgr Gautier, fut envoyé à Rome pour traiter la question du projet de séminaire africain avec la Sacrée Congrégation de la Propagande. Il fut convenu d'ouvrir un collège africain pour la formation des prêtres qui se prépareraient pour la nouvelle mission de l'Afrique centrale à l'instar du collège américain qui existait déjà à Louvain. Cependant les deux parties ne tombèrent pas d'accord sur le statut juridique ou canonique des prêtres qui sortiraient du séminaire africain. Comme l'écrit Gueluy, « Mgr Gauthier (sic) chanoine de Malines, se rendit alors à Rome pour y combiner les règles du nouvel institut. Mais rien n'était assuré, rien ne fut décidé, car Malines ne paraissait admettre que des prêtres libres qui, plus tard, pourraient rentrer dans leur diocèse, tandis que Rome jugeait que des prêtres libres ne pouvaient constituer des éléments stables pour la mission »[131].

Le Saint-Siège se préoccupait de ce qui se passerait encore pendant plusieurs années avant que le futur séminaire puisse fournir des missionnaires à la mission du Congo. La question était de redéfinir la nature et les exigences de la nouvelle mission. Au-delà d'une simple œuvre d'aumônerie des stations, le Siège apostolique souligna le caractère global de la mission ouverte aux européens et aux indigènes.

La mission de l'Afrique équatoriale ayant été confiée officiellement aux missionnaires du Cardinal Lavigerie, « la cour de Laeken » voulait limiter leur influence dans une partie du territoire qu'ils occupaient et laisser l'autre partie aux futurs lauréats du séminaire africain de Louvain. Le roi des belges ne voulait pas que la mission belge dépende de la juridiction ecclésiastique existante confiée au Cardinal français, Lavigerie, et demandait aux instances romaines de créer plusieurs préfets apostoliques ou évêques dans la région de l'Afrique équatoriale. Le roi

---

[131] *Ibidem*, p. 629-630.

voulait que la mission belge dépende directement de la Sacrée Congrégation de la Propagande de la Foi et donnait également aux instances romaines l'assurance de vouloir former des prêtres le plus rapidement possible. Son séminaire africain fonctionnerait sur le modèle de celui de la « Mission de Paris » pour les missions de l'Asie[132].

Le problème était de trouver des missionnaires sans perdre beaucoup de temps et de se préoccuper aussi de l'avenir de la nouvelle mission. En fait l'autorité romaine ne pouvait pas fonder une si grande œuvre d'évangélisation sur des prêtres aumôniers des stations et avait globalement besoin des prêtres pour la mission de toute la région. C'est pourquoi le Saint-Siège proposa au roi d'ouvrir l'entreprise aux instituts religieux et missionnaires pour la stabilité de la nouvelle mission. La Sacrée Congrégation de la Propagande présenta le projet d'ouverture de la nouvelle mission à la province belge de la Compagnie de Jésus et de l'Ordre des Frères Mineurs – Récollets. La province belge de la Compagnie de Jésus était déjà engagée dans la mission de Calcutta en Inde et ne voyait pas comment elle pouvait abandonner ce nouveau champ à peine commencé et plein d'avenir, pour la nouvelle mission du Congo. Le Vicaire général de la Compagnie de Jésus ne tarda pas à exprimer sa désolation au Cardinal Préfet car il ne pouvait pas délaisser la mission de Calcutta en Inde[133].

En réalité, la province belge de la Compagnie de Jésus était déjà engagée sur plusieurs terrains et ne disposait pas d'un autre personnel disponible pour le Congo. Il fallait nécessairement activer le projet de la création du séminaire africain. Et la Sacrée Congrégation de la Propagande de la Foi confia la tâche au Primat de Belgique et archevêque de Malines, Mgr. Goossens dans la lettre du 10 novembre 1886[134].

Comme dit plus haut, le roi Léopold II avait réussi à entraîner la hiérarchie catholique belge dans son initiative. Sachant qu'il n'existait aucune congrégation religieuse ou société missionnaire belge sur laquelle il pouvait s'appuyer pour la nouvelle mission du Congo, hormis la jeune congrégation missionnaire de Scheut en œuvre dans le Sud-est asiatique, il compta s'appuyer sur le clergé séculier de son pays. En fait, la proximité traditionnelle et historique entre le trône et le goupillon en Belgique rassurait le prince catholique. Il n'avait jamais caché son désir d'avoir le clergé séculier au service de l'aumônerie des stations créées

---

[132] Cf. *Ibidem*, p. 594-595.
[133] Cf. *Ibidem*, p. 595-597.
[134] Cf. APB, D 2 – 96.

antérieurement par l'association qu'il avait dirigée. C'est pourquoi il comptait sur le concours de la hiérarchie catholique de son pays qui sensibiliserait le clergé séculier à sa cause. Le roi Léopold II fit alors de « *la préférence nationale belge* » la toile de fond de toutes ses tractations diplomatiques avec le Saint-Siège pour la nouvelle mission du Congo. Le Saint-Siège exauça les vœux du roi et exhorta l'épiscopat belge à sensibiliser le clergé pour la cause de la mission du Congo. La nonciature apostolique de Bruxelles ne tarda pas à signifier à l'épiscopat le désir du Siège apostolique de voir les prêtres diocésains belges s'engager dans l'œuvre de l'évangélisation du Congo[135].

En effet l'épiscopat belge, en accord avec Sa Majesté le roi, avait dès mars 1885 déjà désigné Mgr. Gautier, chanoine honoraire de l'église métropolitaine et camérier secret de Sa Sainteté Léon XIII, comme supérieur du Séminaire africain qui devrait ouvrir ses portes l'année scolaire suivante[136].

Après l'échec des négociations avec la Compagnie de Jésus et les Frères Mineurs de Récollets, le roi et l'épiscopat se tournèrent vers la jeune Congrégation belge du Cœur Immaculé de Marie de Scheut-lez-Bruxelles. Celle-ci, mue par des sentiments religieux autant que patriotiques ne crut pas pouvoir décliner cette charge[137]. La Congrégation belge du Cœur Immaculé de Marie dut accepter la proposition mais par la lettre du 8 novembre 1887 de son supérieur au Primat de Belgique, elle exigea que l'autorité annexe le séminaire africain à leur Congrégation qui s'occupera de l'évangélisation du Congo[138].

Du fait de sa jeunesse, la Congrégation belge du Cœur Immaculé de la Vierge Marie n'avait pas assez des membres pour pouvoir desservir convenablement les missions du Congo, c'est pourquoi elle exigea qu'on fasse la fusion avec le Séminaire africain de Louvain pour pouvoir préparer des missionnaires. Elle accepta de se rendre au Congo sous certaines conditions que nous pouvons regrouper en quelques points :

- Avoir la jouissance libre et garantie du séminaire africain.

- S'assurer de l'existence des ressources matérielles suffisantes pour l'organisation et l'entretien de la mission belge au Congo, ce qui signifie

---

135 Cf. APB, D 2 – 99.
136 Cf. APB, D 2 – 113 (1).
137 Cf. ASPF, S.C., 73, p. 449.
138 Cf. APB, D 2 – 99.

que l'Etat s'engage à prendre en charge d'une part la construction des cures, églises, écoles, chapelles, et d'autre part l'entretien des missionnaires, leurs frais de voyage, leur assure la poste, …

- Instaurer un régime privilégié pour les candidats aux missions vis-à-vis des devoirs civiques.

- Obtenir l'appui des évêques de la Belgique à cette œuvre spécifiquement belge par l'institution d'une quête pour les missions [139].

Ces conditions révèlent bien les inquiétudes de la congrégation de Scheut : premièrement procurer à cette nouvelle mission des hommes, autrement dit que l'Etat lui cède le Séminaire africain ; deuxièmement procurer à cette nouvelle mission les ressources matérielles nécessaires. Partant de l'expérience missionnaire chinoise, la congrégation de CICM exige que l'Etat crée des infrastructures pour les missions et alloue des subsides pour leur fonctionnement. L'Eglise de Belgique pourrait soutenir l'action gouvernementale en sollicitant la charité et la solidarité des chrétiens belges pour la mission. L'Etat dispenserait les jeunes élèves destinés aux missions du devoir civique de service militaire. Les Scheutistes pensent qu'à ces conditions, ils pourraient envisager avec plus d'optimisme leur engagement au Congo.

Toutes ces conditions réunies faisaient un devoir à la congrégation de CICM d'accepter la charge de remplacer la congrégation du Saint Esprit d'origine française qui était déjà présente sur le territoire de l'E.I.C. Le roi Léopold II, souverain de l'E.I.C, vit sa politique religieuse couronnée de succès grâce à sa diplomatie plus discrète mais efficace qui a su faire adhérer l'épiscopat et l'Eglise de son pays à ses ambitions personnelles. La Sacrée Congrégation de la propagation de la foi avalisa les conditions de la congrégation de CICM et exigea des nouveaux missionnaires de la Congrégation de CICM de se mettre d'accord avec les religieux de la Congrégation du Saint-Esprit sur le dédommagement des frais engagés pour les stations du territoire qu'ils abandonneront maintenant[140].

Ainsi la Belgique catholique tout entière était associée à la grande œuvre de civilisation chrétienne initiée par son prince[141]. A l'exception de la région orientale du pays située entre le Lualaba et les lacs de la

---

[139] Cf. APB, D 2 – 100.

[140] Cf. APB, D 2 – 101.
[141] Cf. APB, D 2 – 104.

frontière de l'Est, confiée aux missionnaires de Lavigerie et érigée en vicariat depuis le 30 décembre 1886, le reste du pays restait le champ apostolique de la congrégation de CICM. Conformément aux désirs du roi Léopold II, la Sacrée congrégation de la Propagande érigea en date du 2 mai 1888 le vicariat du Congo belge ou Indépendant confié à la congrégation de CICM et le séminaire africain de Louvain lui fut annexé.[142].

II. L'E.I.C et la Compagnie de Jésus

La jeune congrégation de CICM n'avait pas assez de personnel pour couvrir l'immense juridiction qui venait de lui être confiée. Le gouvernement de l'E.I.C voulait que l'établissement des missions suive la pénétration de l'Etat importé au cœur du pays malheureusement les missionnaires lui faisait défaut. Le gouvernement n'arrêta point ses démarches auprès de la sacrée Congrégation de la Propagande pour lui trouver des missionnaires de divers ordres afin d'occuper l'immense champ de la mission du Congo.

1°. La question de la juridiction de la Compagnie de Jésus

Le gouvernement revint à sa première proposition au Saint-Siège de voir la Compagnie de Jésus s'engager au Congo. Le gouvernement de l'E.I.C savait bien que le Saint-Siège apportait un soutien sans faille aux princes chrétiens qui s'unissaient à l'Eglise pour l'expansion et la défense de la mission. L'E.I.C fit de la diplomatie avec le Saint-Siège un moyen de trouver des agents de l'œuvre commune d'évangélisation à laquelle il participait. Le roi était certain que le Saint-Siège userait de son influence pour convaincre les instituts religieux et missionnaires de s'ouvrir aux missions du Congo. La légation de Belgique près le Saint-Siège fut très engagée pour suivre de près toutes les questions brûlantes du moment auprès des instances romaines. De la Secrétairerie d'Etat du Saint-Siège à la Sacrée Congrégation de la Propagande en passant par toutes les maisons généralices des instituts religieux et missionnaires, la légation de Belgique fut de tous les rendez-vous pour des accords et des réglementations. Ce fut la période d'élaboration des grandes théories diplomatiques de chancellerie à chancellerie pour la grande épopée missionnaire.

Une note de service du 28 septembre 1891, de M. Edmond Van Eetvelde, administrateur général des affaires étrangères de l'E.I.C, au

[142] Cf. Décret d'érection du vicariat de Congo Belge, in APB, D 2 – 103.

Baron Whettnall alors légat de Belgique près le Saint-Siège, révèle la méthode suivie par le gouvernement de l'E.I.C : « Je pense, M. le Baron, que vous n'avez pas de peine à justifier cette intervention d'office. D'une part, les intérêts supérieurs de l'œuvre de l'évangélisation sont ici en jeu, les efforts d'une seule congrégation – si dévouée qu'elle soit – déjà insuffisants dans les limites du vicariat tel qu'il a été érigé par le bref papal de 1888, sont devenus absolument impuissants par suite des notables agrandissements de notre territoire. Les ressources de la Compagnie de Jésus et leur puissance d'entreprise sont assez connues pour qu'il ne faille pas insister sur la grandeur des résultats que nous pouvons attendre de leur coopération si nous les mettons dans les conditions nécessaires de réussir. D'autre part, il conviendrait, et sans doute partagerez-vous mon avis, de présenter cette intervention d'office et la solution qui en résultera, comme une satisfaction personnelle à donner au Roi-Souverain. Les efforts incessants qu'il prodigue à l'œuvre de l'évangélisation du Congo, l'appui que trouvent près de lui tous ceux qui s'occupent de cette œuvre autorisent à penser que le Saint Père ne refusera pas son concours empressé à un prince chrétien guidé par le souci des intérêts religieux. Sous sa haute impulsion, le gouvernement de l'Etat du Congo ne s'est pas borné, vis-à-vis des missions catholiques, à une neutralité bienveillante, mais il est aussi entré résolument dans la voie d'une intervention active et féconde. Les heureux résultats déjà obtenus et dont il se félicite, ne pourront que se multiplier si le Vatican, en tranchant la difficulté présente et en imposant la solution préconisée, assure au Congo la collaboration de deux ordres religieux appelés à exercer, dans un champ aussi vaste leur apostolat avec un égal succès »[143].

La politique protectionniste de la *mission nationale* fut un des fondements de la théorie diplomatique de l'E.I.C. Elle manifestait les intérêts religieux du Prince chrétien qui suscitait plus d'attention de la part du Saint-Siège. Au nom des intérêts supérieurs de l'œuvre de l'évangélisation, le Saint-Siège demandait aux instituts et ordres missionnaires de s'engager au Congo. Le roi-souverain obtenait par la diplomatie, à travers son action auprès des instances romaines, ce qu'il ne pouvait pas obtenir par lui-même. L'action diplomatique de l'E.I.C sera axée sur deux voies :

- la voie ordinaire : où s'engagent le Saint-Siège et l'E.I.C, qui sont deux sujets du droit international.

---

[143] AA / MAERB, M 563, carton 62 – dossier 24 – N° 3672.

- la voie spéciale : où le gouvernement de l'E.I.C s'engage face à des particuliers et, dans le cas présent, des missions religieuses (instituts missionnaires et ordres religieux).

La Compagnie de Jésus s'engagea à participer à la campagne de la christianisation du Congo à condition que le Saint-Siège lui accorde un territoire de mission propre, une mission indépendante du Vicariat apostolique de la Congrégation de Scheut[144].

La légation de Belgique près le Saint-Siège était de tous les rendez-vous dans la haute bureaucratie romaine pour l'envoi rapide des missionnaires au Congo. En fait, Sa Majesté le roi des Belges avait déjà gagné le Saint-Siège à sa cause mais il fallait que ce dernier trouve des instituts religieux et des missionnaires disposés à participer à la christianisation du Congo.

Il est hors de doute que la politique du Saint-Siège était toujours de soutenir les princes catholiques dans l'évangélisation des nouveaux pays et territoires conquis. Malgré leur résistance, les instituts religieux et missionnaires finissaient par se soumettre à la volonté du Saint-Siège. Cette étude révèle à ce sujet l'instrumentalisation des instituts religieux et missionnaires dans la spiritualisation de la politique internationale d'une part, et les mécanismes de l'utilisation des instruments juridiques dans les relations internationales entre le Saint-Siège et les Etats. Jusqu'ici, le mécanisme de création des lois du gouvernement de l'E.I.C en matière religieuse est toujours guidé par la politique religieuse de l'E.I.C qui reste la toile de fond de toute sa diplomatie. C'est cette politique que ne cesse de rappeler le département des affaires étrangères de l'E.I.C dans les instructions qu'il donne à la légation de Belgique près le Saint-Siège : la coopération avec les missions religieuses est fondée sur les relations bilatérales entre le Saint-Siège et la Belgique.

Dans sa politique de soutien aux princes catholiques engagés dans l'œuvre de l'évangélisation, le Saint-Siège passait pour un arbitre gagné pour la cause, face aux résistances que présentaient certains instituts religieux et missionnaires. C'est pourquoi les propositions de l'E.I.C trouvaient un écho favorable auprès de la haute hiérarchie romaine malgré l'intransigeance de la Congrégation de Scheut sur la question de la division du vicariat apostolique de l'E.I.C. La création de juridictions ecclésiastiques relève de la compétence du Saint-Siège, et dans ce cadre

---

144 Cf. AA / MAERB, M 563, carton 62 – dossier 24 – N° 1890.

le Saint-Siège tenait compte de propositions du gouvernement de l'E.I.C pour l'érection de la mission Jésuite au Congo[145].

Il s'avère clairement que la question religieuse de l'E.I.C était à inscrire dans le cadre de sa politique coloniale. Les questions relatives à l'établissement des Missions sont traitées directement par le Département des Affaires Etrangères. L'implantation des missions religieuses dans l'E.I.C est une œuvre publique dont s'occupe la puissance publique en partenariat direct avec le Saint-Siège. Ce dernier suivait avec un grand intérêt le développement politique des possessions léopoldiennes en Afrique centrale. Le fait que l'implantation des missions religieuses au Congo se faisait dans l'entente entre l'E.I.C et le Saint-Siège, rapprochait les deux puissances dans la défense de leurs intérêts dans la région. Cette entente se manifestait dans le souci que le Saint-Siège a de voir le gouvernement de l'E.I.C prospérer sans reproche dans le concert international[146].

2°. L'accord entre l'E.I.C et la Compagnie de Jésus

La question de la juridiction des Jésuites tranchée par le Saint-Siège, le gouvernement de l'E.I.C soumit à la province belge de la Compagnie de Jésus un projet d'accord. Dans ce projet, l'Etat accordait à la Compagnie de Jésus gratuitement et en pleine propriété, une étendue de 400 hectares de terres qui seront choisies de commun accord aux environs de Léopoldville[147].

Dans sa lettre du 15 janvier 1893, le Supérieur provincial de la Compagnie de Jésus en Belgique signifiera au gouvernement de l'E.I.C son entière satisfaction pour le projet d'accord qui lui avait été présenté. Pour favoriser le développement de la Colonie scolaire, le gouvernement de l'E.I.C prit d'autres dispositions additionnelles au projet du contrat de base. Ces dispositions additionnelles seront transmises au Supérieur provincial de la Compagnie de Jésus pour approbation[148].

La disposition additionnelle tant désirée par le Roi-Souverain n'affecte en rien le fond du contrat sauf qu'elle manifeste davantage la bienveillance du roi-souverain pour les œuvres de bienfaisance qu'il vient de confier à la Compagnie de Jésus. Ainsi fut élaboré le contrat définitif

---

[145] Cf. AA / MAERB, M 563, Carton 62 – Dossier 22, N° 2336.
[146] Cf. AA / MAERB, M 563, Carton 62 – Dossier 22, N°2762.
[147] Cf. AA / MAERB, M 563, Carton 62 – Dossier 22, 1/ 091.
[148] Cf. *Ibidem*.

intervenu entre la Compagnie de Jésus et l'E.I.C[149]. En réalité, la Compagnie de Jésus s'occupait de la gestion d'une colonie scolaire qui est une institution publique financée par l'Etat ayant pour mission de former les cadres dont l'Etat avait besoin pour son fonctionnement.

C'est dans un cadre précis que l'établissement des Jésuites au Congo fut réalisé avec plus de précaution car ils allaient s'occuper de la formation des fonctionnaires de la colonie. La légation de Belgique près le Saint-Siège informa aussi le gouvernement de l'E.I.C que le Préfet de la Propagande avait décidé, avec l'assentiment du Saint Père, d'envoyer une somme de vingt mille francs pour aider à l'établissement des Jésuites dans les missions de l'E.I.C[150]. Cependant le rôle dévolu aux Jésuites prêtait à confusion car la Colonie scolaire devenait comme un centre d'instruction militaire et les Jésuites ne tardèrent pas à demander la révision de certains articles s'y référant. Le gouvernement de l'E.I.C dut alors modifier certaines dispositions de l'accord du 16 janvier 1893 par sa lettre du 28 novembre1895[151].

La Compagnie de Jésus obtint la personnalité juridique par le décret n° 759 du 23 octobre 1897[152], qui tenait bien compte de l'accord passé entre le gouvernement de l'E.I.C et la dite Compagnie en son troisième article[153].

3°. L'établissement des Instituts religieux et missionnaires

Bien qu'il n'y ait pas encore aucun accord signé entre le roi-souverain de l'E.I.C et le Saint-Siège, les engagements pris par l'E.I.C vis-à-vis des instituts religieux et missionnaires constituaient des références de base pour une meilleure coopération entre la puissance publique et les missions catholiques. Avec le concours du Saint-Siège, le roi-souverain obtint le concours des instituts religieux et missionnaires pour son entreprise coloniale. L'E.I.C s'ouvrit à l'apport que pouvaient procurer les missionnaires à la cause de la civilisation de l'Afrique centrale. C'est sous la protection du drapeau bleu à l'étoile d'or que les missionnaires ont poursuivi leur propagande religieuse[154]. Au même moment que la Compagnie de Jésus, les Trappistes de Westmalle recevront aussi le même financement du Saint-Siège pour aller s'installer à Bamania en

---

149 Cf. *Ibidem*.
150 Cf. AA / MAERB, M. 561 Carton 62 – Dossier 24, N° 3672.
151 Cf. AA / MAERB, M. 561 Carton 62 – Dossier 24, N° 3229.
152 Cf. AA / MAERB, M. 561 Carton 62 – Dossier 29.
153 Cf. *Ibidem*.
154 AA / MAERB, M. 561 Carton 62 – Dossier 29 : Les missions religieuses, p. 2.

1894[155]. Les missionnaires de Scheut accompagnaient les officiers et les troupes de l'E.I.C qui pénétraient l'intérieur du pays. Au fur et à mesure que l'Etat pénétrait l'intérieur du pays, il se faisait ressentir l'immense besoin d'agents de l'œuvre civilisatrice. La subdivision du vicariat de l'Etat Indépendant du Congo devenait une nécessité qui s'imposait. Le Saint-Siège incitait les instituts religieux et missionnaires présents en Belgique à s'établir au Congo[156]. Fidèle à la politique religieuse de « *mission nationale* » du roi des Belges, les instituts religieux et missionnaires cherchaient des sujets de nationalité belge pour les missions du Congo. Face à la carence de sujets belges ou à leur jeunesse dans plusieurs instituts religieux et missionnaires, le roi-souverain changera de stratégie en acceptant des sujets étrangers à condition toutefois que les chefs des missions soient des sujets belges[157]. L'établissement des nouvelles missions devenait un enjeu majeur pour le Saint-Siège et pour le roi-souverain comme l'indique la légation de Belgique près le Saint-Siège dans sa lettre du 19 février 1897[158].

Ainsi sera ouvert la période des grandes implantations des congrégations et instituts religieux et missionnaires au Congo. L'occupation religieuse se poursuivit et s'intensifia d'année en année : les prêtres du Sacré-Cœur à Stanleyville en 1897, les Chanoines Prémontrés de Tongerloo à Buta en 1898, les Rédemptoristes à Matadi en 1899. Les congrégations et instituts religieux et missionnaires féminins marquèrent une installation similaire : les Sœurs de la Charité de Gand en 1891, les Sœurs de Notre-Dame de Namur en 1894, les Sœurs Blanches en 1895, les Franciscaines de Marie en 1896, les Sœurs du Précieux Sang en 1898, les Sœurs du Cœur Immaculé en 1899[159].

§ 2. Les fondements du partenariat « Missions - Colonie »

Le partenariat « *Missions-Colonie* » était fondé sur la volonté du souverain de l'E.I.C ; celui-ci était une monarchie absolue où le monarque n'était limité que par des traités internationaux qu'il a ratifiés. L'ordre juridique interne d'un Etat est lié à la nature juridique de l'Etat, l'E.I.C est un Etat patrimonial où le monarque absolu est la seule source de droit. Avant même l'avènement de l'E.I.C, le roi Léopold II, président de l'A.I.C demandait auprès du Saint-Siège de lui accorder la grâce d'un

155 Cf. *Ibidem*, N°3674

156 Cf. *Idem*, Carton 62 – Dossier 8, lettre de Légation de Belgique du 30 décembre 1896.

157 Cf. *Idem*, Carton 62 – Dossier 8, lettre de Légation de Belgique du 21 décembre 1896.

158 *Idem*, Carton 62 – Dossier 8, lettre de Légation de Belgique du 29 février 1896.

159 Cf. NDAYWEL E NZIEM, I., *Histoire générale du Congo. De l'héritage ancien à la République Démocratique*, Bruxelles, Afrique Editions, 1998, p. 347.

droit patronage sur les nouveaux territoires du bassin conventionnel du Congo. Le droit de patronage permettrait à la puissance publique de se charger de l'évangélisation de son territoire selon sa propre politique religieuse. Les tractations du roi Léopold II auprès du Saint-Siège liaient déjà explicitement le Saint-Siège dans l'œuvre civilisatrice de l'A.I.C, et constituaient la matrice juridique des rapports entre la Mission et l'E.I.C. Bien que le droit de patronage ne lui ait pas été accordé explicitement par le Saint-Siège, le roi Léopold II bénéficiait de ce droit implicitement car c'est lui qui a commandité l'implantation des institutions religieuses et missionnaires au Congo. C'est pourquoi les engagements du roi vis-à-vis de la CICM ont été étendus à la Société de Lavigerie présente au Congo et aux autres instituts religieux et missionnaires qui ont suivi. C'est à ce titre qu'il a été considéré par les missionnaires catholiques comme le « *Constantin de l'Afrique centrale* ».

Au-delà des visées politiques, le choix du roi d'impliquer le Saint-Siège dans l'œuvre de civilisation de l'Afrique centrale montre l'option volontariste de la politique religieuse de l'E.I.C. L'E.I.C s'impose l'obligation d'organiser la Mission du Congo en partenariat avec le Saint-Siège. Ce partenariat était fondé sur la volonté du roi de créer une « *mission nationale belge* » sur base d'une politique de discrimination positive en faveur des missions catholiques. Sa Majesté le roi Léopold II, souverain de l'E.I.C, entreprit un ballet diplomatique auprès du Saint-Siège pour ouvrir l'implantation de la mission à plusieurs instituts et ordres religieux et missionnaires ayant des communautés en Belgique.

Compte tenu de ce qui précède, il est justifié de considérer les « missions catholiques » comme des institutions à caractère public créées par la puissance publique en partenariat avec le Saint-Siège. Le monarque absolu de l'E.I.C voulait des institutions publiques spécialisées dans la civilisation de l'Afrique centrale. C'est un fait historique indéniable, l'implantation des missions catholiques dans l'E.I.C est l'œuvre du roi-souverain en partenariat avec le Saint-Siège. C'est ainsi qu'elles vont prospérer merveilleusement grâce à la bienveillance du gouvernement de l'E.I.C. Bien que n'ayant pas acquis un droit de patronage explicitement du Saint-Siège, le roi-souverain en bénéficiait implicitement sur tout le territoire de l'E.I.C. Les pouvoirs publics de l'E.I.C et les « missions catholiques » travaillèrent dans une parfaite collaboration comme les bras séculiers et religieux d'un même pouvoir à la civilisation de l'Afrique centrale. Comme on peut le relever dans le rapport du Supérieur de la mission de l'Uélé, les missions catholiques fondaient leur action civilisatrice sur l'entente qu'elles avaient avec les pouvoirs publics : « C'est sur la demande de Sa Majesté Léopold II, Roi-Souverain de l'E.I.C belge, que nous prenons la respectueuse liberté de faire à Votre Sainteté un rapport succinct de notre mission au Congo… Nos missionnaires, Très Saint Père, n'ont pas à se plaindre des divers employés de l'Etat, ils les secondent le plus possible, afin d'étendre et de propager la civilisation »[160].

L'entente entre les Missions et l'E.I.C était fondée sur les engagements du roi vis-à-vis du Saint-Siège en rapport avec l'implantation de la mission catholique au Congo, sur les principes de civilisation comme la protection des missionnaires et des établissements religieux tels que définis par l'article 6 de l'Acte de Berlin qui constitue une restriction des droits de souveraineté. L'E.I.C pratiquait une *politique protectionniste* vis-à-vis de la « *mission nationale belge* » du gouvernement central à Bruxelles aux autorités locales au Congo. Cette protection se manifestait par divers avantages accordés à la « *mission nationale belge* » au Congo. Comme l'écrivit M. Van Heck, supérieur de CICM dans l'E.I.C, « c'est le gouvernement qui a accordé la personnalité civile à chacune des Congrégations religieuses établies au Congo ; c'est le gouvernement qui lors de l'érection de chacune des stations religieuses a concédé en toute propriété des centaines d'hectares de terrain à exploiter pour les indigènes de la mission. C'est le gouvernement aussi qui alloue annuellement dans son budget une forte somme d'argent à distribuer entre les divers ordres religieux qui possèdent des missions au Congo ; de plus pour les entreprises religieuses spéciales, les missionnaires ne sollicitent jamais en vain la coopération du gouvernement de l'Etat Indépendant. Dernièrement encore le Roi-Souverain a baissé de 50 % au profit des missions la taxe des impositions directes et personnelles »[161].

L'administration publique n'étant pas encore effective sur l'ensemble du territoire de l'E.I.C, le gouvernement demanda aux missionnaires catholiques d'assumer la fonction d'officiers d'Etat civil[162]. Cependant on ne trouve pas dans la législation de l'E.I.C aucune règle sur la répartition des subsides que l'Etat accorde aux ordres religieux qui ont des missions au Congo[163].

Le décret sur les organismes sans but lucratif fera même une distinction subtile entre institution et association sans but lucratif à partir de l'origine de l'initiative de l'œuvre religieuse. L'organisme sans but

---

[160] ASPF, S.C. , 263, p. 261.
[161] *Ibidem*, p. 253.
[162] *Ibidem*, p. 621.
[163] Cf. CATTIER, F., *op. cit.*, p. 284.

lucratif est appelé *association privée* lorsqu'il naît de l'initiative privée, et il est appelé *institution* lorsqu'il est né d'une convention entre la puissance publique et une mission religieuse. Sa capacité juridique (civile) est réglée de la manière indiquée par le décret qui l'établit. C'est à ce titre que les « *missions nationales belges* » sont des *institutions publiques* spécialisées.

Section 2. Les Missions protestantes

L'implantation des Missions protestantes au Congo est antérieure à celle des Missions catholiques. Avant même la fondation de l'E.I.C, des missionnaires protestants étaient à l'œuvre dans ce qui deviendra le territoire dudit Etat[164]. Ils étaient très engagés dans la campagne de lutte anti-esclavagiste. « En 1884, écrit M. Ndaywel, les protestants applaudirent des deux mains l'initiative léopoldienne qu'ils trouvaient généreuse ; ils firent pression aux USA et en Angleterre pour la reconnaissance de l'EIC »[165].

Les missions religieuses protestantes, qui se lancèrent dans l'aventure évangélisatrice au Congo, n'étaient pas des missions religieuses belges et subirent des conséquences néfastes de la politique protectionniste de la « *mission nationale belge* » du roi-souverain de l'E.I.C. Les missions religieuses protestantes étaient considérées comme étrangères sur ce territoire belge d'Afrique. Elles jouissaient des droits reconnus à toutes les associations religieuses et philanthropiques par le décret du 28 décembre 1888[166]. N'ayant pas bénéficié de l'appui politique du gouvernement de l'E.I.C, les missions protestantes du Congo vont se développer sous la protection des instruments juridiques internationaux ratifiés par l'E.I.C. Elles évolueront dans un climat politique protectionniste de la « *mission nationale belge* » qui ne leur était pas du tout favorable.

Dans la politique religieuse de l'E.I.C, les missions religieuses étaient des précieux instruments de la civilisation des indigènes ; c'est pourquoi les œuvres socio-éducatives leur étaient dévolues. Les missions religieuses participaient à la civilisation des indigènes par l'instruction et le culte. En définissant le cadre de travail des missions, l'E.I.C canalisait les efforts des missions dans l'ordre public international de civilisation, fondement du droit colonial. La marge de manœuvre de l'action privée

[164] Cf. NDAYWEL E NZIEM, I., *op. cit.*, p. 349.
[165] *Ibidem*, p. 348.
[166] Cf. *Bulletin officiel*, 1, 1889, p. 5-9.

des missions était trop limitée car les missions devraient s'inscrire dans l'action civilisatrice de la puissance publique.

Ainsi le domaine de l'instruction fut lié à celui de l'évangélisation, et les missions religieuses furent obligées de se lancer dans l'entreprise éducative malgré elles. Pour assurer leur subsistance, les missions protestantes étrangères furent obligées de se conformer à la politique socio-éducative de l'E.I.C. La limite de langue – de la langue française - fut un premier handicap aux missions protestantes (anglo-saxonnes et scandinaves) de répondre aux exigences de l'E.I.C, et cela fut un premier frein à leur expansion. Dans ce contexte, souligne M. Ndaywel, « inutile de chercher trop loin : il existait un domaine inaccessible aux anglophones. En effet, ce que les Anglais étaient incapables de réaliser malgré leur bonne volonté, était... d'apprendre le Français aux indigènes ! Léopold II fit donc de l'école la condition pour avoir accès au privilège de l'Etat »[167]. En fait par le décret du 4 mars 1892, l'Etat avait autorisé « les représentants légaux des associations philanthropiques et religieuses à recevoir dans les colonies agricoles et professionnelles qu'ils dirigent, des enfants indigènes dont la loi défère la tutelle à l'Etat ». Mais les missions protestantes n'ont pas voulu profiter de ce décret car elles étaient hostiles aux colonies scolaires à l'exception de la Foreign Christian Missionary Society[168].

Cependant les missionnaires protestants furent très actifs dans la commission de défense et de protection des indigènes créée par le décret de 1896. Comme nous l'avons dit plus haut, leur rôle fut très significatif dans la dénonciation des sévices que les populations indigènes subissaient, cela avait abouti à la création d'une commission d'enquête indépendante. La défense et la protection des indigènes furent un champ d'engagement de la pastorale des missions protestantes. A la fin du mois de janvier 1904, une première conférence des missionnaires protestants eut lieu à Léopoldville en vue de coordonner les efforts des missions protestantes. La conférence décida d'adresser un mémorandum à Sa Majesté le roi Léopold II pour dénoncer les abus perpétrés sur les populations indigènes[169].

Les missionnaires protestants reprochaient au régime léopoldien les méthodes inhumaines utilisées dans le recouvrement des impôts exagérés en nature. Depuis la campagne anti congolaise, l'administration coloniale

---

[167] NDAYWEL E NZIEM, I., *op. cit.*, p. 351.
[168] Cf. CATTIER, F., *Etude sur la situation de l'E.I.C*, p. 277.
[169] Cf. AA/MAERB, M. 607, Carton B, Dossier I.

se méfiait des missionnaires américains et britanniques qu'elle considérait comme des agents politiques de renseignement des puissances étrangères. Les missionnaires protestants étaient restés très engagés dans le combat pour l'amélioration des conditions matérielles et d'existence des populations indigènes. Ils dénonçaient les abus du régime léopoldien et les atrocités qu'il continuait à perpétrer contre les populations indigènes. En fait, l'administration coloniale trouvait que les missionnaires protestants étaient animés d'un certain esprit de combativité vis-à-vis de l'E.I.C[170]. Selon les statistiques de 1906, le nombre des missionnaires protestants établis sur le territoire de l'E.I.C était de 151 hommes et femmes, de plusieurs nationalités et congrégations[171]. Les relations entre les missions religieuses protestantes et le Gouvernement de l'E.I.C ne furent pas au beau fixe depuis la campagne anti congolaise et resteront tendues jusqu'à la passation de l'E.I.C à la Belgique.

Section 3. L'islam

La pénétration européenne en Afrique centrale au 19ème siècle s'est faite dans le contexte de la campagne anti-esclavagiste contre les Arabes et leur religion. L'article 6 de l'Acte général de la Conférence de Berlin, tout en garantissant le principe de la liberté religieuse et la tolérance religieuse, limitait l'expansion de l'islamisme en Afrique centrale car la traite des esclaves était liée aux Arabes et Arabisés à l'Est du bassin conventionnel du Congo. Les trafiquants arabes étaient plus intéressés par le commerce des esclaves et de l'ivoire que par la campagne religieuse. Les missions islamiques présentes dans la région n'avaient pas fait des grandes conversions sinon parmi les victimes des razzias arabes. C'est pourquoi la campagne anti-esclavagiste fut considérée par les trafiquants arabes comme une menace pour leurs intérêts et une intolérance religieuse de l'Europe chrétienne en Afrique[172].

Pour asseoir son autorité sur les territoires de l'Est du bassin du Congo, l'E.I.C s'appuya sur les structures administratives du réseau arabe bien implantées dans ces territoires. En 1892, Tippo-Tip, le suzerain arabisé de la région, fut nommé administrateur de Stanley-Falls, une entité administrative de l'E.I.C qui s'étendait sur tout l'ancien fief arabe[173]. Cette alliance stratégique entre l'E.I.C et le réseau arabe fit que

170 Cf. AA/MAERB, M. 607, Carton B, n°1024.

171 Cf. *Ibidem*, n° 1763.

172 Cf. AA / MAERB, M 561 Carton 62 – Dossier 3.

173 Cf. MARCHAL, J., *L'Etat libre du Congo : Paradis perdu. L'histoire du Congo 1876-1900*, volume 1, Borgloon, Editions Paula Bellings, 1996, p. 296-297.

l'E.I.C tolérait la religion de ses alliés tout en la classant parmi les mouvements qualifiés de subversifs. L'islam, classé parmi les mouvements subversifs, était systématiquement surveillé et la puissance publique n'encourageait pas sa propagande et son expansion dans le district de la province Orientale. La tolérance religieuse de la puissance publique observée à l'égard de l'islam fut une tolérance religieuse mitigée dans le district de la province Orientale. Sans aucun droit de propagande religieuse, l'islam devenait alors une affaire de famille, une forme d' « église clandestine »[174]. Comme en témoignent Abel et ses compagnons, « dans la région qui nous intéresse, un élément favorable vient s'ajouter à ces considérations. L'Islam y est affaire de famille. C'est le Noir qui convertit le Noir, qui l'instruit, souvent en secret, cœur à cœur, fraternellement. Car les soins vigilants de la Sûreté, constamment excitée et relancée par ceux pour qui l'Islam est, depuis le Moyen Age, l'ennemi héréditaire, ne laissent pénétrer qu'exceptionnellement, au Congo, les livres et jamais les hommes qui pourraient exercer, en faveur de l'Islam, une œuvre missionnaire »[175].

Après le temps de tolérance religieuse mitigée pour l'Islam, il a fallu attendre la dernière période de l'E.I.C (1907-1908) pour que la question islamique se pose d'une façon adéquate aux pouvoirs publics dans le district de la province Orientale. Sans aucun droit d'ériger des lieux des cultes, l'« église clandestine » de mahométans continuait à se diffuser malgré la répression de l'autorité publique. La propagande discrète mais active de cette « église de l'ombre » se fit au mépris de la loi comme en témoignent les rapports du commissaire de district de la province Orientale. Les Mahométans de Ponthierville voulaient sortir de l'ombre et demandaient à l'autorité publique l'autorisation d'ériger une mosquée à Kirundu. Le Vice-gouverneur Général donna une réponse positive à leur demande sur la base de la politique religieuse de l'E.I.C et en tenant compte de l'article 6 de l'Acte général de la Conférence de Berlin[176]. Cette décision du Gouvernement local constituera le début de la jurisprudence de l'administration qui se développera ultérieurement durant toute la période coloniale belge pour les missions islamiques.

---

174 Cf. ABEL, A. et alii, *Les Musulmans noirs du Maniema*, Bruxelles, Publication du Centre CEPMMC, 1960, p. 31-32.

175 *Ibidem*, p. 32-33.

176 Cf. AA / MAERB, M 561 Carton 62 – Dossier 27.

Chapitre troisième : La campagne anticongolaise et son impact sur les missions

Dans la question religieuse au Congo, tous les habitants (les nationaux, les étrangers et les indigènes) ne jouissaient pas des mêmes droits. Le principe de protection de tous les missionnaires, sans distinction de cultes reconnus par les conventions internationales qui fondaient le droit à la propagande religieuse au Congo, n'avait pas la même application pour tous les habitants. La politique religieuse protectionniste de la « *mission nationale belge* » n'était pas juste vis-à-vis des Missions protestantes et ne laissait pas ces dernières indifférentes.

En 1891, la politique foncière de l'E.I.C prit un autre cap. Suite à une concurrence déloyale causée par une ruée massive de sociétés commerciales dans le nouvel eldorado africain, les intérêts princiers étaient menacés dans ses possessions africaines. L'E.I.C arrêta alors des mesures très restrictives en matière foncière. L'Etat reprit pour son propre compte l'exploitation des « terres vacantes » et porta ainsi atteinte à la liberté de commerce dans le bassin conventionnel du Congo garantie par la Conférence de Berlin. Cette mesure mit fin également au privilège foncier que le roi-souverain accordait aux associations religieuses et philanthropiques. Aucune mission religieuse ne reçut plus de terres en propriété, les terres demandées pour les nouvelles fondations ne purent être cédées qu'en location. Ce qui fut considéré par les missions protestantes comme un frein à leur expansion dans le nouvel Etat[177]. En plus, cette mesure suscita la colère des commerçants étrangers établis dans les terres belges d'Afrique. Comme le souligne M. Ndaywel, « cette exploitation directe ou indirecte (par l'entremise des fameuses compagnies concessionnaires) inaugura une période d'abus sans nombre. Les missionnaires protestants se mirent alors à le dénoncer, entre autres dans leurs revues, avec d'autant plus de zèle qu'ils étaient de plus en plus marginalisés au sein du nouvel Etat. Ainsi se développa la fameuse campagne 'anti congolaise' ou plus précisément 'anti léopoldienne'. Elle prit naissance en Angleterre, partie de la plupart des missionnaires protestants qui œuvraient au Congo »[178].

---

[177] Cf. NDAYWEL E NZIEM, I., *op. cit.* , p. 351.
[178] *Ibidem*, p. 350.

Par le décret du 12 juillet 1890[179], l'Etat s'octroyait le droit de tutelle des enfants abandonnés ou victimes de la traite. Le décret du 4 mars 1892 autorisa les représentants légaux des associations philanthropiques et religieuses à recevoir dans leurs colonies scolaires des enfants dont la loi défère la tutelle à l'Etat. L'organisation des colonies scolaires souleva beaucoup de critiques. Il était reproché aux missionnaires catholiques d'exploiter les enfants dans leurs colonies. Les colonies scolaires étaient qualifiées par leurs détracteurs des « camps des hommes sans liberté » ou « d'esclaves ». Ces détracteurs considéraient l'organisation de colonies scolaires comme une nouvelle forme d'esclavage.

En plus, depuis les réformes fiscales de 1891, l'E.I.C institua le « Système caoutchouc », appelé aussi « Rubber System », où les indigènes devraient payer les impôts non en numéraire, mais en caoutchouc. Les profits générés par ce système avaient pour but d'alimenter le budget des dépenses de la « Fondation de la couronne », véritable débauche en tout genre, entreprise en vue du développement et de l'embellissement des résidences royales. Les contraintes vis-à-vis des indigènes et les primes offertes aux agents donnaient à ce système un caractère odieux. Ce système devint vite une corvée pour les indigènes et toute contestation fut durement réprimée par l'emprisonnement, la torture jusqu'à la mutilation. Ces atrocités engendrées par ce système furent dénoncées par des missionnaires protestants anglo-saxons et scandinaves. Loin du pouvoir, ils considéraient ces atrocités comme des dérives du régime léopoldien[180].

Les missionnaires protestants formèrent un puissant réseau en Angleterre et aux Etats-Unis pour sensibiliser l'opinion publique internationale sur les atrocités perpétrées par le régime léopoldien sur les indigènes dans l'affaire du caoutchouc. En Angleterre, la « Congo Reform Association » ne cessait d'entretenir le public des « Congo atrocities », dont les courriers d'Afrique lui apportaient le sombre tableau. Aux USA, l'agitation naquit au sein des sociétés missionnaires. « Au mois de mars 1904, écrit Wauters, une députation de la 'Baptist Union' saisit le gouvernement de M. Roosevelt de plaintes contre l'administration de l'Etat Indépendant. Le Roi-Souverain s'en inquiéta et demanda à la presse américaine de le défendre. Au mois d'avril, les missions américaines représentées au Congo s'adressèrent au Congrès à Washington, par l'intermédiaire du sénateur Morgan. Puis, ce fut le tour

---

179 Cf. *Bulletin officiel*, 1890, p. 120.

180 Cf. WAUTERS, A. J., *Histoire politique du Congo Belge*, Bruxelles, Van Fletereb, 1911, p. 241-247.

de l'Eglise méthodiste. La « Congo Reform Association » d'Angleterre fonda une succursale aux Etats-Unis ; M. Morel fut reçu par le président et par M. Hay, ministre des affaires étrangères. L'Etat du Congo jugea nécessaire d'agir énergiquement et un comité de défense fut confié à la savante stratégie d'un certain colonel Kowalsky, qui vint à Bruxelles, et auquel le roi confia le soin de plaider sa cause, en Amérique »[181].

En réalité, la politique protectionniste de la « *mission nationale belge* » de l'E.I.C avait fini par créer des antagonismes entre les missions protestantes et les missions catholiques. Dans un contexte de lutte et de rivalité contre les protestants, les missions catholiques étaient le bras religieux du Congo léopoldien. La campagne contre la politique léopoldienne ou « anti congolaise » permit aux missionnaires protestants de prendre le devant de la scène pour dénoncer les dérives de l'absolutisme du roi-souverain. Les missionnaires protestants anglo-saxons et scandinaves jouèrent un rôle important dans la campagne anti léopoldienne et ont maintenu la pression jusqu'à l'annexion du Congo à la Belgique[182].

La campagne « anti congolaise » s'attaquait à la politique léopoldienne et aux missionnaires catholiques. Comme elle était lancée et soutenue par les missionnaires protestants, elle était devenue un conflit ouvert entre les missionnaires catholiques et protestants, une guerre verbale des religions.

Section 1. Les conflits entre missionnaires catholiques et protestants

Les missionnaires protestants avaient créé en Angleterre et aux Etats-Unis un réseau de défense et de protection des indigènes, et ils réclamaient que la communauté internationale retire la souveraineté accordée au roi des Belges sur le Congo. La part des missionnaires protestants du Congo dans la campagne anti congolaise entreprise par la presse anglaise contre l'E.I.C fut non négligeable. Ils reprochaient aux missionnaires catholiques d'être complices par leur silence des atrocités du « Rubber System ». Pour sensibiliser l'opinion publique internationale sur le drame humanitaire qui se passait au Congo, les missionnaires protestants du Congo se lancèrent dans un combat d'idées par la voie de la presse en Angleterre et aux Etats-Unis. Dans une lettre adressée par M.

[181] *Ibidem*, p. 256-257.
[182] Cf. MARKOWITZ, M.D., *Cross an Sword. The Political Role of Christian Mission in the Belgian Congo, 1908-1960*, California, Hoover Institution Press, 1973, p. 10.

Morel au « Times », et dont ce journal a publié des extraits le 1er novembre 1904, on lit le passage suivant : « Il est évidemment déplorable que les missionnaires catholiques romains ne puissent dire ouvertement ce que beaucoup d'entre eux écrivent dans leurs lettres particulières, mais M. Harrison ferait plus honneur à son impartialité proclamée ci-haut, s'il expliquait à vos lecteurs que ces missionnaires sont les sujets de leur Roi, que celui-ci est Souverain absolu des territoires congolais et que les missions catholiques sont subventionnées par le Gouvernement de l'Etat Indépendant. Si les missionnaires catholiques disaient ce qu'ils savent, combien de temps leurs missions continueraient-elles à recevoir des subsides ? Et du reste quelle serait la situation d'un prêtre catholique romain qui, défiant l'autorité ecclésiastique, proclamerait au monde ce qu'il sait ? »[183].

Face à cette campagne, la défense catholique s'organisa au Congo comme à l'étranger. L'éditeur du journal londonien « Catholic Herald » suivait avec intérêt toute la littérature publiée par le journal londonien « Times » et dénonça la malhonnêteté de M. Morel qui ne trouvait pas de preuves pour soutenir ses allégations : « Vous avez eu l'audace de lancer une accusation des plus infâmes contre les missionnaires catholiques au Congo. Dans une lettre au 'Times' vous avez dit 'qu'ils n'osaient dire en public ce qu'ils disent en particulier'. En d'autres termes, vous les avez accusés de duplicité odieuse, de même que M. Fox Bourne lorsqu'il dit : 'Ils offrent la religion aux indigènes à titre d'appât simplement, et pour les asservir encore davantage par la terreur'. Vous n'avez jamais produit l'ombre d'une preuve à l'appui de votre assertion relative aux missionnaires catholiques, dont les travaux au Congo sont admirables. Je qualifie vos allégations d'inventions grossières et évidentes. Il faut bien dire que sous ce rapport vous avez été à la hauteur de vos procédés habituels et de ceux de la Congo Reform Association quand il s'agit des affaires congolaises »[184].

Dans leur lettre du 29 décembre 1904, les Supérieurs des instituts religieux et missionnaires qui ont des missionnaires catholiques au Congo jetèrent un démenti sur les fausses accusations que M. Morel portait contre l'E.I.C[185] .

En réalité, sur le terrain, au Congo, une guerre verbale des religions sans précédent battait son plein à travers les publications des uns et des

---

183 AA / MAERB, M 561 Carton 62 – Dossier 27 : Extrait du Memorandum, p. 1.
184 *Ibidem*, p. 2.
185 Cf. AA / MAERB, M 561 Carton 62 – Dossier 27 : Extrait du Memorandum, p. 6-7.

autres, et le conflit entre les missionnaires catholiques et protestants était donc porté au grand jour. De la dénonciation de l'immixtion des missionnaires catholiques dans le pouvoir colonial aux querelles doctrinales[186], les griefs des missionnaires protestants passaient à côté de l'essentiel des manèges politiques de la cité léopoldienne, le « *Constantin de l'Afrique centrale* ».

L'Etat prit en main sa propre défense et une Commission d'enquête internationale fut instituée, sur insistance du gouvernement britannique, par le décret du 23 juillet 1904 afin de donner toute la lumière possible sur l'affaire. Dans sa politique de contre-offensive, le roi-souverain s'ouvrit aux congrégations missionnaires catholiques anglaises pour prouver aux autorités britanniques que son Etat était ouvert à tous, sans distinction des cultes et des nationalités. C'est ainsi que la congrégation anglaise des missionnaires de Mill Hill se verra confier la région de Basankusu où se commettaient les atrocités dénoncées par les missionnaires protestants anglophones[187].

Le rapport de la Commission d'enquête « dénonçait non seulement les atrocités des Compagnies concessionnaires, mais aussi les méthodes utilisées dans les fermes-chapelles des Jésuites, donc des missionnaires catholiques ; le rapport critiqua aussi la façon dont on traitait les enfants recueillis dans des missions »[188]. Le rapport de la Commission fut signé le 30 octobre 1905 et publié dans le Bulletin officiel de l'E.I.C des mois de septembre-octobre 1905[189]. C'est ce qui lui accorda un caractère officiel et public. La publication du rapport suscita la colère des missions catholiques. En effet le rapport était en somme un réquisitoire contre les méthodes de l'E.I.C, et plus particulièrement contre le « Ruber System » ou « Système de caoutchouc ».

La publication de ce rapport de la Commission d'enquête dans l'organe officiel de l'E.I.C créa le premier incident politique entre l'Etat et les missions catholiques du Congo.

---

186 Cf. *« Une nouvelle calomnie »*, brochure publiée par la mission de Kisantu le 11 mai 1904, in AA / MAERB, M 564 Dossier n° 9208.

187 Cf. LOUWERS, O et TOUCHARD, G., *Recueil usuel de la législation des conventions internationales et des documents administratifs, avec des notes de concordance*, tome V, Bruxelles, Weissenbruch, 1909, p. 728.

188 NDAYWEL E NZIEM, I., *op. cit.*, p. 351.

189 Cf. *Bulletin officiel*, 9-10, 1905, p. 137-285.

Section 2. Les controverses du rapport de la Commission d'enquête

Par la Commission d'enquête, il faut entendre le groupe de magistrats désignés par le décret du 23 juillet 1904, sous la pression de l'opinion publique, et qui fut envoyé au Congo pour une mission bien définie à son article 5 : « rechercher si, dans certaines parties du territoire, des actes de mauvais traitement étaient commis à l'égard des indigènes, soit par des particuliers, soit par des agents de l'Etat, de signaler éventuellement les améliorations utiles et de formuler, au cas où l'enquête aurait constaté des abus, des propositions sur les meilleurs modes d'y mettre fin en vue du bien être des habitants et du bon gouvernement des territoires ».

La Commission reprochait aux missions catholiques l'organisation des fermes-chapelles, qui était une atteinte à la liberté individuelle des indigènes. La Commission fait l'éloge des protestants qui s'étaient abstenus de répondre à l'appel du gouvernement d'élever les enfants placés sous sa tutelle[190].

La publication du rapport de la Commission d'enquête suscita l'indignation des milieux catholiques. Les réactions des missionnaires et des chrétiens catholiques ne cessèrent de tomber chez le roi-souverain contre le gouvernement du Congo, considéré par les milieux catholiques comme un gouvernement anticlérical et franc-maçon. Le roi-souverain ordonna au gouvernement de l'E.I.C de rétablir officiellement la vérité et de rendre justice aux missionnaires catholiques. Le gouvernement de l'E.I.C chercha à s'approcher du Saint-Siège par la voie du Ministre belge en poste dans sa légation près le Saint-Siège à Rome qui devait réaffirmer la politique de son pays vis-à-vis des missions catholiques du Congo[191].

Malgré la défense et les excuses présentées par les autorités belges auprès du Saint-Siège, les missionnaires catholiques se sentaient atteints directement dans leur honneur par les accusations portées contre eux dans le rapport de la commission d'enquête instituée par le roi-souverain. Ils en voulaient à l'Etat car ce dernier les a laissé attaquer dans l'organe de publication officielle de l'Etat, et n'avait rien fait jusque-là pour les défendre. En plus ils considéraient que l'Etat n'avait pas pris position officiellement dans le débat devant le public. Ils exigeaient de l'Etat une

---

190 Cf. *Bulletin officiel*, 9-10, 1905, p. 245-249.
191 Cf. ASPF, Nuova Serie, 360, p. 252.

demande de pardon public parce qu'il avait publié dans son organe officiel des fausses allégations contre eux[192]. Le gouvernement général de l'E.I.C publia dans le quotidien « L'ami de l'ordre », numéro 10 du 11 janvier 1906 une lettre où il reconnaissait les mérites des missionnaires catholiques dans une lettre adressée à Mgr Van Ronslé. Dans cette lettre, l'Etat désavoue implicitement les attaques consignées dans le rapport de la Commission d'Enquête[193].

Au même moment où le gouvernement général de l'E.I.C cherchait à se rapprocher du Saint-Siège et des missionnaires catholiques présents au Congo, il cherchait aussi à se rallier les Supérieurs et les Représentants des Missions Catholiques du Congo en Belgique. Le gouvernement général de l'E.I.C rassura le Saint-Siège par le biais de la Nonciature Apostolique de Bruxelles de toute la faveur et de tout le soutien qu'ont les missions catholiques auprès du roi-souverain. C'est ainsi que les représentants des missions catholiques du Congo furent réunis par le Nonce Apostolique au palais de la Nonciature à Bruxelles pour apporter leurs observations sur la question, comme l'indique le rapport de la Nonciature de Bruxelles du 20 janvier 1906[194]. Les représentants des missions catholiques du Congo prirent soin de rédiger un schéma de propositions pour une coopération plus efficace et plus aisée des Missions et de l'Etat dans la grande œuvre de la civilisation du Congo[195].

En réalité, le gouvernement général du Congo voulait se montrer au-dessus de la politique du gouvernement local qui administrait réellement le Congo. Pour apaiser la colère des missionnaires catholiques, il privilégia la voie diplomatique avec les représentants de missions du Congo en Belgique en passant par la Nonciature Apostolique de Bruxelles. Toutes les manœuvres utilisées pour rétablir un climat de confiance entre les missions et le gouvernement de l'E.I.C furent montées par Mgr Vico, Nonce Apostolique en poste à Bruxelles et le Chevalier De Cuvelier, le Secrétaire du Département des Affaires Etrangères de l'E.I.C. Une « politique tripartite » fut clairement planifiée : premièrement il fallait que le gouvernement général présente officiellement des excuses aux braves missionnaires qui sont sur terrain ; deuxièmement il fallait que le ministre des affaires étrangères explique la politique de son gouvernement auprès du Saint-Siège ; et enfin troisièmement, il fallait que la Nonciature rassemble les représentants des missions catholiques du Congo pour qu'ils puissent exprimer leurs desiderata à la Commission

[192] Cf. *Ibidem*, p. 285-286.
[193] AA / MAERB, M 561 Carton 62 – Dossier 27.
[194] Cf. ASPF, Nuova Serie, 360, p. 260-262.
[195] Cf. ASPF, Nuova Serie, 360, p. 262-285.

pour la réforme. Cette « politique tripartite » dans la résolution du conflit « Etat-Missions catholiques » était exigée même par les forces en présence. D'une part les missions du Congo à elles seules n'avaient pas cette compétence de discuter directement avec le gouvernement de l'E.I.C sans l'intervention du Saint-Siège, comme aussi il était difficile à celui-ci, qui a été blessé et humilié dans ses membres de ne pas défendre les intérêts des missions qui sont aussi les siennes. Ainsi le gouvernement de l'E.I.C se trouvait dans l'obligation de se conformer aux exigences du Saint-Siège et des Missions Catholiques du Congo. L'unique issue qui s'offrait pour la résolution du conflit fut de redéfinir le partenariat de l'Etat avec les Missions Catholiques par un accord.

Au-delà de cette ombre qui planait entre l'E.I.C et les Missions catholiques, le Saint-Siège trouva dans cette campagne « anti congolaise » menée par les missionnaires protestants comme un affront à l'implantation des missions catholiques au Congo, et se lança à son tour dans une contre-campagne en Europe et en Amérique du Nord.

Section 3. Le Saint-Siège et la campagne anti congolaise

Dans une lettre du 24 août 1903, la Secrétairerie d'Etat du Saint-Siège définit sa stratégie dans l'affaire de la campagne « anti congolaise ». Elle demande à la Congrégation de la Propagande de signifier à la Délégation Apostolique aux Etats-Unis, l'indignation et la consternation du Saint Père sur les publications calomnieuses des protestants et les effets pervers qu'elles peuvent produire dans l'opinion publique en Amérique du Nord. Elle rappelle que la même démarche avait produit un bon résultat en Allemagne par le moyen de la Nonciature Apostolique de Monaco[196]. La Nonciature Apostolique de Bruxelles fit un rapport détaillé de la campagne anti congolaise aux USA telle qu'elle était perçue par le gouvernement de l'E.I.C[197].

Il paraissait utile pour le roi-souverain de l'E.I.C que l'Eglise catholique mène aussi une contre-campagne contre les missionnaires protestants par le moyen de l'épiscopat et du clergé catholique américain. Le roi Léopold II sollicitait l'intervention du Saint-Siège afin de sensibiliser la hiérarchie catholique américaine de prendre une part active dans la querelle d'opinions en cours dans leur pays sur la question congolaise. Il s'agissait d'éclairer l'opinion publique américaine sur les

[196] Cf. ASPF, S.C. , 263, 1903, p. 268.
[197] Cf. ASPF, S.C., 263, 1903, p. 282-285.

thèses calomnieuses répandues par les missionnaires protestants contre les missions catholiques au Congo.

La Secrétairerie d'Etat transmettra au Préfet de la Congrégation de la Propagande de la Foi la décision du Saint Père, qui avait approuvé sa proposition d'écrire à l'archevêque de Baltimore en lui communiquant le discours qu'il devra tenir au Congrès de Boston et en lui demandant d'inciter les autres évêques de cet Etat à combattre les fausses accusations de la campagne anti congolaise[198]. L'archevêque de Baltimore rendra habilement le service qui lui avait été demandé par le Saint-Siège auquel il fera un rapport détaillé en donnant même d'autres stratégies pour la poursuite de la lutte[199].

La Nonciature Apostolique de Bruxelles profita de cette recherche de soutien de l'E.I.C auprès du Saint-Siège dans les relations internationales, pour proposer une systématisation des rapports entre le Saint-Siège et l'E.I.C. Cette systématisation du partenariat aurait un double avantage : primo elle donnerait à l'E.I.C une administration ecclésiale indépendante qui ne dépendrait plus des Instituts et Ordres missionnaires par la création d'une hiérarchie locale. Secundo elle permettrait d'envisager l'octroi du droit de patronage au roi-souverain de l'E.I.C, ce qui limiterait tant soit peu la convoitise des autres Etats à travers la propagande religieuse.

La Nonciature Apostolique de Bruxelles proposera au Saint-Siège d'établir au Congo une hiérarchie catholique propre et indépendante comme moyen de lutter contre les rivalités affichées par les missions protestantes. Les raisons principales qui militent en faveur de l'établissement de cette hiérarchie propre et indépendante sont :

- Le statut juridique international de l'E.I.C en tant qu'état souverain et indépendant dans le concert des nations. L'E.I.C n'est pas une colonie de la Belgique mais un Etat patrimonial du roi des Belges. De même que l'E.I.C a son administration civile spéciale et autonome par rapport à la Belgique, il paraîtrait convenable de lui donner aussi un gouvernement ecclésiastique propre et indépendant.

- Le régime de protection dont jouissent les missions religieuses catholiques de la part du gouvernement général et local de l'E.I.C faisait que les missions religieuses catholiques disposent d'une source de

---

198 Cf. ASPF, S.C., 263, 1903, p. 315.
199 Cf. ASPF, S.C., 263, 1903, p. 319.

financement matériel suffisant pour le soutien stable pour leur développement.

Concrètement la Nonciature Apostolique de Bruxelles proposait l'érection des diocèses au Congo, la création d'une Eglise particulière liée à la nature même de l'E.I.C en tant qu'Etat libre et souverain pour ne pas la faire dépendre des Supérieurs des Missions du Congo en Belgique. La proposition d'accord voulait accorder pleinement la mission de la christianisation du Congo à l'E.I.C. Elle voulait la suppression des préfectures et vicariats apostoliques qui seraient remplacés par des diocèses. « La raison de ce système, dit le rapport, c'est que, de leur nature, la Préfecture et le Vicariat apostolique ont quelque chose d'imparfait, et ne font pas partie de la hiérarchie ecclésiastique proprement dite : leurs chefs n'administrent pas en leur nom propre, mais au nom de la Sacrée Congrégation de la Propagande, et ils ne peuvent faire usage que de pouvoirs qui leur sont délégués. On n'en peut dire autant d'un diocèse, qui a une existence, une vie et un gouvernement propre et régulier. L'Evêque, sauf en ce qui concerne d'ordre hiérarchique, est législateur et juge régulier dans son diocèse, et administre ce diocèse comme son bien propre, et à ce titre y prend un intérêt spécial. »[200]

En fait, une Eglise particulière offre plus de garantie dans la coopération Eglise-Etat car « une fois que la Hiérarchie est constituée dans un pays et que l'Eglise est en possession de sa vie et de son action régulière, l'influence même du gouvernement civil prend une plus grande force. ... Ceci est dit en général et simplement eu égard aux caractères intrinsèques des pouvoirs civil et ecclésiastique. Mais si l'Auguste Souverain du Congo désirait une plus grande garantie et voulait voir à la tête des diocèses de cet Etat des sujets qui lui inspirent une confiance personnelle, du moment qu'ils sont canoniquement dignes, l'Eglise a prévu ce cas et attribue au fondateur d'un diocèse le droit de patronat. Le droit de patronat non seulement comporte le droit à des honneurs déterminés, mais consiste spécialement dans une intervention du Patron dans la nomination de l'Evêque. »[201]

Depuis plusieurs mois déjà, le Nonce Apostolique menait bien la barque de négociations entre les représentants de Missions du Congo et le gouvernement général de l'E.I.C à Bruxelles. L'engagement du Saint-Siège en faveur de l'E.I.C dans la contre-campagne de la campagne anti

---

[200] *Ibidem*, p.287-288.
[201] *Ibidem*, p.319.

congolaise menée par les missionnaires protestants en Angleterre et aux Etats-Unis, intensifia les bonnes relations qui existaient déjà entre les Missions catholiques et l'E.I.C. Le Nonce Apostolique parvint à arracher un certain nombre de privilèges qui assurera la subsistance et la bonne marche des Missions catholiques du Congo.

En effet, voulant contenter les missionnaires, le roi-souverain se montra plus généreux et exigea de son Secrétaire qu'il exauce les désirs des missionnaires catholiques. Là encore, l'accord se révéla un moyen de nature à dissiper les malentendus qui s'étaient glissés dans l'entente « Etat-Missions catholiques ». C'est dans ce contexte que fut signée le 26 mai 1906 la convention entre les représentants du Saint-Siège et de l'E.I.C que nous reproduisons *in extenso*[202] :

« Le Saint-Siège apostolique, soucieux de favoriser la diffusion méthodique du Catholicisme au Congo, et le Gouvernement de l'Etat Indépendant, appréciant la part considérable des missionnaires catholiques dans son œuvre civilisatrice de l'Afrique centrale, se sont entendus entre eux et avec les représentants des missions catholiques du Congo en vue d'assurer davantage la réalisation de leurs intentions respectives.

A cet effet, les soussignés :

S. Exc. Mgr. Vico, archevêque de Philippes, nonce apostolique, grand'croix de l'ordre de la Conception de Villa Viçosa, commandeur avec plaque de l'ordre de Charles III, etc., dûment autorisé par Sa Sainteté le Pape Pie X, etc.

Le Chevalier de Cuvelier, officier de l'ordre de Léopold, commandeur de l'ordre de Saint-Grégoire-le-Grand, etc., dûment autorisé par S. M. Léopold II, roi-souverain de l'Etat Indépendant, sont convenus des dispositions suivantes :

1° - L'Etat du Congo concédera aux établissements des missions catholiques au Congo les terres nécessaires à leurs œuvres religieuses dans les conditions suivantes :

2° - Chaque établissement de mission s'engage, dans la mesure de ses ressources, à créer une école où les indigènes recevront l'instruction. Le

[202] *Raccolta di Concordati su materie ecclesistiche tra la Santa Sede e le Autorita civili*, Roma, Tipografia Poliglotta Vaticana, 1919, p. 1096-1097.

programme comportera notamment un enseignement agricole et d'agronomie forestière et un enseignement professionnel pratique des métiers manuels ;

3° - Le programme des études et des cours sera soumis au gouverneur général et les branches à enseigner seront fixées d'un commun accord. L'enseignement des langues nationales belges fera partie essentielle du programme ;

4° - Il sera fait par chaque supérieur de mission, à des dates périodiques, rapport au gouverneur général sur l'organisation et le développement des écoles, le nombre des élèves, l'avancement des études, etc. Le gouverneur général, par lui-même ou un délégué qu'il désignera expressément, pourra s'assurer que les écoles répondent à toutes les conditions d'hygiène et de salubrité ;

5° - La nomination de chaque supérieur de mission sera notifiée au gouverneur général ;

6° - Les missionnaires s'engagent à remplir pour l'Etat, et moyennant indemnité, les travaux spéciaux d'ordre scientifique rentrant dans leur compétence personnelle, tels que reconnaissances ou études géographiques, ethnographiques, linguistiques, etc. ;

7° - La superficie de terres à allouer à chaque mission, dont l'établissement sera décidé d'un commun accord, sera de 100 hectares cultivables ; elle pourra être portée à 200 hectares en raison des nécessités et de l'importance de la mission. Ces terres ne pourront être aliénées et devront rester affectées à leur utilisation aux œuvres de la mission. Ces terres sont données à titre gratuit et en propriété perpétuelle ; leur emplacement sera déterminé d'un commun accord entre le gouverneur général et le supérieur de la mission ;

8° - Les missionnaires catholiques s'engagent, dans la mesure de leur personnel disponible, à assurer le ministère sacerdotal dans les centres où le nombre des fidèles rendrait leur présence opportune. En cas de résidence stable, les missionnaires recevront du gouvernement un traitement à convenir dans chaque cas particulier ;

9° - Il est convenu que les deux parties contractantes recommanderont toujours à leurs subordonnés la nécessité de conserver la plus parfaite harmonie entre les missionnaires et les agents de l'Etat. Si des difficultés venaient à surgir, elles seront réglées à l'amiable entre les autorités locales respectives, et si l'entente ne pouvait s'obtenir, les mêmes autorités locales en référeraient aux autorités supérieures.

En foi de quoi les soussignés ont signé la présente convention et y ont apposé leurs cachets.

Fait en double exemplaire à Bruxelles le 26 mai 1906.

Ch. De Cuvelier *Vico,*

Archevêque de Philippes

Nonce Apostolique »

Cet accord sera légué à l'Etat successeur dans le traité de cession de l'E.I.C à la Belgique du 28 novembre 1907 en son article premier : « Sa Majesté le Roi-Souverain déclare céder à la Belgique la souveraineté des territoires composant l'Etat Indépendant du Congo avec tous les droits et obligations qui y sont attachés. L'Etat belge déclare accepter cette cession, reprendre et faire siennes les obligations de l'Etat Indépendant du Congo, telles qu'elles sont détaillées en l'Annexe A, et s'engage à respecter les fondations existantes au Congo, ainsi que les droits acquis légalement reconnus à des tiers, indigènes et non-indigènes »[203].

La question de la délégation accordée aux missionnaires catholiques de remplir les fonctions d'officier d'état civil par le décret du 4 mai 1895, qui avait été évoquée dans le mémorandum des supérieurs des missions catholiques du Congo, trouvera une solution par la promulgation du décret du 3 juin 1906 qui reconnaît aux mariages religieux catholiques des effets juridiques en droit congolais. Là où l'Etat n'avait pas encore pénétré sur tout le territoire par l'implantation des offices de l'état civil, les missionnaires faisaient fonction d'officier de l'état civil. Ainsi les actes administratifs religieux avaient des effets juridiques en droit congolais. Dans ces conditions, la question de l'antériorité du mariage religieux sur le mariage civil ne se pose même pas car le mariage

[203] *Bulletin officiel*, 10 bis, 1908, p. 392.

religieux avait directement des effets juridiques en droit congolais car l'officiant était en même temps officier de l'état civil[204].

Section 4. Les Missions et les négociations du traité de cession du Congo à la Belgique.

Au moment où allait se négocier le traité de l'annexion du Congo à la Belgique, le Saint-Siège suivait avec beaucoup d'intérêt les travaux de Bruxelles. Il fallait soumettre à nouveau au bienveillant examen du Gouvernement les vœux des supérieurs des missions du Congo qui n'avaient pas été pris en compte dans l'accord de 1906. La Nonciature Apostolique de Bruxelles envoya au Chevalier De Cuvelier le mémoire des supérieurs du Congo[205].

Dans les premiers jours de janvier 1906, les supérieurs des missions catholiques du Congo ont pris la respectueuse liberté de présenter à la direction supérieure de l'E.I.C un mémoire collectif, exposant un certain nombre de vœux dont la réalisation leur paraissait très importante pour le succès de leur œuvre apostolique et civilisatrice. Quelques unes de ces demandes leur ont été accordées et ils en ont exprimé leur vive gratitude au Gouvernement de Sa Majesté. D'autres n'ont pas encore été agréées. Ils se permettent de les présenter à nouveau au bienveillant examen du Gouvernement en les complétant et en précisant quelques points, suivant les vœux émis par les supérieurs du Congo dans leur réunion du 21 février 1907 tenue à Léopoldville. La grandeur des intérêts qui sont en jeu, la légitimité de leurs demandes leur est un sûr garant de l'accueil favorable qui les attend.

Ces demandes peuvent se rattacher à deux chefs principaux : les Supérieurs des Missions désireraient que des mesures soient prises : 1°) pour protéger plus efficacement les intérêts, surtout les intérêts moraux, de la population blanche et noire, dont le soin spirituel leur est confié ; 2°) pour assurer un appui plus efficace aux Missionnaires dans l'accomplissement de leur œuvre d'apostolat et de civilisation.

---

[204] Cf. LOUWERS, O. et TOUCHARD, G., *Recueil usuel de la législation des conventions internationales et des documents administratifs, avec des notes de concordance*, tome V, Bruxelles, Weissenbruch, 1909, p. 699.
[205] Cf. AA/ MAERB, M. 590, Carton 11, Dossier 11, n° 45066.

Nous reproduisons *in extenso* la proposition des supérieurs des missions dans le rapport déjà cité plus haut[206] :

« Les Supérieurs des Missions catholiques du Congo sont vivement préoccupés de la situation pécuniaire de leurs œuvres. Des dépenses annuelles énormes leur sont imposées et pour les couvrir ils ne disposent d'aucune ressource assurée. Les subsides mêmes que l'Etat veut bien leur accorder sont absolument précaires.

Et pourtant le caractère purement philanthropique et nettement désintéressé de leurs œuvres, les services considérables qu'elles rendent à l'Etat, les autorisent à revendiquer légitimement une situation spéciale, toute différente de celle des entreprises et sociétés à but lucratif.

Ils se permettent donc de formuler les vœux suivants et ils les présentent avec une insistance toute particulière parce que l'existence même de leurs œuvres y est intéressée :

1°. Que la gratuité des transports et l'exemption des droits de douane soient accordées à tout ce qui est importé au Congo pour l'entretien des Missionnaires et de leurs œuvres, tout comme elle est assurée aux ravitaillements des stations de l'Etat.

2°. Que les stations des Missionnaires, avec toutes leurs dépendances soient déclarées par décret général, d'utilité publique et par conséquent exemptes d'impôts, conformément au décret du 24 octobre 1906 ; que les catéchistes et maîtres d'écoles, dûment reconnus comme tels, en soient pareillement exemptés.

3°. Qu'à l'exemple des autres pays, catholiques et protestants, de la Belgique en particulier, une rétribution soit accordée aux Missionnaires à raison des services d'utilité publique dont ils sont chargés. Les traitements servis en Belgique aux ministres des cultes ne le sont pas au seul titre de compensation pour les biens enlevés au Clergé et dont le Concordat a laissé la propriété à leurs nouveaux détenteurs, moyennant promesse d'un traitement annuel ; indépendamment de cette raison de justice, ils leur sont servis parce que leur ministère pourvoit à un des intérêts primordiaux de toute société, comme le prouve à l'évidence l'examen des discussions du Congrès national. Cette rétribution pourrait consister en une somme globale attribuée à chaque Mission, Vicariat, Préfecture ou Congrégation Religieuse, ou bien en un traitement pour

[206] Cf. APB, D 2 – 113.

chaque missionnaire, pour chaque station, en particulier. Le traitement devrait tenir compte de l'éloignement où se trouvent les stations du port de débarquement ou des gares de chemin de fer. Souvent les Missions éloignées subissent de très grands dommages, provenant des avaries et pertes subies en cours de route. Les retards de navigation sur le Haut-Fleuve les forcent à attendre dans les postes de l'Etat au prix exorbitant de 15 francs par jour pour frais de séjour.

L'éventualité de la reprise du Congo par la Belgique fait souhaiter une prompte solution de cette question capitale. Plus tard elle deviendrait malaisée à obtenir, ou du moins un ministère hostile à la religion se libérerait-il aisément d'une obligation qui ne serait pas antérieure à la reprise et ne constitueront pas une des charges grevant la colonie au moment où elle passe au pouvoir de la Belgique. »

Avant le traité de cession du Congo à la Belgique, la question de financement des Missions restait ouverte car les Missions réclamaient plus de financement public pour l'œuvre d'utilité publique qu'elles accomplissaient.

Au terme de cette première partie, il s'avère utile de faire une succincte récapitulation. La pénétration européenne en Afrique centrale s'est faite dans un contexte de concurrence et de conflit entre les missions religieuses catholiques et protestantes. Les Eglises chrétiennes vont s'implanter dans le bassin conventionnel du Congo dans un contexte de lutte d'influences politiques des puissances européennes. Toutes ces contingences historiques ont fait de la question religieuse un des enjeux majeurs des politiques coloniales des puissances européennes.

Au nom de la « *mission civilisatrice* », le roi Léopold II s'engage, sous couvert d'une association philanthropique, dans une entreprise coloniale qu'il mena avec habileté jusqu'à offrir à son royaume un immense territoire au cœur de l'Afrique. La question religieuse couvrait bien les intérêts politiques inavoués des acteurs dans la course de la conquête coloniale. Dans une campagne anti-esclavagiste meurtrière, les missions islamiques arabes furent vaincues. Cependant, l'E.I.C s'appuya sur le réseau des esclavagistes arabes et arabisés pour étendre sa souveraineté à l'Est du bassin du Congo qui était un fief des suzerains arabes et arabisés. L'Islam, la religion de l'allié stratégique, bénéficia ainsi d'une certaine tolérance religieuse. Dans le grand mépris du colonisé, ses traditions religieuses furent ignorées et combattues par la puissance publique et les missions religieuses qui étaient ses alliées dans la mission civilisatrice. Déjà exclues par la politique protectionniste de la « *mission nationale belge* » de l'E.I.C, les missions protestantes s'éloignèrent encore des visées politiques de l'Etat par le refus de la gestion des « Colonies scolaires ».

C'est dans ce contexte que le roi Léopold II, prince catholique et roi-souverain de l'E.I.C, le « *Constantin de l'Afrique centrale* » se lança dans la conversion de son empire au catholicisme par la « *mission nationale belge* » qui était mue par des sentiments de zèle religieux autant que patriotique. Les missionnaires furent considérés et se considéraient eux-mêmes comme des véritables agents de l'œuvre civilisatrice. La préférence nationale finira par créer un cadre juridique, protecteur de la stabilité de la « *mission nationale belge* », la convention entre le Saint-Siège et l'E.I.C de 1906 qui fut annexée à la Charte coloniale du 18 octobre 1908.

Deuxième partie : Le régime légal des cultes et missions au Congo belge (1908-1960)

Titre premier : Les principes fondamentaux du régime des cultes et missions en droit colonial belge

Sur tout le territoire de la colonie du Congo belge, les cultes et missions sont régis par des lois coloniales qui protègent et encadrent la « *mission civilisatrice* », objet de la colonisation. La loi coloniale du Congo belge, fondée sur l'impératif de la « *mission civilisatrice* », garantit la liberté des cultes qui implique leur exercice public. « Le culte, écrit M. Schmitz, est la manifestation extérieure du sentiment religieux »[207]. La liberté des cultes ainsi garantie est conditionnée par l'objet même de la colonisation. Ainsi le libéralisme proclamé par l'Acte de la conférence de Berlin est limitatif et discriminatoire.

L'Etat apporte son appui à toute entreprise qui concourt à la « *mission civilisatrice* ». La liberté des cultes n'est pas effective. Elle est à la fois permissive et réductrice : permissive pour les cultes reconnus compatibles avec la civilisation, les cultes dits reconnus ; et réductrice pour les cultes déclarés non-compatibles avec la civilisation, les cultes dits non-reconnus.

Le droit colonial belge est fondé sur l'impératif de la « *mission civilisatrice* ». Il appartient à l'Etat de déterminer la qualité de compatibilité et de non-compatibilité des cultes à l'impératif de la « *mission civilisatrice* ». La liberté des cultes n'est pas un droit individuel reconnu à la personne humaine mais un droit reconnu aux institutions ou associations religieuses. C'est le fondement de la politique obligatoire de protection et d'appui aux missions chrétiennes. Donc l'Etat n'est pas neutre en matière religieuse, les principes de l'égalité et de liberté des cultes ne sont pas garantis par la loi coloniale belge.

Le régime des cultes du Congo belge est un « *régime de coopération* » sans tendance confessionnelle. Cela signifie qu'il n'existe pas une religion d'Etat même si l'Etat n'est pas dégagé de toute préoccupation confessionnelle. L'Etat apporte son appui à tous les cultes et missions reconnus, conformément aux conventions internationales. Cependant

---

[207] SCHMITZ, L., *art. cit.*, p. 573.

l'Etat apporte une aide énergique à l'effort missionnaire national par sa politique religieuse des « *missions nationales* »[208].

Avec la cession de l'E.I.C à la Belgique, le Congo devient une colonie belge, les lois de l'E.I.C et la Convention entre le Saint-Siège et l'E.I.C furent annexées à la Charte coloniale du 18 octobre 1908[209].

Chapitre premier : Politique obligatoire de protection et d'appui aux missions chrétiennes dans les conventions internationales

Section 1. La convention de Saint-Germain-en-Laye

La convention de Saint-Germain-en-Laye est la convention signée le 10 septembre 1919 à Saint-Germain-en-Laye, portant révision de l'Acte général de Berlin du 26 février 1885 et de l'Acte général et de la Déclaration de Bruxelles du 2 juillet 1890[210].

Dans sa formulation, l'article 11 de la convention de Saint-Germain-en-Laye est une reprise des articles 5 et 6 de la Charte coloniale. Il tend à protéger les acquis de la Conférence de Berlin en tenant compte des évolutions historiques dues au nouveau contexte colonial. Ainsi l'article 11 de la convention de Saint-Germain-en-Laye peut être considéré comme une actualisation de l'article 6 de l'Acte général de la Conférence de Berlin.

Cet article 11 stipule que : « *Les puissances signataires, exerçant des droits de souveraineté ou une autorité dans les territoires africains, continueront à veiller à la conservation des populations indigènes ainsi qu'à l'amélioration de leurs conditions morales et matérielles ; elles s'efforceront, en particulier, d'assurer la suppression complète de l'esclavage, sous toutes ses formes et de la traite des noirs, sur terre et sur mer.*

Elles protégeront et favoriseront, sans distinction de nationalité ni de culte, les institutions et les entreprises religieuses, scientifiques ou charitables, créées et organisées par les ressortissants des autres

---

208 Cf. *Ibidem*, p. 588-589.
209 Cf. *Bulletin officiel*, 10 bis, 1908, p. 1.
210 Cf. *Bulletin Officiel*, 1, 1920, p. 1189-1190.

puissances signataires et des Etats, membres de la Société des Nations, qui adhéreront à la présente convention, qui tiendront à conduire les indigènes dans la voie du progrès et de la civilisation. Les missions scientifiques, leur matériel et leurs collections seront également l'objet d'une sollicitude spéciale.

La liberté de conscience et le libre exercice de tous les cultes sont expressément garantis à tous les ressortissants des puissances signataires et à ceux des Etats, membres de la Société des Nations, qui deviendront parties à la présente convention. Dans cet esprit, les missionnaires auront le droit d'entrer, de circuler et de résider sur le territoire africain, avec faculté de s'y établir pour poursuivre leur œuvre religieuse.

L'application des dispositions prévues aux deux alinéas précédents ne comportera pas d'autres restrictions que celles qui seront nécessaires au maintien de la sécurité et de l'ordre public ou qui résulteront de l'application du droit constitutionnel de chacune des puissances exerçant l'autorité dans les territoires africains »[211].

L'alinéa 3 de l'article 11 de la convention de Saint-Germain-en-Laye constitue une nouveauté par rapport aux dispositions antérieurement étudiées. Cet alinéa essaie de lier la liberté des cultes à la liberté de conscience. Il ne concerne pas les populations indigènes mais les Européens et les Etrangers. Alors que la liberté de religion était conçue jusque-là comme une liberté des cultes, c'est-à-dire une liberté des institutions religieuses ; elle est considérée cette fois comme un droit individuel dans le cadre de la liberté de conscience. C'est dans le double aspect de la liberté de religion (un droit individuel et droit de l'association) que l'activité missionnaire trouve alors son fondement juridique.

L'alinéa 4 du même article limite les mesures pratiques édictées par les alinéas 2 et 3 destinées à assurer le libre exercice du droit de la liberté de religion, qui consacre la protection et l'aide aux missions religieuses, pour raison de maintien de la sécurité et de l'ordre public. Par cette disposition, l'assemblée a voulu donner l'attitude fondamentale que devraient adopter les Etats signataires de la convention à l'égard des missions religieuses dans les territoires coloniaux.

---

211 PIRON, P. et DEVOS, J., *op. cit.*, p. 33.

Section 2. La Charte des Nations Unies

Au Congo belge, la Charte des Nations et le Statut de la Cour internationale de justice, signés à San Francisco, ont été approuvés par la loi du 14 décembre 1945[212]. La mission sacrée de civilisation fut protégée par le chapitre I de la Charte des Nations Unies, qui intéresse les puissances coloniales et les territoires dits sous tutelle. Au chapitre premier consacrant les buts des Nations Unies, le droit à la liberté de religion est énoncé à l'article premier : « *Réaliser la coopération internationale en résolvant les problèmes internationaux d'ordre économique, social, intellectuel ou humanitaire, en développant et en encourageant le respect des droits de l'homme et des libertés fondamentales pour tous sans distinction de race, de sexe, de langue ou de religion ...* »[213].

Section 3. Déclaration universelle des droits de l'homme

Bien que n'ayant pas une portée juridique positive, la déclaration universelle des droits de l'homme adoptée par l'Assemblée Générale des Nations Unies a été consacrée par le législateur du Congo belge[214]. En son article 18, la déclaration universelle des droits de l'homme stipule : « *Toute personne a droit à la liberté de pensée, de conscience et de religion ; ce droit implique la liberté de changer de religion ou de conviction ainsi que la liberté de manifester sa religion ou sa conviction, seule ou en commun, tant en public qu'en privé, par l'enseignement, les pratiques, le culte et l'accomplissement des rites* »[215].

Chapitre deuxième : Le régime commun prévu dans la Charte coloniale

Section 1. La nature juridique de la Charte coloniale

La Charte coloniale donne au Congo belge un gouvernement particulier et une administration spéciale. Officiellement la « Charte

---

[212] Cf. *Moniteur belge*, 1, 1946, p. 1.
[213] PIRON, P. et DEVOS, J., *op. cit.*, p. 34.
[214] Cf. *Bulletin officiel*, 1949, p. 1206.
[215] PIRON, P. et DEVOS, J., *op. cit.*, p. 39.

coloniale » est appelée « la loi sur le gouvernement du Congo belge »[216]. Par l'article premier de la Charte, « le Congo belge a une personnalité distincte de celle de la métropole. Il est régi par des lois particulières... »[217]. Le constituant belge a voulu dire que « les colonies reçoivent de lois particulières un régime auquel la Constitution reste étrangère ; ces lois leur tiennent lieu de chartes constitutionnelles. »[218]. Ainsi importe-t-il de souligner, en guise de remarque préliminaire, que la fonction législative « a été attribuée, avec certaines modalités, au chef du pouvoir exécutif, sous la réserve du droit des Chambres métropolitaines d'intervenir en toute matière »[219].

La Charte coloniale est à comprendre selon l'esprit du législateur belge qui l'a promulguée, qui a voulu fonder l'organisation coloniale sur un principe de séparation complète entre les affaires de la Belgique et de sa colonie. Dans l'élaboration de son régime colonial, le législateur belge ne jouit pas d'une pleine indépendance en la matière car il doit respecter les dispositions de l'Acte général de la Conférence de Berlin du 26 février 1885, de l'Acte général et de la Déclaration de Bruxelles du 2 juillet 1890 et de la convention de Saint-Germain-en-Laye du 10 septembre 1919[220].

Pour M. Dufrenoy, « la Charte coloniale est une loi belge réglant les rapports de la Belgique et du Congo et établissant les principes de gouvernement et d'administration du Congo. La charte coloniale n'est pas une constitution, comme la constitution belge : elle est une simple loi qui peut être modifiée par une loi »[221]. La charte n'est pas non plus un « Pacte fondamental », elle n'a pas de stabilité foncière car elle peut être modifiée par une loi émanant du législateur ordinaire et non d'une assemblée constituante. Pour M. Paulus, elle « trace les règles générales de l'organisation congolaise, indique le mode de fonctionnement des trois pouvoirs, législatif, exécutif et judiciaire, et règle les matières garantissant l'individu contre la puissance de l'Etat »[222].

---

216 *Ibidem*, p. 65.
217 *Ibidem*.
218 HALEWYCK, M., *La Charte coloniale. Commentaire de la Loi du 18 octobre 1908 sur le Gouvernement du Congo belge*, tome I, Bruxelles, Weissenbruch, 1910, p. X.
219 *Ibidem*, p. IX.
220 Cf. DE LANNOY, Ch., *L'organisation coloniale belge*, Bruxelles, Lamertin, 1913, p. 19.
221 DUFRENOY, P., *Précis de droit colonial*, Bruxelles, Bruylant, 1946, p. 23.
222 PAULUS, J-P., *Droit public du Congo belge*, Bruxelles, Université Libre de Bruxelles, 1959, p. 71.

Bien que la Charte coloniale n'ait pas la même nature et la même valeur juridique qu'une constitution, elle n'est pas loin de remplir le même rôle qu'une constitution pour le Congo belge. La Charte coloniale demeure la source principale du droit public et du droit pénal du Congo belge. La Charte coloniale n'a pas été construite à partir de rien mais à partir du modèle juridique belge adapté au nouveau contexte colonial. La Charte coloniale est la loi organique pour le Congo belge. On ne doit pas faire une translation interprétative des lois belges dans la colonie mais se conformer aux dispositifs applicatifs de ces lois dans la colonie. En principe, il y a une distinction entre la législation belge et la législation de la colonie. Pour qu'une loi belge puisse entrer en vigueur au Congo, il faut qu'une loi spéciale du législateur compétent l'y rende exécutoire par des dispositions expresses et formelles[223]. Comme le souligne M. Halewyck, « jamais le constituant n'a eu l'intention de déterminer par l'article premier quelle serait l'autorité législative des possessions coloniales. Son seul but a été de soustraire celles-ci à l'empire de la Constitution belge pour les soumettre à un système de gouvernement spécial dont les règles fondamentales seraient arrêtées par le législateur métropolitain ordinaire »[224].

Une jurisprudence de la Cour Générale d'appel de Boma du 5 mars 1912, confirmée encore le 30 avril 1912 par la même instance, souligne bien que la colonie du Congo belge est soumise à un régime distinct et indépendant de celui de la Métropole. « Si, en cas d'interprétation douteuse des lois congolaises, on peut s'en rapporter au texte des lois belges sur la matière, cette faculté ne peut ni ne doit s'étendre jusqu'à permettre l'application des lois belges au Congo. »[225]

Est-il facile de se débarrasser de la doctrine belge dans l'interprétation de la Charte coloniale ? Les termes de la loi peuvent-ils s'en détacher ? Même si la colonie est régie par des lois particulières, la Charte coloniale reste un droit colonial belge et ne peut en aucun cas se passer de la doctrine belge. Ainsi toute interprétation des lois particulières du Congo belge est nourrie par la doctrine belge, c'est-à-dire le sens des mots et tout le vocabulaire juridique sont ceux du droit belge. Comme le soutient

---

[223] GERMAUX, R., *La charte coloniale. Brièvement annotée d'après les travaux parlementaires*, Liège, Dessain, 1908, p. 9.
[224] HALEWYCK, M., *op. cit.* , p. X.
[225] PIRON, P. et DEVOS, J., *Codes et lois du Congo belge*, Tome I, Bruxelles – Léopoldville, Larcier – Edition des Codes et Lois du Congo belge, 1960, p. 15.

M. Petillon, « la Charte coloniale étant une loi belge, il convient d'adopter ici le sens et la portée donnés à ces mots par le droit belge »[226].

Le droit colonial belge est fondé sur le principe fondamental de *« la mission civilisatrice »* que s'était donnée l'Etat colonisateur. Toutes les lois étaient créées en fonction de cet objectif. Les habitants de la colonie ne jouissent pas des droits politiques, ils jouissent seulement des droits civils et publics si leur jouissance n'entrave en rien l'objectif de « *la mission civilisatrice* ». Ainsi les droits civils et publics sont protégés par les dispositions contenues dans les articles 2 à 6 de la Charte coloniale.

Ces articles renferment la reconnaissance aux habitants du Congo de deux espèces de droits : premièrement les droits civils et publics qui limitent les pouvoirs du gouvernement, et deuxièmement les droits qui obligent l'Etat à assurer la protection des habitants et à promouvoir la civilisation[227].

L'Etat protège donc tous ceux qui concourent à l'œuvre civilisatrice, comme les associations scientifiques, religieuses et philanthropiques. Le régime des cultes au Congo belge est donc fondé sur *le régime de coopération* entre l'Etat et les missions religieuses dans « *la mission civilisatrice* ». Les missions religieuses sont organisées dans le cadre du droit public par la Charte coloniale.

Section 2. Les droits publics reconnus

Les droits publics sont des droits de toute personne humaine qui limitent les pouvoirs de l'Etat. Pour M. Paulus, les droits publics « sont ceux dont jouissent les habitants d'un pays vis-à-vis du pouvoir et même, d'une manière générale, ceux qui règlent les relations entre l'Etat et les particuliers »[228]. Ce sont des droits dont jouissent les particuliers individuellement ou collectivement. Ils garantissent ainsi les libertés individuelles qui sont des libertés publiques. Les droits publics ne doivent leur unité qu'à leur objet, à savoir l'aménagement et la protection des libertés publiques[229].

---

[226] PETILLON, L., « Des habitants et de leurs droits », in Les *Novelles. Droit colonial*, Tome I, Bruxelles, Les Editions Edmond Picard, 1936, p. 184.
[227] Cf. PAULUS, J-P., *op. cit.*, p. 331.
[228] *Ibidem*, p. 349.
[229] Cf. RIVERO, J., *Les libertés publiques. Les droits de l'homme*, Tome I, Paris, PUF, 1974, p. 15.

Le droit public et le droit pénal du Congo belge garantissent la protection des libertés publiques. La Constitution belge ne donne pas une définition des libertés publiques mais donne seulement la liste des libertés publiques et précise leur valeur juridique. Il convient de dégager une certaine définition de l'expression « libertés publiques » pour pouvoir saisir son contenu juridique réel. Pour M. Jean Rivero, « les libertés publiques sont des pouvoirs d'autodétermination consacrés par le droit positif »[230]. Les libertés publiques, écrit M. Colliard, sont « des situations juridiques légales et réglementaires dans lesquelles l'individu se voit reconnu le droit d'agir sans contrainte dans le cadre des limites fixées par le droit positif en vigueur et éventuellement déterminées, sous le contrôle du juge, par l'autorité de la police chargée du maintien de l'ordre public. Ce droit est protégé par une action en justice, essentiellement par la mise en œuvre du contrôle de légalité »[231].

L'article 2 de la Charte coloniale énumère les droits publics dont jouiront les habitants de la colonie : « *Tous les habitants de la colonie jouissent des droits reconnus par les articles 7, alinéas 1er et 2, 8 à 15, 16, alinéa 1er, 17, alinéa 1er, 21, 22 et 24 de la Constitution belge. Les mots « la loi » mentionnés dans les articles 7, alinéa 2, 8, 9, 10, 11, 17, alinéa 1er, et 22 de la Constitution belge sont remplacés, en ce qui concerne la colonie, par les mots 'les lois particulières ou décrets'.*

Aucune mesure ne peut être prise en matière de presse que conformément aux lois et aux décrets qui la régissent.

Nul ne peut être contraint de travailler pour le compte ou au profit de particuliers ou de sociétés.

Des lois régleront, à bref délai, en ce qui concerne les indigènes, les droits réels et la liberté individuelle. »

Le premier alinéa de cet article reproduit certains articles de la constitution belge qui assurent les libertés des citoyens. Précisons que toutes les libertés publiques reconnues par la Constitution belge ne sont pas reprises intégralement par cet article de la Charte coloniale. Pour ce qui est de la présente étude, deux libertés nous intéressent : la liberté des cultes et des opinions (articles 14, 15, 16), et la liberté d'enseignement (article 17). Le professeur Jean-Marie Pontier classe ces deux libertés

---

[230] *Ibidem*, p. 23.

[231] COLLIARD, C.A., *Libertés publiques*, Paris, Dalloz, 1989, p. 28.

dans la catégorie de « libertés de l'esprit »[232]. « Les libertés de l'esprit, ou libertés intellectuelles, poursuit-il, sont celles qui témoignent le mieux de la capacité de créer des hommes, de leur diversité, de la grandeur humaine. Ce sont aussi les libertés les plus sensibles aux atteintes des pouvoirs. Les détenteurs d'un pouvoir et, plus particulièrement, du pouvoir politique, sont méfiants à l'égard de ces libertés »[233].

La Constitution belge[234] n'emploie pas l'expression « liberté religieuse » ou « liberté de religion » mais utilise le terme « liberté des cultes et des opinions ». La liberté des cultes et des opinions, qui a pour la doctrine juridique belge valeur constitutionnelle garantit la liberté de croyance, son expression et sa communication. La liberté de l'enseignement est une conséquence directe de l'exercice effectif de la liberté d'opinions. Les deux libertés se compénètrent et se complètent.

§ 1. La liberté des cultes et des opinions

L'article 2 de la Charte coloniale consacre les dispositions des articles 14, 15 et 16 de la Constitution belge, il convient de les rappeler pour s'en faire une idée.

L'article 14 dispose : « *La liberté des cultes, celle de leur exercice public, ainsi que la liberté de manifester ses opinions en toute matière sont garanties sauf la répression des délits commis à l'occasion de l'usage de ces libertés* ». La liberté des cultes et la liberté des opinions sont liées à leur exercice et au pouvoir de l'autorité de police de droit commun. Cet article garantit la liberté de croyance et consacre les manifestations cultuelles qui accompagnent nécessairement les croyances religieuses, et garantit les manifestations extérieures des opinions. « La liberté des cultes, écrit M. Morange, constitue, aujourd'hui, l'un des aspects de la liberté religieuse, avec la liberté de conscience. L'une et l'autre sont jugées inséparables. L'adhésion libre à une foi, la pratique religieuse individuelle (prière et comportement) sont indissociables de l'appartenance à une communauté et à une pratique collective, dont le culte constitue l'un des éléments »[235].

---

[232] PONTIER, J-M., *Les libertés publiques*, Paris, Hachette, 1998, p.99.
[233] *Ibidem.*
[234] Cf. Constitution belge du 7 février 1831. Révisée les 7 septembre 1893, 15 novembre 1920, 7 février, 24 août et 15 octobre 1921, in PIRON, P. et DEVOS, J., *op. cit.*, p. 5-13.
[235] MORANGE, J., *Les libertés publiques*, Paris, PUF, 1985, p. 305.

La liberté de manifester ses croyances religieuses et ses opinions ne peut faire l'objet de restriction que lorsque son usage enfreint à la loi. La liberté des opinions est une liberté personnelle, reconnue à l'individu en tant que sujet autonome et libre qui a droit à une liberté intérieure. Cet article lie la liberté des cultes et la liberté des opinions pour garantir le respect de toutes les croyances et convictions car les croyances et les convictions divergent selon les opinions. La liberté d'opinion est liée intimement à la liberté de croyance[236].

La jurisprudence du Congo belge a toujours considéré que cet article suppose que « tous les cultes peuvent s'exercer sans porter atteinte à la société, ou se coordonner avec l'accomplissement des devoirs sociaux que la loi impose aux citoyens et avec l'exercice des pouvoirs établis pour le gouvernement de la société. La liberté des cultes n'est protégée que dans ces limites. Sont légales, les ordonnances interdisant certains périodiques de caractère religieux tendant à soulever les populations indigènes contre l'autorité, de certaines associations de même caractère qui contrarient la civilisation et constituent une menace pour la tranquillité et l'ordre public. Elis., 4 oct. 1949.(R.J.C.B., 1950, p. 22) »[237].

L'article 15 : « *Nul ne peut être contraint de concourir d'une manière quelconque aux actes et aux cérémonies d'un culte, ni d'en observer les jours de repos* ». Cet article consacre la liberté de l'individu de choisir lui-même son culte et protège l'individu de toute contrainte extérieure qui lui imposerait un comportement positif. L'application de cette disposition constitutionnelle belge soulève la question des jours de repos à caractère religieux, par exemple le repos dominical imposé à tous les habitants, et la question de la formule de serment faisant référence à la religion connue en Belgique : « Je jure de dire toute la vérité, rien que la vérité, ainsi m'aide Dieu »[238] .

Seul le premier alinéa de l'article 16 de la Constitution belge a été consacré par la Charte coloniale : « *L'Etat n'a le droit d'intervenir ni dans la nomination ni dans l'installation des ministres d'un culte quelconque, ni de défendre à ceux-ci de correspondre avec leurs supérieurs, et de publier leurs actes, sauf, en ce dernier cas, la responsabilité ordinaire en matière de presse et de publication* ». Cette disposition assure un des aspects fondamentaux de la liberté religieuse en tant que droit d'une association religieuse. Elle assure l'autonomie

---

236 Cf. COLLIARD, C-A., *op. cit.*, p. 410-411.
237 PIRON, P. et DEVOS, J., *op. cit.*, p. 6.
238 Cf. PAULUS, J-P., *op. cit.*, p. 365.

d'organisation intérieure des associations religieuses. L'Etat ne doit pas entraver la liberté de fonctionnement interne des associations religieuses. Cet article consacre le principe de non-intervention de l'Etat dans l'administration interne des associations religieuses.

§ 2. La liberté de l'enseignement

Le premier alinéa de l'article 17 : « *L'enseignement est libre ; toute mesure préventive est interdite ; la répression des délits n'est réglée que par la loi* ». La liberté de l'enseignement est plus complexe par sa nature. L'éducation des enfants appartient aux familles. La liberté de l'enseignement protège ce droit des parents à l'égard de leurs enfants. Elle est liée à la liberté de croyance et d'opinion. Elle reconnaît aux parents le droit de donner à leurs enfants l'enseignement qui correspond à leurs convictions et à leur vision du monde. Ce droit des parents n'affecte en rien l'instruction proprement dite qui relève des spécialistes de l'enseignement mais touche à la formation morale qui accompagne tout enseignement pour protéger leurs enfants de toute emprise. C'est un devoir moral et légal de tout parent à l'égard de son enfant[239]. « La liberté de l'enseignement, écrit M. Claude-Albert Colliard, est une formule d'équilibre. Elle signifie que ni l'Etat ni une autre collectivité, religieuse par exemple, ne domine impérieusement la jeunesse. Elle signifie aussi que le père de famille ne se trouve pas dépossédé des droits qu'il possède, par la nature même des choses, sur la formation de l'esprit de ses enfants »[240].

Cet article protège l'enseignement de l'emprise de divers courants de pensées et organes de manipulation qui imprimeraient une marque indélébile sur la personne de l'enfant. Comme le souligne M. Paulus, « en cette matière, un système préventif ou une interdiction générale n'est pas permis et les autorités pourront réprimer les délits consécutifs à l'usage de cette liberté… »[241].

En consacrant le principe de la liberté d'enseignement, la Charte coloniale accorde au pouvoir public colonial la capacité de créer et d'organiser l'enseignement public commun à tous les habitants de la colonie, un enseignement indispensable pour la civilisation du Congo. C'est un enseignement ouvert à tous, sans tenir compte du statut personnel des habitants du Congo, qui laisse aux parents la possibilité

---

239 Cf. PONTIER, J-M., *op. cit.*, p. 112.
240 COLLIARD, C-A., *op. cit.*, p. 458-459.
241 PAULUS, J-P., *op. cit.*, p. 365.

d'élever leurs enfants selon leurs propres convictions. Le principe de liberté d'enseignement a une portée générale.

§ 3. La réserve du dernier alinéa de l'article 2 de la Charte

Alors qu'au début de l'article 2, cette disposition concerne tous les habitants de la colonie, le dernier alinéa du même article émet une certaine réserve sur la jouissance des droits réels et la liberté individuelle par les indigènes. Le dernier alinéa de l'article dispose : « *Des lois règleront, à bref délai, en ce qui concerne les indigènes, les droits réels et la liberté individuelle* ».

Cette disposition soulève certaines questions de fond qui ne peuvent échapper à toute lecture de l'histoire du droit congolais. Met-elle les indigènes de côté par rapport aux autres habitants de la colonie ? Le législateur d'aujourd'hui peut-il imposer sa volonté au législateur de demain ? Dans ces conditions, le législateur d'aujourd'hui donne des ordres au législateur de demain. Ces questions, pourtant légitimes, ne se posent pas ici car la Charte coloniale n'est pas une constitution qui se définirait en terme de souveraineté. Comme l'indique M. Paulus, « la doctrine est unanime à considérer cet alinéa comme une recommandation et non comme un ordre qui n'exclut d'ailleurs pas l'intervention des décrets et des lois préconisées »[242].

Une vue synoptique des textes et des discussions de la commission chargée d'élaborer le texte de la loi pour le gouvernement du Congo belge, montre bien que la réserve du dernier alinéa de l'article de la charte a été ajoutée au projet adopté en seconde lecture par la commission : « *Les indigènes de race africaine, tant de la colonie que des contrées voisines, et les étrangers qui leur seront assimilés par décret, sont soumis à la prédite législation et à leurs coutumes nationales, en tant que celles-ci ne sont pas contraires aux lois et décrets et ne lèsent pas l'ordre public. Des lois règleront à bref délai, en ce qui les concerne, les droits réels et la liberté individuelle* »[243].

Cette réserve révèle l'ambiguïté dans laquelle se trouvait la commission, qui ne pouvait accorder des droits aux populations indigènes dont le statut n'était pas encore clairement défini. Les droits civils et publics reconnus aux « Belges et étrangers appartenant à des pays

---

[242] *Ibidem*, p. 351.

[243] TOURNAY-DETILLIEUX, J., *Loi sur le gouvernement du Congo belge. Résumé complet des discussions*, Bruxelles, Bulens Frères, 1909, p. IX.

civilisés »[244] sont aussi reconnus pour les indigènes tant qu'il n'y a pas une législation particulière pour la colonie. Cette réserve ne met donc pas les indigènes à part du reste de la population de la colonie, mais leur accorde les mêmes droits, tout en préservant les droits du législateur ordinaire de la colonie. C'est une manière de reconnaître le pouvoir du roi, législateur ordinaire de la colonie, qui ne connaît pas des limites. Il lui appartient alors de préciser les droits réels dont jouiraient les populations indigènes. Pour M. Rodolphe Germaux, « les droits réels dont il est ici question visent surtout le droit de propriété des indigènes sur les terres qu'ils occupent en vertu des coutumes locales »[245].

Comme nous venons de le soulever plus haut, cet article est lié au statut personnel reconnu aux habitants du Congo. C'est ainsi qu'il est à mettre en lien avec l'article 4 de la Charte : « *Les Belges, les Congolais immatriculés dans la colonie et les étrangers jouissent de tous les droits civils reconnus par la législation du Congo belge. Leur statut personnel est régi par leurs lois nationales en tant qu'elles ne sont pas contraires à l'ordre public.*

Les indigènes non immatriculés du Congo belge jouissent des droits civils qui leur sont reconnus par la législation de la colonie et par leurs coutumes en tant que celles-ci ne sont contraires ni à la législation ni à l'ordre public. Les indigènes non immatriculés des contrées voisines leur sont assimilés »[246].

Partant de ce lien, l'article 2 avait été discuté à la Chambre en même temps que l'article 4. La jouissance des droits civils reconnus est limitée pour raison d'ordre public. Pour la jurisprudence coloniale, « l'ordre public qui s'oppose à l'application des coutumes indigènes est l'ordre public international, et non l'ordre public interne du droit écrit congolais. 1re inst. Elis. 8 octobre 1913. (Jur. Congo 1921, p. 321). Le droit coutumier de l'indigène du Congo belge est son droit propre. Par une disposition légale, exception est faite pour les indigènes immatriculés auxquels s'applique, en vertu de la présomption de civilisation, le droit écrit congolais. Elis. 24 avril 1934. (R. J. C. B., 1934, p.85.) »[247].

L'article 2 de la charte coloniale accorde à tous les habitants de la colonie la jouissance des droits publics reconnus par les articles de la

244 *Ibidem*.
245 GERMAUX, R., *op. cit.*, p. 11.
246 Cf. *Bulletin Officiel*, 10 bis, 1908, p. 67.
247 PIRON, P. et DEVOS, J., *op. cit.*, p. 16.

Constitution belge sans aucune limite. Cet article, en reprenant l'article 14 de la Constitution belge, n'admet pas ipso facto « les mesures préventives dans la réglementation des cultes et celle de leur exercice public. Mais la convention de Saint-Germain-en-Laye et l'Accord de Tutelle permettent d'apporter quelques restrictions à l'exercice des cultes, lorsque celles-ci s'avèrent nécessaires au maintien de la sécurité et de l'ordre public. Ce qui implique évidemment des mesures préventives. Si bien qu'il faut conclure que, juridiquement, ces conventions internationales qui ont été approuvées par la loi, ont abrogé partiellement l'article 2 de la Charte du Congo qui n'est qu'une loi et qui par conséquent peut être abrogée par une loi »[248].

Le gouvernement du Congo belge doit garantir les droits énumérés dans cet article pour les Belges, les étrangers et les indigènes. Il se protège par le fait même des attaques de certains sujets des Puissances étrangères hostiles au régime colonial belge[249]. Comme nous le font découvrir les discussions parlementaires, « le 4e alinéa est la proclamation du principe de l'existence de droits pour les indigènes. Son inscription dans la loi qui établit le régime politique de la colonie, est due à la demande de M. Beernaert qui introduisit un amendement relatif 'au règlement législatif à bref délai de tout ce qui touche les droits réels et la liberté individuelle au Congo'. Ce 4e alinéa a répondu aux désirs d'un grand nombre d'orateurs qui ont pris part à la discussion. Le Gouvernement s'y est rallié et s'est déclaré absolument d'accord sur le fond, au sujet de cette proclamation de principe qu'il avait, disait-il, considérée comme un vœu »[250].

§ 4. La contradiction soulevée par l'article 2

L'article 2 de la Charte coloniale soulève bien des problèmes qui révèlent une certaine contradiction apparente du système colonial belge. Si la Charte coloniale se veut être la loi sur le gouvernement du Congo belge, une loi qui règle le régime spécial sous lequel la colonie est placée, peut-on y étendre le régime politique de la métropole ? La référence à certains articles de la constitution belge ne pose-t-il pas un problème de compréhension de ces articles appliqués à la Charte ? Quelle est la portée de l'alinéa 2 de l'article 1er de la Charte coloniale : « *Il (le Congo belge) est régi par des lois particulières.* » ? L'alinéa 2 de l'article 1er est un

---

[248] PAULUS, J-P., *op. cit.*, p. 364- 365.

[249] Cf. DE LANNOY, C., *op. cit.*, p. 56.

[250] HALOT-GEVAERT, A., *La charte coloniale belge. Commentaire de la loi de gouvernement belge éclairé par les discussions parlementaires et la comparaison des législations étrangères* , Bruxelles, Fleteren, 1910, p. 29-30.

rappel du « paragraphe 4 de la constitution belge, révisée en 1893, qui stipule : 'Les colonies que la Belgique peut acquérir, sont régies par des lois particulières'. En conséquence, aucune loi belge, pas même la constitution elle-même, n'est applicable au Congo, sans que le pouvoir législatif colonial le déclare »[251].

Si l'interprétation de cet alinéa 2 de l'article 1er ne pose aucune difficulté, il impose de s'interroger sur l'intention du législateur lorsqu'il a intégré les articles 7 alinéas 1er, 2, 8 à 15, 16 alinéa 1er, 17 alinéa 1er, 21, 22 et 24 de la constitution belge dans la Charte coloniale. Malgré le remplacement du mot « loi » par le mot « loi particulière », quelle est la portée réelle de ces articles ainsi modifiés ? La doctrine et la jurisprudence congolaise ont toujours considéré que la loi belge n'est applicable dans la colonie que si un décret ou une loi coloniale décide expressément qu'il en sera ainsi[252].

Tout en n'obligeant pas le pouvoir colonial, ces articles l'obligent à se modeler sur une loi qui paraît fondamentale. En délivrant le pouvoir colonial du lien constitutionnel belge, en reconnaissant son autorité absolue, ce renvoi aux articles de la constitution belge lui impose un modèle sur lequel il devrait calquer sa nouvelle organisation. La contradiction est évidente !

Section 3. Le régime de « privilège de la civilisation »

Le régime de « *privilège de la civilisation* » est un ensemble de dispositions juridiques qui protègent toutes les initiatives publiques et privées scientifiques, religieuses et philanthropiques qui permettent aux populations indigènes d'accéder à la culture, à la civilisation. C'est un ensemble de lois qui obligent l'Etat à assurer la protection des populations indigènes et à promouvoir leur civilisation. Comme nous l'avons déjà relevé plus haut, il faut toujours garder à l'esprit les mobiles humanitaires présentés par le roi Léopold II pour dissimuler ses ambitions politiques. Ces mobiles, justifiant l'entreprise coloniale, constituent ce que nous appelons le régime de « *privilège de la civilisation* ». Il s'agit des dispositions juridiques concentrées dans les articles 5 et 6 visant à orienter la politique coloniale belge vis-à-vis des indigènes, c'est-à-dire « les obligations morales du civilisateur envers le sous-développé »[253]. Comme le note le commentateur de la Charte, M.

---

251 *Ibidem*, p. 14.
252 Cf. PIRON, P. et DEVOS, J., *op. cit.*, p. 15.
253 PAULUS, J-P., *op. cit.*, p. 71.

Halot-Gevaert, « l'article paraît être un aphorisme d'idées généreuses et grandes mais très banales, qui doivent venir à l'esprit de tout être civilisé s'occupant d'une colonie. Aussi n'a-t-il visiblement pour but que de donner satisfaction à l'opinion publique et d'affirmer les bonnes intentions des pouvoirs belges à l'encontre des attaques des adversaires de la colonisation »[254].

Le régime de « *privilège de la civilisation* » trouve sa légitimité dans l'article 6 de l'acte général de la Conférence de Berlin que nous avons analysé précédemment. Le régime de « *privilège de civilisation* » a été un des piliers du droit colonial belge ou mieux du droit public du Congo belge en matière des cultes. Comme le dit M. Schmitz : « Ce régime de faveur a été prescrit, par les traités et par la Charte, non pas comme une obligation d'ordre cultuel, mais en tant que facteur d'une politique favorable au progrès moral et matériel des populations indigènes. Puisque ce régime est étranger aux préoccupations d'ordre confessionnel, les fonctionnaires quelles que soient leurs opinions religieuses ou philosophiques, doivent avoir à cœur de suivre scrupuleusement les instructions gouvernementales dans l'appui à donner aux œuvres des missions »[255].

Le régime de « *privilège de civilisation* » est constitué par un ensemble de deux articles de la Charte coloniale unis par leur histoire et par leurs contenus. M. Halot-Gevaert, commentateur de la Charte coloniale, écrit dans une annotation introductive aux deux articles : « Les articles V et VI doivent être étudiés ensemble, car ils proviennent d'une même inspiration, et forment dans la loi, un petit groupe que nous pourrions intituler : 'De la protection des indigènes'. Cela n'empêche du reste pas cette même idée de protection des indigènes d'avoir présidé également à la rédaction d'autres stipulations disséminées dans la loi, comme par exemple à celles de l'article II »[256]. Pour M. Vander Elst, les deux articles sont unis de par leur conception car ils ont été discutés en même temps à la Chambre des Représentants et ont la même source[257].

---

[254] HALOT-GEVAERT, A., *op. cit.*, p. 42.
[255] SCHMITZ, L., « Cultes et Missions », in *Les Novelles. Droit colonial*, Tome II, Bruxelles, Les Editions Edmond Picard – Maison Ferdinand Larcier, 1936, p. 577.
[256] HALOT-GEVAERT, A., *op. cit.*, p, 41.
[257] Cf. VANDER ELST, F., *Loi sur le gouvernement du Congo belge annotée*, Bruxelles, Larcier, 1908, p. 3-4.

§ 1. Le devoir moral de « protection légale » de l'article 5

L'article 5 de la Charte coloniale stipule que : « *Le gouverneur général veille à la conservation des populations indigènes et à l'amélioration de leurs conditions morales et matérielles d'existence. Il favorise l'expansion de la liberté individuelle, l'abandon progressif de la polygamie et le développement de la propriété. Il protège et favorise, sans distinction de nationalités ni de cultes, toutes les institutions et entreprises religieuses, scientifiques et charitables, créées et organisées à ces fins ou tendant à instruire les indigènes et à leur faire comprendre et apprécier les avantages de la civilisation.*

Les missionnaires chrétiens, les savants, les explorateurs, leurs escortes, avoir et collections sont l'objet d'une protection spéciale »[258].

L'article 5 de la Charte s'inspire de l'article 6 de l'Acte général de Berlin. Cet article indique les devoirs du pouvoir colonial dans l'œuvre civilisatrice vis-à-vis des indigènes, des institutions et des entreprises religieuses, scientifiques et charitables qui s'y sont engagées. Le devoir moral de protection est une vieille exigence imposée aux puissances civilisatrices par la Conférence de Berlin. En réalité l'obligation de « la protection légale » de l'article 5 vis-à-vis des missions est un devoir moral qui n'a pas de signification juridique. Comme le note M. Schmitz, « Les termes 'protéger' et 'favoriser' ne visent pas autre chose que le droit à la bienveillance générale de l'administration coloniale et son empressement à accorder la protection légale. Il faut y voir une déclaration absolument indéterminée dans son contenu et d'une portée surtout politique et morale, qui n'oblige pas la puissance territoriale à des prestations précises »[259].

Alors que la protection des populations indigènes contre la traite des noirs et l'esclavagisme était une préoccupation des assises de Berlin, le texte de l'article 5 révèle la nouvelle préoccupation de la puissance coloniale : « la conservation des indigènes et l'amélioration de leurs conditions morales et matérielles d'existence ».

I. La protection des indigènes

L'article 5 de la Charte fait de la conservation des populations indigènes un devoir du gouvernement local dans sa mission civilisatrice.

---

[258] Cf. *Bulletin Officiel*, 10 bis, 1908, p. 67-68.
[259] SCHMITZ, L., *op. cit.*, p. 577-578.

Il s'agit d'inscrire l'action du gouvernement local dans le processus de civilisation de la colonie où les populations indigènes sont sous la tutelle du gouverneur général, c'est-à-dire des autorités administratives et judiciaires de la colonie. « Le gouverneur général, écrit M. Dufrenoy, représentant de la Belgique et du Roi, doit veiller à la conservation des indigènes, les amener progressivement à la civilisation »[260]. Ce devoir oblige l'administration coloniale à combattre toutes les coutumes contraires à l'ordre internationalement établi.

C'est pour cette raison que l'administration locale du Congo belge est appelée à réprimer les coutumes locales : la polygamie, l'esclavage domestique qui porte atteinte à la liberté individuelle, le collectivisme tribal, ... Cet article invitait le gouvernement local à favoriser la propriété individuelle. C'était une manière de déposséder les populations indigènes de leurs droits d'occupation des terres, et de les entraîner dans une économie libérale moderne[261].

La propriété privée est considérée comme un des éléments de la civilisation. Dans les discussions de la Chambre, M. Woeste rappela qu' « on ne pouvait du reste accorder aux indigènes de droit sur le produit du domaine national »[262]. Cette politique coloniale s'inscrit dans la ligne de protection et de conduite des populations indigènes vers une culture extérieure à leur monde. Là encore, nous découvrons les raisons réelles de la colonisation qui ne sont autres que des raisons économiques. La « conservation des indigènes » est plus qu'une simple protection légale car elle s'inscrit dans la politique coloniale paternaliste.

II. La protection et l'appui aux missions religieuses

Au terme de cet article 5, le gouverneur général doit encourager et soutenir les initiatives généreuses et civilisatrices organisées par des institutions religieuses, scientifiques et charitables, sans distinction ni de cultes ni de nationalités. Le devoir de civilisation oblige l'Etat à apporter son assistance à toutes les institutions et entreprises « tendant à instruire les indigènes et à leur faire comprendre les avantages de la civilisation ». Comme l'indique M. Schmitz, « en principe, il suffit que l'activité générale d'une œuvre de mission ne s'oriente pas dans le sens du progrès

[260] DUFRENOY, P., *op. cit.*, p. 25.
[261] Cf. DE LANNOY, C., *op. cit.*, p. 187-188.
[262] HALOT-GEVAERT, A., *op. cit.*, p. 44.

et de la civilisation comme le conçoit le Gouvernement, pour l'exclure du traitement de faveur dû aux entreprises religieuses en général »[263].

Le droit à la liberté de religion est conçu sous l'angle de la liberté de cultes, c'est-à-dire le droit reconnu à toutes les associations religieuses d'être traitées sur un pied d'égalité par la puissance coloniale.

Ainsi le devoir moral de « protection légale » est à inscrire dans la continuité des principes de la mission civilisatrice que s'étaient fixées les puissances européennes à la Conférence de Berlin. Comme l'indique M. De Lannoy, « le législateur belge a voulu en prescrire solennellement l'observation à celui qui personnifie le pouvoir métropolitain dans la colonie ; et voulant éviter que jamais ces règles directrices ne soient perdues de vue, il les a insérées dans les premières pages de la loi qui constitue la Charte fondamentale du Congo »[264].

L'Etat est tenu de soutenir financièrement les institutions et associations religieuses, scientifiques et charitables pour les services qu'elles rendent à la société. Ces institutions et associations sont subventionnées par l'Etat parce qu'elles sont reconnues comme organismes d'utilité publique. C'est pourquoi l'Etat est tenu de leur apporter une aide efficace en contribuant financièrement à leur fonctionnement par des subventions publiques.

A en croire M. De Lannoy, le législateur belge aurait été influencé par la tradition constitutionnelle belge dans l'attribution des financements publics pour les institutions d'utilité publique. « ... L'article 117 de la Constitution notamment porte que les traitements et les pensions des ministres des cultes sont à la charge de l'Etat. La même pensée a dicté la disposition de notre loi fondamentale et celles correspondantes de l'Acte de Berlin et de la loi coloniale. On a voulu, de part et d'autre, rémunérer les cultes à raison des services qu'ils rendent à la société. Sans doute, le Constituant a voulu continuer à remplir à l'égard de l'Eglise catholique les engagements contractés par l'Etat français lors de la signature du Concordat. Mais ces engagements n'existaient pas envers les cultes protestant et israélite, et si l'article 117 de la Constitution a visé toutes les confessions religieuses, on ne peut en trouver la raison que dans la reconnaissance par l'Etat de l'utilité sociale des religions.

---

263 SCHMITZ, L., *art. cit.*, p. 577.
264 DE LANNOY, C., *op. cit.*, p. 186-187.

L'article 117 de la Constitution ne détermine pas que l'Etat accorde son assistance financière aux églises établies en Belgique dont les ministres et les fidèles se recrutent parmi les ressortissants d'un gouvernement étranger. Il a cependant été interprété en ce sens, et c'est ainsi que les pasteurs de l'église anglicane reçoivent un traitement du Trésor public belge »[265].

Le pouvoir colonial traiterait avec une grande bienveillance toutes ces institutions « *sans distinction de nationalité ni de cultes* ». « Le Gouverneur général, écrit M. Paulus, ne dispensera les faveurs gouvernementales qu'aux institutions qui poursuivent les buts hautement civilisateurs prévus par l'article 5 de la Charte, mais aucune activité contraire à l'ordre public ou aux bonnes mœurs… L'octroi de subsides est une faculté et non un devoir de l'Etat. …, si une institution est chargée par l'Etat de remplir certains devoirs, par exemple, d'ouvrir une école, ou s'occuper de l'état civil, il est normal qu'elle reçoive une rétribution de l'Etat, sans que d'autres institutions puissent revendiquer pareil traitement, il s'agira dans ce cas-ci d'une rétribution pour services rendus, et non d'une mesure de faveur. La même chose vaut en matière d'hygiène ; il est normal qu'une institution chargée d'entretenir et de faire fonctionner un hôpital ou un dispensaire, reçoive des subsides de l'Etat »[266].

Il paraît clairement que l'octroi des subsides publics de l'Etat est lié aux services d'intérêt public que les institutions et associations religieuses rendent à la société. Les subsides de missions religieuses ne sont pas une faveur accordée aux institutions et associations religieuses par l'Etat mais sont versés parce que ces institutions et associations remplissent les charges de l'Etat. En effet l'Etat Indépendant du Congo (E.I.C) avait déjà recouru à ce système qui est ainsi consacré par l'article 5 de la Charte coloniale. A la suite de l'E.I.C, le gouvernement du Congo belge a confié « son enseignement à des missionnaires, à des membres de congrégations religieuses, et il a rémunéré par des avantages matériels les charges assumées à son profit. C'est ainsi qu'une convention du 26 mai 1906, conclue entre l'Etat Indépendant du Congo et le Saint-Siège Apostolique, a délégué les missions catholiques pour donner l'instruction aux indigènes, suivant un programme à approuver par le gouverneur général ; les écoles sont soumises au contrôle et à l'inspection du gouverneur général ou de son délégué. En rémunération de leurs bons

---

[265] *Ibidem*, p. 190-191.
[266] PAULUS, J-P., *op. cit.*, p. 397-398.

offices, les missions obtiennent par établissement un lot de terres de 100 ou 200 hectares frappées d'inaliénabilité »[267].

Comme nous l'avons déjà relevé plus haut, le régime de faveur ou de bienveillance n'est accordé qu'aux *missions nationales*. Rappelons que les missions nationales sont des sociétés de missions religieuses sans distinction des cultes, ayant leur siège en Belgique, ayant des membres belges et dirigées par des belges. « L'administration coloniale belge, écrit M. Schmitz, octroie à ces missions des subsides au moyen des crédits votés annuellement par la législature. Octroyés jadis sans stipulation de contre-prestations ni bases objectives, ces subsides sont depuis ces derniers temps calculés d'après *une convention-type conclue entre la Colonie et les différentes missions nationales*. Cette convention comporte :

'La Colonie du Congo belge accordera une allocation de 10.000 francs par an et par établissement de mission assurant le ministère sacerdotal dans les centres importants du Congo.

Sont considérés comme 'centres importants' les chefs-lieux de provinces et de districts, les localités qualifiées de circonscriptions urbaines et, en outre, toutes les stations d'évangélisation auxquelles sont attachés normalement au moins trois missionnaires.

Dans les centres qui comptent plus de 100 européens, l'allocation sera portée à 15.000 francs.'

La convention est conclue pour une durée de vingt ans. »[268]

Ainsi les institutions religieuses subventionnées étaient considérées comme des institutions publiques. Pour le service public qu'elles rendaient, les institutions religieuses présentaient un caractère administratif. « L'Etat, écrit M. De Lannoy, doit avoir la haute direction de l'école. A ce titre, il en arrêtera le programme, lui donnera ses règlements, la fera visiter par ses inspecteurs et disposera de sanctions ; il agira à l'égard de l'instituteur comme envers tout autre fonctionnaire. Le Gouvernement est d'autant plus obligé de s'en tenir à cette ligne de conduite, qu'en vertu de l'article 22 de la Charte, le pouvoir exécutif ne

[267] DE LANNOY, C., *op. cit.*, p. 192-193.
[268] SCHMITZ, L., *op. cit.*, p. 578-579.

peut déléguer l'exercice de ses droits que s'il est établi entre lui et la personne déléguée un rapport de subordination hiérarchique »[269].

Le financement des institutions et associations religieuses, scientifiques et charitables soulève la question des critères de leur désignation. Sous le régime de l'E.I.C, c'est le roi-souverain qui accordait la personnalité civile aux associations ; dans le régime colonial belge, à quel pouvoir appartient-il d'accorder la personnalité civile aux associations ? Nous reviendrons sur la question dans le chapitre du droit des associations au Congo belge.

En vertu de la présomption de civilisation, la liberté des cultes prévue à l'article 2 de la Charte est restreinte à l'article 5. L'Etat est obligé de protéger et de favoriser les missions chrétiennes. C'est en vertu de la présomption de civilisation que l'Islam et les religions des indigènes sont combattus. Le gouvernement local est invité à combattre leur influence et leur propagande. Le droit de la liberté religieuse n'est pas conçu comme un droit individuel comme le proclame la déclaration universelle des droits de l'homme mais comme liberté des cultes, c'est-à-dire liberté des associations religieuses.

Dans le contexte colonial, la liberté des cultes ne concerne que des sujets européens et des missions religieuses. Alors que l'article 2 de la Charte trouve son fondement dans la déclaration universelle des droits de l'homme, fondée elle-même sur le principe sacro-saint de l'égalité foncière de tous les hommes, l'article 5 de la Charte trouve son fondement dans l'article 6 de l'Acte général de la Conférence de Berlin qui consacre la « *mission civilisatrice* » du « sauvage » par le « civilisé ». Là encore, la doctrine de la « mission civilisatrice » se retrouve dans des contradictions dues à la juxtaposition de principes fondés sur deux conceptions de l'homme qui s'excluent.

Cependant l'article 5 présente bien des différences avec l'article 6 de l'Acte général de la Conférence de Berlin comme nous le montre M. Jean-Pierre Paulus : « Pour rédiger cet article, les membres de la commission s'inspirèrent de l'article 6 de l'acte de Berlin du 26 février 1885 qui recommandait la protection de trois ordres d'intérêts moraux : la protection et le développement matériel et moral des populations indigènes ; la protection des missions et des travaux des savants et des explorateurs, sans distinction de nationalités ; la garantie de la liberté de conscience et la tolérance religieuse pour les indigènes, les nationaux et

---

[269] *Ibidem*, p. 193.

les étrangers. Le dernier point ne fut pas repris par l'article 5 de la Charte, parce que la liberté d'opinion et de culte figurait déjà dans l'énumération de l'article 2. Par contre, deux objets figurent à l'article 5 de la Charte, qui ne figuraient pas à l'article 6 de l'Acte de Berlin ; l'abandon progressif de la polygamie et l'encouragement au développement de la propriété »[270].

Ainsi le législateur belge a entendu se conformer aux prescriptions de l'Acte général de Berlin. Les missions religieuses chrétiennes étaient alors considérées à juste titre comme des instruments de la propagande de cette civilisation chrétienne européenne, en vertu de quoi elles bénéficiaient d'un droit de protection spéciale.

L'étude de cet article 5, nous a permis de découvrir les principes fondamentaux du régime des cultes au Congo belge, c'est-à-dire l'ensemble des règles qui président à l'exercice des pouvoirs en matière de cultes. Ils instaurent le « *régime de coopération* » de l'œuvre civilisatrice entre l'Etat et les institutions et associations religieuses, scientifiques et charitables. En vertu de la « *présomption de civilisation* », il y a un régime de coopération entre les Missions et l'Etat car les Missions participent à « *la mission civilisatrice* » de la puissance coloniale.

§ 2. La commission pour le bien-être des indigènes

L'article 6 vise la protection des indigènes et l'amélioration de leurs conditions morales et matérielles : « *Il est institué une commission permanente de sept membres chargée de veiller sur tout le territoire de la colonie à la protection des indigènes et à l'amélioration de leurs conditions morales et matérielles d'existence.*

La commission est présidée par le procureur général. Les autres membres sont nommés par le Roi parmi les personnes résidant sur le territoire de la colonie qui, par la nature de leurs fonctions ou occupations, paraissent spécialement qualifiées pour accomplir cette mission protectrice. La commission nomme son secrétaire dans son sein.

Elle se réunit au moins une fois chaque année ; son président la convoque.

---

[270] *Ibidem* , p. 396.

Tous les ans, la commission adresse au Roi un rapport collectif sur les mesures à prendre en faveur des indigènes. Ce rapport est publié.

Les membres de la commission dénoncent, même individuellement, aux officiers du ministère public, les abus et les illégalités dont seraient victimes les indigènes. »

L'article 6 de la Charte est une conséquence de l'article 5 car il est une reconnaissance de la légitimité de la colonisation. Il place ainsi le but humanitaire de la colonisation au premier plan pour protéger l'action de la puissance coloniale. L'article 6 s'inscrit dans la continuité du décret royal du 18 septembre 1896 qui avait institué la commission permanente chargée de veiller, sur tout le territoire de l'Etat, à la protection des indigènes[271]. Dans l'esprit du décret du 18 septembre 1896, le contenu de ce droit de protection était conçu par rapport à la traite et aux traditions africaines. L'article 6 vise à protéger davantage l'objectif de l'entreprise « *civilisatrice* » qu'est la colonisation. Un commentateur de la Charte, M. Halot-Gevaert affirmait que « l'article paraît être un aphorisme d'idées généreuses et grandes mais très banales, qui doivent venir à l'esprit de tout être civilisé s'occupant d'une colonie. Aussi n'a-t-il visiblement pour but que de donner satisfaction à l'opinion publique et d'affirmer les bonnes intentions des pouvoirs belges à l'encontre des attaques des adversaires de la colonisation »[272].

L'article 6 trouve son origine dans la pétition des supérieurs des missions catholiques belges au Congo du 1er novembre 1907 adressée aux membres de la commission coloniale de la Chambre des Représentants, qui voulait rappeler le devoir moral de l'Etat colonisateur dans l'œuvre civilisatrice :

« *Les Supérieurs des Missions belges au Congo s'adressent respectueusement aux Membres de la Commission coloniale pour obtenir la réalisation d'un vœu commun qui leur tient fort à cœur.*

Ils ont regretté de ne lire dans la loi, qui sera la charte fondamentale de la colonisation belge, aucune disposition explicite, assurant le bien-être moral et matériel des indigènes, et ils craignent que ce silence ne nuise aux intérêts supérieurs de la civilisation chrétienne, dont le souci a toujours fait l'honneur de la nation belge, comme il constitue l'unique préoccupation des missionnaires.

---

271 Cf. *Bulletin Officiel*, 9, 1896, p. 253.
272 HALOT-GEVAERT, A., *op. cit.*, p. 42.

Afin de combler cette lacune et de prévenir ce dommage, ils prennent la respectueuse liberté de soumettre à votre bienveillant examen, un projet qui leur paraît avoir une portée bienfaisante, sans constituer une nouveauté offensante pour personne. Sa pensée fondamentale est empruntée à la législation même de l'Etat Indépendant. En 1896, une heureuse initiative du Roi-souverain, institua une « Commission de protection des indigènes » dont les membres devaient être choisis parmi les « représentants des associations philanthropiques et religieuses » du Congo. L'hostilité des ministres protestants paralysa le fonctionnement de cette institution et elle amena sa disparition ***de fait****. Quelques modifications apportées au décret de 1896 assureraient à ce Conseil une activité plus régulière et une influence plus sérieuse. Par ailleurs, le caractère purement consultatif et le rôle tout humanitaire de cet organisme permettraient aux missionnaires de servir efficacement les intérêts des indigènes, sans éveiller aucune susceptibilité.*

Il nous paraît donc qu'ériger la Commission de 1896 à la hauteur d'une institution fondamentale de notre colonie serait bien mériter de la Patrie belge et de la Civilisation chrétienne, et répondrait parfaitement aux vues élevées exprimées à l'unanimité par la Chambre belge dans son ordre du jour du 2 mars 1906.

Osant compter sur le concours éclairé de tous les membres de la Commission coloniale pour faire aboutir ce projet, nous vous prions d'agréer, avec l'expression anticipée de notre reconnaissance, l'hommage de notre profond respect. »[273].

Bien que les attributions de la commission soient clairement définies, sa nature juridique est loin d'être clairement définie. La commission n'est ni un organisme public ni organisme judiciaire et n'a aucune existence dans les structures administratives de l'Etat. Elle n'a qu'un droit de dénonciation des abus et des illégalités dont seraient victimes les indigènes[274]. Comme il a été dit plus haut, certaines missions religieuses, dans leur engagement africain, étaient restées à l'idéal missionnaire pré-berlinois. Elles étaient les champions de la lutte anti-esclavagiste et de la défense des droits de noirs. Comme l'écrit M. Schmitz, les missionnaires « désintéressés, défenseurs de leurs protégés contre les entreprises coloniales, leurs porte-paroles auprès de l'Administration, ... ils éclipsent le prestige des autorités qui exigent l'impôt et la corvée. Leur engagement au profit de la justice va faire des missionnaires un véritable

[273] HALOT-GEVAERT, A., *op. cit.*, p. 42-43, note 1.
[274] DE LANNOY, C., *op. cit.*, p. 209-210.

contre-pouvoir politique de la puissance coloniale. La politique religieuse coloniale de 'missions nationales' ne fut qu'une politique de sécurité pour les puissances coloniales afin de bénéficier de la complicité des sociétés de missions religieuses par patriotisme »[275].

[275] SCHMITZ, L., *op. cit.*, p. 588.

Titre deuxième : Les associations religieuses en droit colonial belge

Les cultes sont généralement organisés sous forme d'institutions et associations religieuses créées sur base du décret du roi-souverain du 28 décembre 1888, sur les organismes sans but lucratif, déjà étudié dans la première partie. Le régime des organismes sans but lucratif de 1888 a été revu et adapté aux nouvelles situations de la colonie par le décret du 27 novembre 1959. Ce décret s'inspire de la loi métropolitaine du 27 juin 1921, tout en conservant l'esprit réaliste des dispositions du décret de 1888[276]. C'est ainsi que les institutions religieuses sont restées sous le régime spécifique conformément à l'article premier du décret de 1888.

Le décret du 28 décembre 1888 n'avait pas donné une définition de l'association, et faisait une subtile distinction entre l'association et l'institution de par leur origine. La législation coloniale belge des associations est plus restrictive car elle n'est pas une loi sur les associations en général mais une loi sur les associations sans but lucratif. C'est une loi qui restreint le champ d'action des associations. L'association, en droit colonial belge, est une association essentiellement privée qui subsiste par la volonté des associés. L'association ne pourrait subsister sans les associés dont elle est l'émanation. L'objet de l'association définit son essence ; son changement implique automatiquement la dissolution de l'association et la création d'un nouvel organisme[277].

Il a fallu attendre le décret du 27 novembre 1959[278] pour que la loi du Congo belge définisse ce qu'est l'association. Ainsi dans l'article premier du dit décret, il est dit : « *L'association sans but lucratif est celle qui ne se livre pas à des opérations industrielles ou commerciales, si ce n'est à titre accessoire, et qui ne cherche pas à procurer à ses membres un gain matériel* ».

---

[276] Cf. *Bulletin officiel*, 1, 1889, p. 5-9.

[277] Cf. SCHMITZ, L., « Organismes sans but lucratif », in *Les Novelles. Droit colonial*, Tome II, Bruxelles, Les Editions Edmond Picard – Maison Ferdinand Larcier, p. 518.

[278] Cf. PIRON, P. et DEVOS, J., *Codes et Lois du Congo belge*, Tome II, Bruxelles – Léopoldville, Maison Fernand Larcier – Editions des codes et lois du Congo belge, 1960, p. 351-353.

Cette définition est une reprise de la définition donnée par la loi belge du 27 juin 1921. Elle est une définition applicative et objective. C'est l'objectif ou la raison d'être de l'association qui rassemble les membres de l'association. C'est la volonté des membres de l'association de poursuivre un objet social commun qui est à l'origine de l'association. L'association a son origine dans un pacte social que reconnaît le législateur[279].

Chapitre premier : L'organisation des associations religieuses

L'organisation des associations religieuses reste tributaire du décret de 28 décembre 1888. Comme dit plus haut, le décret du 27 novembre 1959 s'inspire de la loi belge du 27 juin 1921 mais conserve cependant, sinon la lettre, du moins l'esprit réaliste de certaines dispositions du décret de 1888. L'objet du décret de 1959 n'est pas d'organiser l'association sans but lucratif, mais de déterminer les conditions dans lesquelles une association sans but lucratif peut acquérir la personnalité civile. Le décret aborde deux questions relatives à l'autorisation royale et à l'administration de l'association[280].

Héritage historique, certaines missions religieuses sont des institutions antérieures à l'existence de l'E.I.C. Le roi-souverain du nouvel Etat avait à gérer les forces en présence sur le territoire où il exerçait sa souveraineté. Le législateur a admis la préexistence de ces associations religieuses par l'octroi éventuel de la personnalité civile. Le décret de 1959 ne définit plus une association sans but lucratif comme groupement de personnes physiques mais à partir de son objet. Ainsi il ouvre l'existence d'une association au groupement de personnes physiques et morales. « Le législateur entend permettre aux personnes morales de participer aux associations, alors que le décret du 28 décembre 1888 fut toujours interprété comme les excluant de cet avantage »[281].

En réalité, le droit colonial belge des associations n'est pas uniforme. Il existe un régime commun des associations et un régime spécial propre à certaines associations religieuses. Le décret de 1959 n'a rien changé à ce sujet, au contraire il consacre la tradition en son article 23 : « Les

---

279 Cf. SCHMITZ, L., *op. cit.*, p. 518-519.
280 Cf. PIRON, P. et DEVOS, J., *op. cit.*, p. 351.
281 *Ibidem.*

associations qui ont été dotée de la personnalité civile par un acte législatif spécial se référant à certaines dispositions du décret de 1888, restent régies par cet acte et ces dispositions ».

Cette disposition concerne les onze associations à caractère religieux ou philanthropique qui reçurent la personnalité civile par un acte législatif spécial se référant à certaines dispositions du décret du 28 décembre 1888. Les onze associations religieuses léguées par l'E.I.C à la puissance coloniale belge restent donc sous un régime spécial[282]. Ce régime spécial concerne les associations religieuses et fondations ou institutions (établissements) d'utilité publique émanant des onze associations religieuses jouissant d'un statut spécial. Autrement dit, toutes les associations religieuses ne bénéficient pas d'un régime spécial.

Cependant toutes les associations religieuses sont régies par les principes généraux du droit colonial belge et bénéficient par le fait même des divers avantages que le droit accorde aux associations.

Section 1. La reconnaissance légale de l'association religieuse

Le droit des associations consacre l'existence des associations de fait n'ayant pas une reconnaissance juridique. Ce n'est pas l'octroi éventuel de la personnalité civile à une association qui la crée mais qui la constitue comme personne morale. Il convient de rappeler les articles 2 et 3 du décret du 28 décembre 1888. L'article 2 stipule : « Les associations privées qui ont pour but de s'occuper d'œuvres religieuses, scientifiques ou philanthropiques peuvent, par décret spécial, recevoir la personnalité civile dans les limites et aux conditions déterminées aux articles 3, 4, 5 et 6 ci-après ». C'est une consécration légale de son objet par le pouvoir public. L'association a son origine dans le pacte social que le législateur reconnaît. L'article 3, premier alinéa dit : « La personnalité civile doit être demandée par requête adressée au Gouverneur Général. La requête énoncera l'objet spécial en vue duquel l'association est constituée... »

L'article 5 renchérit sur cette préexistence en des termes plus explicites : « Les associations reconnues civiles agissent par l'organe d'un ou plusieurs membres effectifs, chargés, comme représentants légaux de ces associations, d'administrer et de gérer leurs affaires ...»

C'est l'acte du pouvoir public qui fait exister l'association comme personne morale. C'est un moyen pour l'Etat de contrôler l'action des

[282] Cf. *Ibidem*, p. 353.

diverses institutions qui s'étaient engagées dans l'œuvre civilisatrice. Pour M. Schmitz, « l'intervention des pouvoirs publics vise à protéger l'intérêt général contre les associations en limitant leur capacité et en organisant le contrôle sur leur activité. Elle est impuissante à créer l'association de fait qui est à la base de toute association. La législation de par sa nature est régulatrice plutôt que créatrice »[283].

En plus, dans la doctrine coloniale belge, il est admis que les personnes morales sont des êtres fictifs et artificiels qui doivent leur existence à l'autorité publique, ce qui justifie l'intervention de l'Etat dans chaque cas particulier. Cet interventionnisme de l'Etat deviendra le fondement du régime congolais des associations qui développera côte à côte un régime commun des associations et un régime spécial pour certaines associations. D'où une référence permanente aux conventions particulières entre le pouvoir public et ces associations[284].

L'article 2 détermine que seules les associations privées sont susceptibles d'obtenir la personnalité civile, ce qui signifie que seuls les groupements de personnes physiques poursuivant un des buts déterminés par la loi peuvent jouir de la qualité d'association aux termes de la loi coloniale belge. Le droit colonial belge ne reconnaît pas l'existence d'associations ou d'associations fédérées (super-associations). C'est dans cet esprit que les articles 3, litteras a et b, et les articles 4 et 5 font référence à des personnes physiques et non à des personnes morales. En effet l'article 3 dispose : « ... la requête devra être accompagnée :

a) D'une *liste complète des membres effectifs*, dressée conformément à l'article 4 ci-après ;

b) D'une déclaration indiquant, conformément à l'article 5, *le ou les membres effectifs* qui seront les représentants légaux de l'association ».

L'article 4 complète l'exigence : « Les associations qui sollicitent et celles qui ont obtenu la personnalité civile sont tenus de produire, chaque fois qu'elles en sont requises par le Gouvernement Général, *une liste donnant les noms, prénoms, profession, nationalité et résidence de tous leurs membres effectifs*. »

Quant à l'article 5, il fait de cette exigence le moteur du fonctionnement de l'association, en des termes on ne peut plus clairs :

[283] SCHMITZ, L., *op. cit.*, p. 520.
[284] Cf. *Ibidem*, p. 541.

« Les associations reconnues civiles agissent par l'organe *d'un ou plusieurs membres effectifs*, chargés, comme représentants légaux de ces associations, d'administrer et de gérer leurs affaires. »

Les articles 3 litteras a et b et 7 du décret du 27 novembre 1959 sur les associations sans but lucratif reprennent les dispositions du décret de 1888. Le groupement de personnes physiques est donc l'exigence juridique de base pour l'octroi de la personnalité civile. Ces dispositions semblent être plus strictes par rapport à l'article premier du même décret car il ne fonde plus l'existence d'une association sans but lucratif à un groupement de personnes physiques. « ... le législateur entend permettre aux personnes morales de participer aux associations, alors que le décret de 1888 fut toujours interprété comme les excluant de cet avantage »[285].

Comme dit plus haut, l'article 2 du décret de 28 décembre 1888 limite le champ d'action des associations. C'est ainsi que les cultes ont été organisés dans le cadre juridique des associations privées, les missions religieuses. Les missions religieuses comprennent les œuvres d'évangélisation, les associations de fidèles et de religieux.

En vertu de l'article 2, les associations religieuses éparpillées sur le territoire congolais sont autonomes et ne dépendent pas d'une super-association. En effet, dès le début, les différentes missions religieuses, catholiques et protestantes, sentirent le besoin de s'unir pour coordonner leurs actions[286]. Les missionnaires des divers ordres protestants s'unirent dans une première Conférence Générale des œuvres missionnaires au Congo du 18 au 21 janvier 1902 à Léopoldville. La conférence regroupa 34 missionnaires, représentant sept missions : American Baptist Foreign Mission Society (ABFMS), American Presbyterian Congo Mission (APCM), Baptist Missionary Society (BMS), Congo Balolo Mission (CBM), Christian and Missionary Alliance (CMA), Disciples of Christ in Congo Mission (DCCM), Svenka Mission Förbundet (SMF). Ce fut le début de l'association de coordination des missions religieuses protestantes, le futur Conseil protestant du Congo (C.P.C)[287].

---

[285] PIRON, P. et DEVOS, J., *op. cit.*, p. 351.
[286] Cf. BEECKMANS, R., « Le Centenaire protestant au Zaïre (1878-1978) », in *Zaïre-Afrique*, 130, 1978, p. 589-598.
[287] Cf. BRAEKMAN, E.M., *Histoire du protestantisme au Congo*, Bruxelles, Editions de la librairie des Eclaireurs Unionistes, 1961, p. 264-267.

En 1934, à la septième conférence des missionnaires protestants furent alors élaborés les statuts du Conseil Protestant du Congo (C.P.C), qui deviendra plus tard l'Eglise du Christ au Congo (E.C.C)[288].

Les supérieurs des missions catholiques du Congo se réunissaient régulièrement mais il faudra attendre l'année 1908 pour que voie le jour le Comité permanent des supérieurs des missions du Congo qui deviendra plus tard le Comité Permanent des Ordinaires du Congo belge et du Ruanda-Urundi. Les missions catholiques créèrent diverses associations et fondations pour coordonner ou appuyer l'œuvre des missions :

« - le Comité permanent des Ordinaires du Congo belge et du Ruanda-Urundi » dont le siège est à Léopoldville et qui a en vue notamment la coordination des activités des vicariats apostoliques et le développement des missions et paroisses (A.R., du 7 octobre 1955, B.O., p. 1472).

L'association « Œuvre missionnaire de la jeunesse chrétienne ». A.R., du 30 janvier 1951 (B.O., p. 261 ; B.A., p. 668).

La « Fondation du Graal » (œuvre des missions catholiques pour la femme congolaise) : A.R. du 9 octobre 1956 (B.O., p. 1889).

- La « Société missionnaire de Saint Vincent de Paul » (ayant pour objet de promouvoir la propagande par la presse et l'édition) : A.R. du 9 avril 1948 (B.O., p. 669).

- La « Société littéraire d'Afrique » (ayant pour objet la publication et la distribution de revues en collaboration avec le Conseil protestant du Congo) : A.R. du 9 avril 1958 (B.O., p. 675).

- L'Association d'entr'aide missionnaire (ayant pour objet d'assurer une aide morale et financière aux missionnaires, au personnel auxiliaire des missions et aux œuvres missionnaires) : A.R. du 12 mai 1958 (B.O., p. 951). »[289].

Les associations reconnues ne s'identifient pas à leurs œuvres, ce qui en ferait des institutions au terme de la loi coloniale belge ; cela signifie que les associations religieuses ne sont jamais des institutions publiques mais des associations d'utilité publique. Dans ce cadre précis, M. Schmitz

---

[288] Cf. NDAYWEL E NZIEM, I., *op. cit.*, p. 350.
[289] PIRON, P. et DEVOS, J., *op. cit.*, p. 361.

souligne que « l'article 2 ne prévoit pas l'octroi de la personnalité civile aux œuvres elles-mêmes, ce qui en ferait une institution, mais aux associations privées qui en prennent l'initiative. Or, les associations reconnues ne s'identifient pas avec ces œuvres qui en sont l'émanation et le but. A côté des œuvres religieuses, scientifiques ou philanthropiques, existe donc un groupement de personnes. Celui-ci devra veiller aux besoins matériels de ses membres : il devra aussi s'assurer les ressources indispensables aux œuvres à réaliser. Cette activité est en dehors de l'œuvre proprement dite et la tendance pourrait y être différente »[290].

L'existence d'une association sans but lucratif dépend de son objet, le changement de l'objet d'une association entraîne ipso facto la dissolution de l'association. C'est ainsi qu'une association sans but lucratif ne peut pas se transformer en une association à but lucratif. Les organismes sans but lucratif créés pour un objet spécifique, « ne peuvent, parallèlement, poursuivre une activité à but lucratif : entreprises commerciales, industrielles ou agricoles. Ce serait en opposition avec leur objet que le législateur veut 'spécial'. Cela reste vrai, même si l'entreprise à but lucratif sert à alimenter la caisse d'une œuvre religieuse, scientifique ou charitable »[291].

Bien qu'il ne soit pas facile de distinguer le but et l'objet au terme des articles 2 et 3 du décret de 1888 (le but de s'occuper d'œuvres religieuses, scientifiques et charitables ... et l'objet spécial en vue duquel l'association est constituée), une association peut poursuivre plusieurs œuvres dans un même but. C'est dans ce cadre qu'une association religieuse peut organiser plusieurs œuvres (scolaires, médicales, sociales, ...) dans un but purement humanitaire. Comme le note M. Schmitz, « les associations religieuses s'efforcent de réaliser le relèvement de la population par les œuvres charitables et médicales. Elles poursuivent donc à la fois plusieurs buts, mais qui tendent au même but : le relèvement des indigènes groupés dans le giron d'une confession déterminée »[292].

Les associations religieuses ne sont pas des associations cultuelles dont l'objet exclusif serait le culte mais des associations sans but lucratif à caractère religieux, organisées dans le cadre humanitaire, et qui concourent à la promotion morale et matérielle des populations locales. C'est ainsi que le religieux et le social ont été conjointement liés dans le

---

290 SCHMITZ, L., *op. cit.*, p. 520-521.

291 *Ibidem*, p. 521.

292 *Ibidem*, p. 522.

droit des associations religieuses. Dans l'esprit du droit colonial belge, il n'existe pas d'association purement cultuelle dont l'objet exclusif est le cultuel. Ainsi l'organisation des cultes dans le cadre du droit d'association garantit la liberté institutionnelle des Missions. Jusqu'à la reconnaissance des établissements d'utilité publique, l'association religieuse sert de support juridique aux œuvres charitables et humanitaires que les Missions organisent.

En effet le décret du 19 juillet 1926 règle le statut des institutions sans but lucratif, due à l'initiative privée car la législation coloniale belge, fidèle à l'esprit du décret de 1888, n'accordait qu'au seul gouvernement la capacité de créer les institutions. Ainsi pouvait être octroyée la personnalité civile aux œuvres elles-mêmes initiées par les associations religieuses. Le décret du 19 juillet 1926 permet d'établir une séparation entre une association religieuse et les œuvres initiées par elle. Un hôpital, une léproserie, un orphelinat, un centre social, un centre pour handicapés physiques, une école, ...créé par une association religieuse n'ont pas les mêmes statuts car ils ne poursuivent pas le même objet. Cependant il y a lieu un lien juridique entre l'œuvre et l'association religieuse qui l'a initiée.

Section 2. Le subventionnement public

§ 1. Le subventionnement obligatoire

Les missions religieuses reçoivent des subventions publiques du gouvernement de la colonie pour leur implication dans la *mission civilisatrice*. La colonie subventionne les activités des missions religieuses car elles participent à l'œuvre civilisatrice conformément à l'article 6 l'Acte de la conférence de Berlin. Elle alloue annuellement des subsides aux missions religieuses sur présentation d'un dossier. Les subsides peuvent être des subsides directs, indirects ou des subsides spéciaux. Tous les subsides sont accordés sur présentation d'un dossier. La colonie accorde des subsides pour la construction des églises, assure le transport à titre gratuit sur tous ses transports fluviaux pour le personnel et marchandises des missions religieuses. La colonie assure l'entretien des missionnaires ainsi que celui du personnel des œuvres de missions. Il subventionne les écoles des missions agréées par le Gouvernement. Le budget ordinaire supporte des allocations aux missions attribuées aux religieuses infirmières desservant les hôpitaux et lazarets et aux missions possédant des lazarets[293]. Les subsides aux missions sont à charge du budget du Congo belge[294].

Outre le subside du budget annuel, les missions religieuses reçoivent chaque année un subside spécial en vertu des alinéas 3, 4 et 5 de l'article 4 de l'acte additionnel au traité de cession de l'E.I.C à la Belgique du 5 mars 1908. L'article 4 stipule : « Il est créé, en outre, un fonds spécial de 50 millions à charge de la colonie. Ce fonds est attribué au Roi en témoignage de gratitude pour ses grands sacrifices en faveur du Congo créé par Lui.

Il lui sera payé en quinze annuités, la première de 3 800 000 francs et chacune des quatorze autres de 3 300 000 francs.

Ce fonds sera affecté par le Roi, et, pour la part qui n'aurait pas été engagée à Son décès, par Ses successeurs, à des destinations relatives au Congo, à des œuvres diverses en faveur du Congo pour l'utilité et le bien-être des indigènes et pour l'avantage des blancs qui ont bien servi en Afrique »[295].

Les missions bénéficient du fonds spécial des subsides qui contribuent indirectement à l'œuvre de civilisation chrétienne, par des allocations pour la construction des écoles dirigées par des congrégations religieuses et d'autres œuvres religieuses[296].

§ 2. Le subventionnement indirect

Le pouvoir public subventionne indirectement les missions religieuses par les divers avantages qu'il leur accorde en divers domaines, notamment :

« - En *matière fiscale* : l'art.2, b et d du décret du 16 mars 1950 relatif à l'impôt personnel ; l'art. 6, 3° et 5° du décret du 10 septembre 1951 relatif à l'impôt sur les revenus ; les décrets des 28 mai 1902 et 23 octobre 1906.

- En *matière de droit de mutation*, l'art. 4, § 2 du décret du 31 mars 1926 (II, v° Enregistrement).

---

[293] Cf. AA/MAERB, M. 613, Cultes et Missions, 17/10/1913.
[294] Cf. *Bulletin officiel*, 5, 1910, p. 170.
[295] *Bulletin officiel*, 3, 1908, p. 45-46.
[296] Cf. AA/MAERB, M. 613, Cultes et Missions, 17/10/1913.

- En *matière douanière*, l'exemption de droits d'entrée sur les objets du culte ; § 8 du décret du 10 juin 1952 (IX, v° Douanes).

- En *matière forestière*, la gratuité du permis de coupe du bois destiné au service des bateaux à vapeur (art. 22 du décret du 11 avril 1949, IX, v° Bois).

- En *matière foncière*, l'octroi gratuit des terrains nécessaires. (Décret du 24 janvier 1943, IX, v° Terres).

Les missionnaires bénéficient de la gratuité des soins médicaux dans les conditions fixées par la circulaire n° 72 / I du 7 janvier 1948, de certains frais de transport dans les conditions fixées par la circulaire n° 12 / 3 du 16 janvier 1951.

L'arrêté royal du 27 décembre 1951 organise une intervention de la Colonie dans les frais d'études des religieuses infirmières (IX, v° Médecine)»[297].

Le bénéfice d'exonération constitue un avantage substantiel aux associations sans but lucratif à titre de soutien public aux œuvres philanthropiques, religieuses et scientifiques. Au-delà d'une simple référence à la loi, nous avons voulu reproduire *in extenso* certaines dispositions législatives citées :

- *En matière fiscale* : Les associations sans but lucratif sont exemptées :

« a) de l'impôt personnel annuel qui, en vertu du décret du 16 mars 1950, est établi sur :

1° la superficie des bâtiments et constructions occupés ;

2° la superficie des terrains non bâtis dans les circonscriptions urbaines ;

3° les employés, les ouvriers et les domestiques ;

---

[297] PIRON, P et DEVOS, J., *Codes et Lois du Congo belge*, Bruxelles-Léopoldville, Maison Ferdinand Larcier – Edition des Codes et Lois du Congo belge, 1954 (7ème édition), p. 779.

4° les bateaux et les embarcations ;

5° les véhicules qui sont utilisés sur route pour le transport de personnes, de marchandises ou d'objets quelconques.

b) de l'impôt sur les revenus locatifs et de la taxe professionnelle sur les revenus dont ils bénéficient, et ce en vertu du décret de septembre 1951. »[298].

- *En matière foncière* : Le décret du 24 janvier 1943 dispose que : « Aux conditions du présent décret et sous réserve d'approbation par arrêté royal, le gouverneur général peut céder ou concéder gratuitement aux associations scientifiques, philanthropiques ou religieuses et aux établissements d'utilité publique reconnus conformément à la législation, des terres urbaines à concurrence de 10 hectares et des terres rurales domaniales à concurrence de 200 hectares au maximum »[299].

- *En matière de mutations immobilières* : l'article 37 du décret du 14 février 1956 sur les droits d'enregistrement dispose : « Sont exemptées des droits proportionnels les mutations opérées gratuitement en faveur d'une association religieuse, scientifique ou philanthropique jouissant de la personnalité civile, soit par une telle association au nom d'une autre institution ou association de même nature »[300].

En définitive les associations religieuses reconnues bénéficient toutes du « *régime de coopération* » et font objet des différentes dispositions législatives dont il convient de rappeler les grandes orientations.

1. Les associations religieuses reconnues bénéficient des subsides du Gouvernement qui consiste :

1° en subsides réguliers et extraordinaires pour des besoins spéciaux ;

2° en allocations sur les annuités du « Fond Spécial » ;

3° en un régime privilégié en matière d'impôt.

---

298 BUISSERET, A., *Traité des associations sans but lucratif aux points de vue civil et fiscal*, Louvain, Librairie universitaire, 1960, p. 360.
299 *Ibidem*, p. 359.
300 *Ibidem*, p. 360.

2. Le « Fonds Spécial » de 50 millions fut créé par le paragraphe 3 de l'article 4 de l'acte additionnel au traité de cession du Congo à la Belgique en témoignage de gratitude envers Léopold II et pour être affecté à des fins utiles à la colonie. L'affectation des annuités du « Fonds Spécial » est réglée par décision royale.

Le Ministre a pour tâches :

1) de vérifier si la décision royale est conforme aux conditions prévues par l'acte additionnel.

2) de répartir les sommes mises à sa disposition et de communiquer cette répartition au Roi ou à son mandataire qui l'approuve ;

3) de répartir les pièces comptables de la dépense avant de les transmettre à la Cour des Comptes. L'exécution en est confiée à l'Intendant de la liste civile du Roi. Il remet les sommes à la disposition du Ministre des Colonies. Le « Fonds Spécial » fut supprimé le 1er janvier 1924. La même année le budget « cultes, enseignement et missions » est majoré de 300.000 F, somme mise à la disposition des œuvres missionnaires pour compenser les subsides qui leur étaient octroyés à charge du « Fonds Spécial ».

Chapitre deuxième : Les questions soulevées par la législation sur les associations religieuses en droit colonial belge

Il convient de relever un fait frappant qui suscite beaucoup d'interrogations : les associations religieuses sont restées durant toute la période coloniale sous le coup du décret du 28 décembre 1888 du roi Léopold II sur les organismes sans but lucratif. Le droit colonial belge des associations était fondé sur ce décret et sur un ensemble de dispositions législatives et réglementaires complémentaires à cette loi-cadre. Ce régime commun des associations religieuses était complété par des dispositions législatives spéciales pour les institutions religieuses.

Le droit colonial belge des associations accorde des droits excessifs au pouvoir exécutif, par la police des activités de la vie associative dans la colonie. Les associations reconnues ne sont protégées par aucune loi et sont livrées au libre arbitre du pouvoir exécutif par voie administrative.

« Le pouvoir exécutif, écrit M. Schmitz, reste maître de dispenser ou de refuser la personnalité juridique afin d'écarter les initiatives qui ne présenteraient pas de garantie. Octroyer la personnalité civile à raison de la publication de statuts répondant à certaines conditions de fond et de forme, reviendrait à l'absence de contrôle efficace »[301].

La question du droit colonial belge des associations était celle de la liberté des associations en elle-même. Le droit colonial belge des associations était très restrictif car il limitait le champ d'activités des associations à trois secteurs : philanthropique, religieux et scientifique. Ce protectionnisme juridique portait atteinte au droit à la liberté d'association, c'est pourquoi nous croyons que la question du droit colonial belge est fondamentalement liée à la nature même des associations en droit colonial belge. Des associations artistiques, culturelles, sportives, ... dont le dynamisme était indéniable dans toute la colonie se sont développées sous le régime des associations de fait dans la colonie belge[302]. Cette situation des associations de fait exigeait une révision du droit colonial belge des associations auquel le décret du 27 décembre 1959 n'apporta qu'une solution partielle. En effet, si le décret du 27 décembre 1959 ne limite pas le champ d'activités des associations sans but lucratif, il porte toujours la confusion sur la nature juridique même des associations sans but lucratif. Quelle est la nature juridique des associations en droit colonial belge ? Une association est-elle une émanation de la volonté des membres associés, avec une assemblée générale qui dirige la politique générale de l'association ? Ou une association est-elle une corporation sans assemblée générale où l'administration de l'association définit et conduit la politique de l'association ? Toutes ces préoccupations apparaissent dans l'examen du projet de décret sur les associations sans but lucratif[303].

Il est utile de rappeler que l'objet de la loi des associations n'est pas d'organiser l'association sans but lucratif, mais de déterminer les conditions dans lesquelles une association sans but lucratif peut acquérir la personnalité civile. Dans la possibilité, pour le gouvernement, de ne pas accorder la personnalité civile, il y a une garantie politique. Cela permet au pouvoir de contrôler les infiltrations d'éléments subversifs de

---

301 SCHMITZ, L., *op. cit.*, p. 563.

302 Cf. CONSEIL DE LEGISLATION DU CONGO BELGE, *Compte-rendu analytique des séances. Troisième session – Septembre 1959*, Bruxelles, Imprimerie Lesigne, 1959, p. 1738.

303 Cf. CONSEIL DE LEGISLATION DU CONGO BELGE, *Compte-rendu analytique. Première Session Mai 1959*, Bruxelles, Imprimerie Lesigne, 1959, p. 398.

l'extérieur qui passeraient par des associations pour déstabiliser le pouvoir établi[304].

En fait, la législation de 1888 ne dit mot sur le mode de fonctionnement des associations privées et renvoie aux statuts pour ce qui est du fonctionnement des associations privées. Si pour une association laïque, le problème des statuts ne se pose pas car il dépend de la volonté des membres fondateurs de l'association, la question soulève des problèmes extrêmement délicats pour ce qui est des associations religieuses car leur constitution ou droit propre ne dépend pas de la volonté des membres. Si la question du statut des associations religieuses ne pose pas de problèmes pour les Eglises protestantes, elle soulève bien des difficultés pour l'Eglise catholique. Quelle est la valeur juridique des statuts des associations religieuses catholiques là où il y a des accords bilatéraux entre deux sujets de droit international : le Saint-Siège et l'E.I.C ? Conformément au droit propre de l'Eglise catholique, peut-on confondre la nature juridique de l'Eglise catholique avec celle d'une autre association ?

Une contradiction flagrante entre la législation coloniale belge et le droit propre de l'Eglise catholique se révèle surtout à l'article 4 du décret du 27 novembre 1959 :

« *Les statuts de l'association doivent mentionner :*

1° la dénomination et le siège social de l'association ; celui-ci doit être établi dans une localité du Congo belge ;

2° l'objet en vue duquel elle est constituée ;

3° la ou les régions où l'association exerce son activité ;

4° les règles à suivre pour modifier les statuts ;

5° l'affectation du patrimoine de l'association dans le cas où celle-ci serait dissoute. »

La question de statuts pose des problèmes de fonds en droit colonial belge car l'Eglise catholique n'émane pas de la volonté des membres par

[304] Cf. *Ibidem*, p. 1740.

exemple. D'où tout le problème qui se pose sur l'assemblée générale et les représentants légaux.

Qui sont les membres effectifs d'une association religieuse ? Quel est son rôle ? Une association peut-elle exister sans assemblée générale ? Qui désigne les représentants légaux de l'association ? Quelles sont les attributions des représentants légaux d'une association religieuse ? Ces attributions peuvent-elles être définies par les membres effectifs de l'association religieuse ? Quelles sont les attributions de l'association religieuse ? Telles sont les questions que soulèvent les articles 10 et 11 du décret du 27 novembre 1959.

« *Art. 10. L'association reconnue comme personne civile est administrée par un ou plusieurs représentants légaux et éventuellement, par un ou plusieurs suppléants ; les uns et les autres sont choisis parmi les membres effectifs, à la majorité de ceux-ci.*

Chaque représentant légal dispose de tous les pouvoirs d'administration. Les actes de disposition ne peuvent être limités que par les statuts.

Le représentant légal suppléant administre temporairement l'association, en cas d'absence ou d'empêchement du représentant légal, ou si celui-ci est décédé et n'a pas encore été remplacé. A l'occasion des actes qu'il accomplit, il indique le représentant légal absent ou empêché, qu'il remplace.

Les représentants légaux et leurs suppléants doivent être agréés par le Roi. L'acte d'agréation est publié au Bulletin officiel ou au Bulletin administratif du Congo belge.

Toute requête demandant, ultérieurement à la constitution de l'association, l'agréation d'un représentant légal ou d'un suppléant, doit être signée par la majorité des membres effectifs.

Art. 11. La majorité des membres effectifs peut mettre fin au mandat d'un représentant légal ou d'un suppléant.

La cessation et le retrait du mandat sont, par les soins de l'association, publiés aux annexes du Bulletin officiel ou du Bulletin administratif du Congo belge. Ils n'ont d'effet à l'égard des tiers qu'à partir de cette publication ».

La question du droit colonial belge des associations est celle de la clarification de la portée juridique des termes. Qu'est-ce qu'une association en terme de droit colonial belge ? La définition de l'association sans but lucratif donnée au premier article du décret du 27 novembre 1959, n'est-elle pas incomplète ? « *L'association sans but lucratif est celle qui ne se livre pas à des opérations industrielles ou commerciales, si ce n'est à titre accessoire, et qui ne cherche pas à procurer à ses membres un gain matériel.* »

La conception juridique qui est à la base du décret de 1959 a été aussi limitative que celle du décret de 1888. En effet le législateur colonial belge qui n'a pas voulu transposer complètement la tradition belge des associations où l'assemblée générale est la matrice de la vie associative (théorie du mandat), s'est laissé aussi influencer par la tradition anglaise où l'administrateur (trustee) est l'organe de l'association et a tout le pouvoir.

Vu les difficultés soulevées concernant le statut juridique des associations religieuses en droit colonial belge en général et l'Eglise catholique en particulier, il me semble utile de revenir aux propositions formulées par M. Schmitz dans son traité sur les associations sans but lucratif :

« Pour tenir compte des nécessités de la pratique, il faudrait créer au Congo deux espèces d'associations : a) Le type de l'association s'inspirant de l'organisation des sociétés sans but lucratif comportant une assemblée générale dont le ou les administrateurs, suivraient les instructions ; cette forme d'organisation s'adapterait bien aux organismes laïcs ; b) Le type de la corporation du droit britannique dans laquelle le ou les administrateurs resteraient les représentants légaux chargés, à l'exclusion des autres associés, de tous les actes de gestion nécessaires pour réaliser la fin de l'œuvre. Cette forme d'organisation serait plus conforme à la hiérarchie catholique et à l'organisation interne actuelle des sociétés de missions »[305].

Tout compte fait, la législation coloniale belge des associations réclamait une révision pour mieux gérer une vie associative complexe dans la colonie d'une part, et s'adapter aux nouvelles évolutions du contexte social dans la colonie. Durant toute la période coloniale belge, le champ associatif était fermé et semblait méconnaître le droit à la liberté d'association comme en Belgique. Fidèle à sa politique sociale

---

305 *Ibidem*, p. 564.

d'« *assimilation graduelle* », le pouvoir colonial belge avait peur d'accorder aux sujets coloniaux tous les droits qui peuvent leur permettre de s'unir pour des revendications politiques[306].

Cette politique coloniale très policée a fini par créer des associations « *sui generis* » sans assemblée générale qui guidaient la politique générale des associations. D'ailleurs nous l'avons déjà relevé plus haut, à côté du droit commun des associations, plusieurs associations religieuses vivaient sous un « régime spécial » à cause des contrats passés entre le pouvoir colonial belge et les associations religieuses. L'évolution rapide des missions, la diversité des régimes particuliers et les bouleversements sociopolitiques après la seconde guerre mondiale exigeaient une révision des conventions particulières passées entre les associations religieuses et le pouvoir colonial belge d'une part, et la convention de 1906 entre le Saint-Siège et l'E.I.C d'autre part. Il est dommage que les négociations diplomatiques entre le Saint-Siège et la Belgique pour la révision de la convention de 1906 n'aient pas été ratifiées par les deux parties contractantes. La convention entre la Belgique et le Saint-Siège apostolique au sujet du Congo belge de1953 que nous reprenons, reste un texte historique sans aucune valeur juridique qui définit les grandes orientations de la coopération entre l'Eglise catholique et l'Etat[307] :

« Le Gouvernement belge et le Saint-Siège apostolique se sont entendus en vue de régler d'une manière plus conforme aux circonstances actuelles les relations entre la Belgique et l'Eglise au sujet du Congo, régies jusqu'à présent par la Convention entre l'Etat Indépendant du Congo et le Saint-Siège, signée à Bruxelles, le 26 mai 1906.

A cet effet, les soussignés

Monsieur Paul Van Zeeland, Ministre des Affaires Etrangères, et

Son Excellence Révérendissime Monseigneur Fernand Cento, Archevêque titulaire de Séleucie Pierie, nonce apostolique,

---

306 Cf. MANZANZA MWANANGOMBE, W., *La constitution de la hiérarchie ecclésiastique au Congo Belge (10 novembre 1959). Prodromes et réalisation*, Frankfurt, Peter Lang, 2003, p. 89.

307 Cf. CIPROTTI, P. Ed TALAMANCA, A., *I concordati di Pio XII (1939 – 1958). (Belgio, Germania, Portogallo, Spagna, Argentina, Bolivia, Colombia, Rep. Dominicana, Haiti*), Milano, Giuffrè Editore, 1976, p. 5-9.

lesquels après avoir échangé leurs pleins pouvoirs en bonne et due forme sont convenus des dispositions suivantes :

Art. 1 : - La division ecclésiastique du Congo Belge se fera en archevêchés et évêchés, abbayes ou prélatures nullius, vicariats et préfectures apostoliques.

Les archevêchés et évêchés pourront ériger pour leurs circonscriptions respectives des chapitres et des grands séminaires.

Art. 2 : - Avant de procéder à l'érection d'un archidiocèse, d'un diocèse, d'une Abbaye ou d'une prélature nullius, le Saint-Siège se mettra d'accord avec le Gouvernement.

L'érection d'un vicariat ou d'une préfecture apostolique et les modifications apportées aux limites de ces circonscriptions seront officiellement notifiées au Gouvernement.

Art. 3 : - La nomination des ordinaires des lieux appartient au Saint-Siège.

En reconnaissance des services particuliers rendus par la Belgique aux Missions Catholiques au Congo, le Saint-Siège, avant de procéder à la nomination d'un archevêque ou d'un évêque résidentiels ou de leurs coadjuteurs avec droit de succession, consent à communiquer au Gouvernement belge le nom du candidat choisi pour s'assurer qu'il n'existe à son sujet aucune difficulté de caractère politique général.

Le silence du Gouvernement après un délai de trente jours à partir de la date de la communication sera interprété dans le sens qu'il n'y a pas de difficultés. Les pourparlers dont il est question dans cet article devront rester strictement secrets.

La nomination des vicaires et préfets apostoliques sera officiellement notifiée au Gouvernement.

Art. 4 : - Il appartient aux ordinaires des lieux d'organiser et de diriger librement dans leurs territoires respectifs la vie religieuse et l'apostolat conformément aux dispositions du droit canonique et aux instructions du Saint-Siège.

Art. 5 : - Les circonscriptions ecclésiastiques érigées par le Saint-Siège, les paroisses et les quasi-paroisses, les chapitres et les grands séminaires jouissent de la personnalité civile. Les modalités de son exercice seront, après consultation de l'autorité ecclésiastique compétente, fixées par décret.

Art. 6 : - Les ordinaires des lieux sont de droit les représentants légaux de leurs circonscriptions ecclésiastiques respectives.

Ils pourront, après s'être accordés entre eux, confier à un seul organisme ou à une personne de leur choix la charge de traiter en leur nom avec les autorités civiles les questions qui sont de leur compétence.

Les chapitres et les grands séminaires sont représentés par les ordinaires des lieux ou la personne qu'ils désignent ; les paroisses et les quasi-paroisses sont représentées par leurs titulaires ou leurs remplaçants.

Art. 7 : - Les associations religieuses canoniquement établies au Congo jouissent de la personnalité civile.

Art. 8 : - La personnalité civile prévue aux articles 5 et 7 comporte le droit :

a) d'ester en justice, de contracter et de transiger ;

b) d'acquérir à titre onéreux ou gratuit, d'aliéner, d'échanger toutes espèces de biens meubles ;

c) d'acquérir à titre onéreux ou gratuit, d'aliéner, d'échanger et de prendre en location des immeubles.

Art. 9 : - Le Gouvernement belge garantit à l'Eglise Catholique au Congo la liberté du culte et de ses manifestations publiques, ainsi que la liberté d'enseignement.

Art. 10 : - Les autorités religieuses séculières et régulières peuvent librement promouvoir et exercer toutes activités civilisatrices, conformément aux dispositions de la loi du 18 octobre 1908 sur le Gouvernement du Congo Belge et à celles de la convention de Saint-Germain-en-Laye du 10 septembre 1919 modifiant les actes généraux de Berlin et de Bruxelles.

Elles peuvent notamment fonder et diriger des catéchuménats, des instituts d'enseignement de toutes catégories, des séminaires et toutes œuvres d'ordre médical et social.

Art. 11 : - Constatant l'importance primordiale de la stabilité de la famille pour le développement harmonieux de la société du Congo, le Gouvernement belge continue à assurer, sur le plan législatif et réglementaire, son appui au mariage catholique.

Art. 12 : - Le Saint-Siège continuera à assurer au Congo Belge le concours des Missions pour y promouvoir l'œuvre civilisatrice.

L'Etat garantit sa protection aux Missions et aux Missionnaires.

Art. 13 : - Les institutions scolaires, médicales et sociales créées par les autorités religieuses peuvent fonctionner soit sous le régime de « liberté non subsidiée », soit sous le régime de l' « agréation », soit enfin, à la demande du Gouvernement, sous le régime « officiel ».

Art. 14 : - Les conditions de fonctionnement des institutions scolaires, médicales et sociales placées sous le régime de l' « agréation » sont fixées par conventions conclues entre le Gouvernement et les Représentants légaux des circonscriptions ecclésiastiques ou des associations religieuses intéressées.

Art. 15 : - Tenant compte de l'importance des charges assumées par les missions dans le domaine de l'enseignement, le Gouvernement met les institutions scolaires placées sous le régime de l' « agréation » à même d'assurer le maintien de l'enseignement à un niveau élevé dans des établissements convenables et bien équipés.

Le Gouvernement assure à ces institutions une aide financière qui leur permette de procurer à leur personnel enseignant et administratif des conditions de vie décente analogue à celles dont bénéficie le personnel de l'enseignement d'Etat.

Les institutions de régime « officiel » sont mises sur le même pied que les établissements analogues directement gérés par le Gouvernement.

Toutefois, les rapports juridiques qui unissent le personnel enseignant et administratif de ces institutions aux circonscriptions ecclésiastiques ou aux associations religieuses sont les mêmes que ceux qui unissent aux mêmes circonscriptions ou associations le personnel des établissements placés sous le régime d' « agréation ».

Art. 16 : - Les interventions financières du Gouvernement consenties aux institutions scolaires, médicales et sociales qui fonctionnent soit sous le régime de l' « agréation », soit sous le régime « officiel » tiendront compte des conditions de vie du personnel religieux appelé à desservir ces institutions.

Art. 17 : - Il sera fait au Gouvernement Général tant par les Chefs des circonscriptions ecclésiastiques que par les représentants légaux ou directeurs des institutions scolaires, sociales et médicales, suivant le cas, un rapport annuel sur l'organisation et le développement de ces institutions.

Art. 18 : - Chaque dimanche dans les cathédrales et les principales églises du Congo Belge des prières pour le Roi seront chantées à la grand'messe, conformément aux prescriptions liturgiques.

Art. 19 : - Le Gouvernement cédera ou concédera gratuitement aux institutions religieuses définies dans la présente convention ou aux établissements des missions catholiques les terres nécessaires à leur fonctionnement et au développement de leurs œuvres.

Art. 20 : - En reconnaissance du caractère d'intérêt général que représente le concours de l'Eglise catholique à son œuvre civilisatrice, le Gouvernement belge consent les avantages suivants :

aux prêtres séculiers de nationalité belge, affectés au culte dans les circonscriptions ecclésiastiques reconnues, une allocation pécuniaire annuelle les aidant à remplir leur tâche et à vivre décemment ;

aux associations missionnaires, une allocation annuelle proportionnelle au nombre de leurs membres de nationalité belge, exception faite de ceux pour lesquels une rémunération permanente est déjà allouée par le Gouvernement pour des activités exercées à son profit.

En outre, le Gouvernement apportera sa contribution à la construction des églises desservant une population importante.

Toutes ces allocations et contributions seront fixées selon un barème et dans des conditions à déterminer d'un commun accord.

Art. 21 : - L'aumônerie militaire catholique du Congo belge pourvoira aux besoins du culte et à l'assistance religieuse des membres catholiques des unités et des services de la Force Publique, ainsi qu'à leurs familles, conformément aux dispositions canoniques en la matière.

La nomination ecclésiastique de l'aumônier en chef est faite par le Saint-Siège.

Avant d'y procéder, celui-ci s'informera confidentiellement auprès du Gouvernement afin de s'assurer qu'il n'existe au sujet du candidat aucune difficulté de caractère politique général.

L'Aumônier en Chef reçoit sa juridiction directement du Saint-Siège. Après s'être mis d'accord d'une part avec l'Ordinaire du candidat et d'autre part avec les Autorités militaires compétentes, il nomme les aumôniers militaires au titre ecclésiastique.

La nomination de l'aumônier en chef et des aumôniers militaires par le Gouvernement en tant que fonctionnaires sera faite simultanément avec la nomination ecclésiastique.

Art. 22 : - Les ministres du culte catholique, les étudiants en philosophie et en théologie, qui se destinent au ministère ecclésiastique ainsi que les religieux et postulants sont, à leur demande, versés dans des formations non combattantes lorsqu'ils sont appelés ou rappelés au service militaire.

Art. 23 : - Les circonscriptions ecclésiastiques et les associations religieuses étant d'utilité publique sont exemptées de l'impôt personnel et foncier.

Art. 24 : - Les objets du culte et le matériel didactique destiné aux œuvres catholiques sont exempts de droits de douane.

Art. 25 : - Il est entendu que les avantages que les deux parties s'accordent réciproquement par la présente convention sont justifiés d'une part par les services particuliers rendus au Saint-Siège par le Gouvernement belge et d'autre part par les services rendus par l'Eglise Catholique à l'œuvre civilisatrice du Congo.

Art. 26 : - Au cas où des difficultés viendraient à surgir entre les Autorités civiles et le personnel ecclésiastique et religieux, elles seront réglées à l'amiable entre les autorités locales respectives et, si l'entente ne pouvait s'obtenir, les mêmes Autorités locales en référeront aux Autorités supérieures.

Art. 27 : - Si des divergences de vue venaient à surgir concernant l'interprétation ou l'application d'une disposition de la présente convention, le Gouvernement belge et le Saint-Siège procèderont d'un commun accord à une solution à l'amiable.

Art. 28 : - Si les circonstances dans lesquelles la présente convention a été conclue venaient à subir des modifications importantes, les Hautes Parties Contractantes se consulteront en vue d'apporter à celle-ci, de commun accord, les amendements qui se révèleraient nécessaires.

Art. 29 : - La présente convention sera ratifiée. L'échange des instruments de ratification aura lieu à Rome le plus rapidement possible.

Art. 30 : - Cette convention entrera en vigueur le jour même de l'échange des instruments de ratification.

Art. 31 : - La présente convention abroge et remplace la convention entre l'Etat Indépendant du Congo et le Saint-Siège, signée à Bruxelles, le 26 mai 1906.

Fait à Bruxelles, en double exemplaire, le 8 décembre 1953.

Pour la Belgique : *Pour le Saint-Siège :*

Paul Van Zeeland *+ Fernand Cento*

Archevêque, Nonce Apostolique »

En réalité, l'échec de ces négociations diplomatiques entre le Saint-Siège et le royaume de Belgique était dû à la confessionnalisation de la vie politique belge manifestée par des fissures politiques graves au parlement entre le bloc de sociaux-chrétiens très catholiques d'un côté et le bloc de socialistes et de libéraux très laïcs de l'autre[308].

Enfin il était aussi souhaitable qu'une nouvelle loi puisse être élaborée sur les œuvres lucratives créées par les associations religieuses pour leur propre autofinancement en vue de faire face aux charges croissantes de culte et de l'évangélisation[309].

En définitive, les associations à caractère religieux ou philanthropique qui reçurent la personnalité civile par un acte législatif spécial restent régies par ce dernier en vertu de l'article 23 du décret sur les associations du 27 novembre 1959. L'article 23 du dit décret dispose : « *Les associations qui ont été dotée de la personnalité civile par un acte législatif spécial se référant à certaines dispositions du décret de 1888, restent régies par cet acte et ces dispositions* ».

Chapitre troisième : La police des activités religieuses

La législation de l'E.I.C ne permettait pas la dissolution d'une association que si l'ordre public l'exigeait. Le droit pénal colonial belge réprimait tous les actes qui portaient atteinte à la liberté des cultes. « Seront punis d'une servitude pénale de huit jours à deux ans et d'une amande de vingt-cinq à cinq cents francs, ou d'une de ces peines seulement, toutes personnes qui, par des violences, outrages ou menaces, par des troubles ou des désordres, auront porté atteinte à la liberté des cultes ou à leur libre exercice, et à la liberté de conscience »[310].

A côté de l'article 76 du code pénal existent de nombreuses dispositions législatives ou réglementaires érigeant également en infraction certains faits attentatoires à l'ordre public. Il appartient aux tribunaux d'infliger les sanctions pénales prévues par la loi. L'autorité administrative a le droit de réduire momentanément à l'impuissance tout individu ou groupe d'individus pour prévenir tout atteinte à la sécurité et à l'ordre public conformément au décret du 3 juin 1906 sur les atteintes à

---

[308] Cf. MANZANZA MWANANGOMBE, W., *op. cit.*, p. 87- 129.
[309] Cf. SCHMITZ, L., *op. cit.*, p. 564.
[310] PIRON, P. et DEVOS, J., *Codes et Lois du Congo Belge*, Bruxelles – Léopoldville, Maison Ferdinand Larcier – Editions des Codes et Lois du Congo belge, 1954, p. 297.

l'ordre public et du décret du 5 juillet 1910 sur la relégation, qui sera remplacé plus tard par le décret du 17 juin 1958[311].

En fait, l'ordre public ne signifie pas avant tout un ordre public interne à la colonie mais il est avant tout l'ordre public international voulu par les conventions internationales de Berlin et de Saint-Germain-en-Laye, c'est-à-dire l'ordre colonial. Comme le souligne M. Dufrenoy, « la convention de Saint-Germain-en-Laye permet certaines restrictions quant au libre exercice des cultes, si elles sont nécessaires au maintien de l'ordre et de la sécurité publique, l'Etat pourra veiller à ce que telle religion en opposition avec nos principes de civilisation ne puisse jeter la perturbation au Congo »[312].

L'ordre public international s'identifie à la campagne de l'européanisation du monde des politiques coloniales. La politisation de la question religieuse fit des missions religieuses des précieux instruments de la « *mission civilisatrice* » et partant de la colonisation. Elle engendra aussi des politiques religieuses coloniales diverses avec ses tendances à la nationalisation de l'implantation missionnaire avec des régimes de privilèges. L'implantation de missions chrétiennes au Congo est à inscrire dans la dynamique de l'expansion médiévale de l'Europe chrétienne à travers le monde et dans la continuité de la campagne de l'européanisation du monde. L'européanisation du monde - signifie dans ce contexte précis l'occidentalisation du monde – reconnaît le droit d'expansion à la religion du prince. C'est ce qui explique l'absence des Eglises orthodoxes dans la course de l'épopée missionnaire du 19ème siècle. Les autres Eglises chrétiennes – appelées par les sociologues de religion « *Eglises d'institution africaine* [*African instituted (Independent) Churches*] », appelées aussi « *Eglises indépendantes africaines* » – sont issues de la matrice des missions chrétiennes occidentales en s'appropriant l'expérience biblique de l'exode qui était contraire à l'ordre public international pour lequel œuvraient les missions chrétiennes. C'est dans ce contexte qu'est né le « *prophétisme africain* ».

Le « *prophétisme africain* » est né dans le sillage des missions protestantes grâce à une lecture actualisante et actualisée de la Bible. Il s'agissait de s'approprier l'expérience biblique de libération que le christianisme inféodé au pouvoir colonial ne pouvait pas prêcher. Le mouvement du prophétisme africain fut perçu par les « *grands agents de*

---

311 Cf. PIRON, P. et DEVOS, J., *Codes et Lois du Congo Belge*, Tome I, Bruxelles – Léopoldville, Maison Ferdinand Larcier – Editions des Codes et Lois du Congo belge, 1960, p. 394.

312 DUFRENOY, P., *op. cit.*, p. 368.

la civilisation », les Missions et surtout les missions nationales, comme un « *christianisme paganisé* » élaboré pour protester contre l'ordre public établi par la colonisation[313]. Au-delà de l'ordre public international, l'ordre public interne était aussi touché par l'action du prophète Simon Kimbangu. Comme en témoigne l'ancien chef spirituel de l'Eglise kimbanguiste, « l'affluence des populations vers Nkamba avait engendré d'énormes désordres économiques. Les ateliers des chemins de fer, les installations industrielles telles que la Cimenterie de Lukala, les Huileries du Congo et le commerce semblaient les plus durement frappés de paralysie. Certains négociants menacèrent même de fermer leurs affaires pour un an si cela devait encore se poursuivre. Au Congo-Brazzaville le mouvement des populations proche de Nkamba, bien que n'ayant jamais atteint l'ampleur de ce qu'il était de l'autre côté du fleuve Congo, n'affecta pas moins gravement là aussi l'appareil économique »[314]. Le nouveau mouvement religieux perturba la vie sociale et économique de la région, ce qui suscita beaucoup d'inquiétudes dans les trois secteurs du milieu colonial (les missionnaires, les commerçants et l'administration coloniale). En effet, le prophète Kimbangu avait osé défier le nouvel ordre colonial établi et son audace fut sévèrement punie par des mesures pénales restrictives.

Ainsi en application des décrets du 3 juin 1906 et du 5 juillet 1910, les mesures répressives furent arrêtées par l'ordonnance n° 89 du 12 août 1921 contre le prophète Simon Kimbangu et ses adeptes. C'est pour raison d'ordre public et de sécurité d'Etat que le pouvoir colonial belge réprimera violemment la nouvelle Eglise noire du Prophète Simon Kimbangu[315].

Comme dit précédemment, le droit à la liberté religieuse est un droit des institutions et non un droit subjectif d'une part, et il n'est pas un droit effectif pour les indigènes à cause du « *privilège de civilisation* ». C'est pourquoi nous croyons qu'il y a un certain anachronisme dans l'interprétation faite par M. Diangenda Kuntima de la législation coloniale belge sur le procès de Simon Kimbangu : « Kimbangu porta-t-il atteinte à la sûreté de l'Etat et à la tranquillité publique ? La réponse est non. Organisa-t-il un complot pour renverser les pouvoirs publics ? La réponse est non. Kimbangu, en vérité fut condamné sur la base

---

313 Cf. LANTERNARI, V., *Movimenti religiosi di libertà e di salvezza dei popoli oppressi*, Milano, Feltrinelli, 1974, p. 20-21.

314 DIANGENDA KUNTIMA, J., *L'histoire du Kimbanguisme*, Châtenay-Malabry, Editions E.KI, 2003, p. 37.

315 Cf. SINDA, M., *Le messianisme congolais et ses incidences politiques. Kimbanguisme – matsouanisme – autres mouvements*, Paris, Payot, 1972, p. 72-74.

d'infractions purement imaginaires »[316]. Dans un système colonial belge, l'indigène non-immatriculé jouissait-il de tous les droits d'un citoyen libre ? Bien que la peine n'ait pas été proportionnelle au délit, le procès de Kimbangu est à situer dans les contradictions internes de la législation coloniale belge : comment concilier les droits individuels reconnus par la législation coloniale belge et l'impératif du « *privilège de civilisation* » ? A cette époque, l'agitation kimbanguiste fut considérée comme un syncrétisme du christianisme avec les croyances religieuses indigènes, et la reconnaissance de la nouvelle religion, le « christianisme paganisé », serait une violation du « *privilège de civilisation* »[317]. En plus, comme le dit M. Ndaywel, « lorsqu'on nota les premiers indices de désobéissance civile, le pouvoir colonial eut un prétexte pour lancer contre Kimbangu le mandat d'arrêt que les Pères Rédemptoristes réclamaient depuis longtemps »[318].

L'arrestation et l'emprisonnement du prophète Kimbangu et de ses adeptes ne mirent pas fin au mouvement « qui s'implanta profondément dans le Bas-Congo, particulièrement dans les régions sous l'influence des missionnaires baptistes. Entre-temps, il s'était donné une allure nettement plus politique. Kimbangu était le prophète des Noirs venu pour les délivrer. Lorsque tous ces Noirs auraient adhéré au mouvement, les Blancs seraient écrasés ; il n'y aurait plus d'impôts et toutes les richesses seraient aux mains des nationaux »[319]. La politique coloniale de répression va se durcir de plus en plus pour les adeptes de Kimbangu, qui seront déportés dans d'autres régions du pays éloignées du Bas-Congo[320].

Le mouvement de la « Watch Tower Bible Society » connu sous le nom de « *Kitawala* » au Congo, répandu dans les colonies britanniques du sud de l'Afrique, fit son entrée par le Sud du pays. La doctrine de la secte d'origine américaine prédisposait à une plus grande implication politique. La secte faisait intervenir dans ses prédications le règne de la violence divine pour obtenir le retournement de la situation contemporaine, injuste et misérable[321]. Les adeptes du mouvement américain tombèrent sur la voie d'un engagement de libération politique.

---

[316] DIANGENDA KUNTIMA, J., *op. cit.*, p. 112.
[317] MARTIN, M-L., *Kimbangu. An African prophet and his church*, W.B. Eerdmans publishing company, 1975, p. 62.
[318] NDAYWEL E NZIEM, I., *op. cit.*, p. 416.
[319] *Ibidem*, p. 419.
[320] Cf. MUNAYI MUNTU-MONJI, « La déportation et le séjour des kimbanguistes dans le Kasaï-Lukénié (1921-1960) », in *Zaïre-Afrique*, 119, 1977, p. 555-573.
[321] Cf. *Ibidem*, p. 422.

L'association religieuse sera interdite pour motif d'ordre public par ordonnance n°21/9 du 12 janvier 1949 :

« *1. L'activité de l'association Watch Tower, quelle que soit la dénomination sous laquelle se manifeste, est interdite sur tout le territoire du Congo belge.*

2. Toute personne connaissant le caractère irrégulier de l'association ou de ses opérations, qui aura participé à sa diffusion ou à son maintien, aura assisté à ses réunions ou prêté assistance à ses opérations, sera punie d'une servitude pénale de 2 mois au maximum, et d'une amende qui ne dépassera pas 2.000 francs, ou de l'une de ces peines seulement.

3. La présente ordonnance entrera en vigueur dès sa publication au Bulletin administratif du Congo belge »[322].

Quant à l'islam, il n'a pas tellement attiré l'attention de l'administration coloniale belge sauf dans le Maniema. Nous pouvons retenir que la renaissance de l'islam au Congo a été l'œuvre des commerçants asiatiques et des prosélytes autochtones. Durant toute la période coloniale, les activités des arabisés propagateur de l'islam restent contrôlées par les administrations locales de Stanleyville et de Kasongo. L'islam est toléré par l'administration coloniale en tant qu'il ne mobilise pas les foules et demeure une minorité religieuse sans influence. Pour M. Abemba, durant la période coloniale la renaissance musulmane se fait en trois étapes :

« L'isolement de l'Islam congolais a duré quelques 20 années. Le premier grand courant de prosélytisme se situe entre 1925 et 1927, période caractérisée par la fondation des mosquées et d'écoles coraniques, notamment à Kasongo et à Stanleyville ainsi que dans l'hinterland de ces deux localités. Au cours de ces années, on note de nombreux voyages de ressortissants congolais à Ujiji, visiblement dans le but d'aller s'initier à la religion musulmane.

La deuxième étape se situe entre les années 1932 et 1935. Elle est marquée par l'introduction du mulidi, due à Anquiba Kangala. Cette période peut être qualifiée de « période des relégations », car c'est à cette époque que les autorités coloniales procédèrent aux premières relégations à l'endroit de dirigeants du mulidi, considérés comme responsables de certaines difficultés politiques.

---

[322] PIRON, P. et DEVOS, J., *op. cit.*, p. 396.

La troisième étape commence au lendemain de la deuxième guerre mondiale. On assiste alors à l'arrivée au Congo d'émissaires musulmans zanzibaristes et est-africains, au retour au pays des waalims congolais formés à Ujiji et à Dar-es-salam et enfin à la pénétration des commerçants ismaélites »[323].

Chapitre quatrième : les biens des cultes

Le décret de 1888 faisait une nette distinction entre les institutions et associations religieuses. Au-delà du régime général des associations, les institutions religieuses étaient régies par des législations spéciales. Les institutions et associations religieuses avaient droit à la propriété et les biens comme les édifices des institutions et associations religieuses sont leur propriété propre. Les édifices et même les édifices du culte sont la propriété des institutions et associations religieuses qui les ont érigés et au nom desquelles ces biens ont été enregistrés.

La puissance publique n'est propriétaire d'aucun édifice du culte bien qu'elle intervienne par voie de subside dans les frais de construction et aussi dans les frais de réparation[324]. En réalité, l'octroi des subsides était lié à la demande des subsides accompagnée d'une justification détaillée des subsides reçus pour l'exercice écoulé présenté par les responsables des institutions et associations religieuses. Les institutions et associations religieuses gèrent les biens temporels sans aucune intervention de la puissance coloniale. Il n'y a au Congo ni conseil des fabriques ni conseils des marguilliers. Les sources de financement des institutions et associations religieuses sont les subventions publiques (subsides), les subventions privées (la charité chrétienne pour les missions), et les quêtes, collectes, dons et legs.

[323] ABEMBA, J., « Pouvoir politique traditionnel et Islam au Congo oriental », in *Les cahiers du Cedaf*, 2, 1971, p. 17.
[324] Cf. SCHMITZ, L., *art. cit.*, p. 576.

Titre troisième : Le régime concordataire au Congo belge

Lorsque le Congo devint une colonie belge en 1908, la politique religieuse léopoldienne était fondée sur la préférence nationale avec les « *missions nationales* », le « *régime de coopération* » entre les Missions religieuses et l'Etat. Au-delà des avantages pratiques qu'offrait la diversité de statuts juridiques des missions religieuses au Congo, elle constituait au même moment une faiblesse pour le droit des cultes et missions. La politique de filtrage de l'offre religieuse avait fini par créer un manque d'uniformité législative pour les missions et un certain favoritisme du catholicisme romain considéré comme une « *mission nationale* ». Cette diversité était une épine dans l'administration des affaires religieuses par le pouvoir exécutif dans la colonie. Les missions religieuses chrétiennes jouissaient d'un régime de bienveillance à cause de leur engagement dans l'œuvre de civilisation. Elles étaient des institutions publiques spécialisées en droit administratif colonial belge, bien que les missions catholiques bénéficiaient également d'un régime concordataire.

Chapitre premier : Les missions dans le droit administratif colonial belge

Durant la période de l'E.I.C, le manque de coordination et la diversité de nationalités des missionnaires protestants furent un handicap dans les rapports entre les missions protestantes et l'E.I.C. Les missions protestantes ne jouissaient pas de la faveur des « *missions nationales* » et étaient toujours soupçonnées de travailler contre l'œuvre du roi Léopold II au Congo. Dès la passation de l'E.I.C à la Belgique, elles cherchèrent à normaliser ses rapports avec la puissance coloniale. C'est ainsi qu'elles fondèrent à Bruxelles en 1910 la Société Belge des Missions Protestantes au Congo (SBMPC), qui servait de liaison entre les Missions Protestantes au Congo, les Eglises protestantes belges et le gouvernement belge. La SBMPC ouvrit en mai 1922 le Bureau des Missions Protestantes au Congo. La SBMPC était un interlocuteur légal qui défendait les intérêts du protestantisme auprès des autorités de la colonie belge d'une part, et qui défendait la politique coloniale belge auprès des missions protestantes souvent étrangères. Elle s'occupait en plus du séjour des missionnaires étrangers en Belgique soit pour apprendre le Français, soit pour suivre les cours de médecine tropicale à Anvers. En effet le gouvernement belge exigeait un séjour prolongé en Belgique de tous les étrangers qui voulaient se rendre au Congo[325].

Depuis la création de l'E.I.C, le pouvoir public belge avait fondé sa politique religieuse coloniale sur le principe du privilège de « *Missions nationales* ». Dans la doctrine belge, les missions nationales sont des « sociétés de missions *sans distinction de cultes* qui ont leur siège en Belgique, qui sont dirigée par des Belges et qui comptent un certain nombre de Belges parmi leurs missionnaires au Congo »[326]. En effet, le gouvernement belge voulait créer des intermédiaires, en métropole, entre l'Etat et les missions du Congo. Cependant les conventions particulières conclues entre la puissance coloniale et les missions religieuses accordaient plus d'autonomie aux missionnaires présents au Congo par rapport aux représentants des missions du Congo en Belgique d'une part et par rapport à l'administration locale. C'est ainsi que la question de régime légal des cultes et missions fut une des questions épineuses pour l'administration coloniale belge.

Le régime des cultes et missions au Congo belge est fondé sur les articles 2 et 5 de la loi du 18 octobre 1908 constituant la Charte fondamentale du Congo. Face à certains actes d'hostilité contre les missionnaires, le ministre des colonies dut écrire aux fonctionnaires de la Colonie une lettre circulaire du 31 août 1911 qui rappelle les fondements juridiques des relations entre les Missions et la Colonie que nous reprenons *in extenso* [327]:

« Circulaire rappelant les prescriptions des articles 2 et 5 de la loi du 18 octobre 1908 sur le gouvernement du Congo belge ainsi que les instructions administratives réglant les relations entre les Missions et le personnel de la Colonie.

Les puissances réunies à Berlin ont, par l'organe de leurs Représentants, arrêté, dans l'Acte Général du 26 février 1885, les bases de l'action civilisatrice de l'Europe dans le bassin conventionnel du Congo.

---

[325] Cf. BRAEKMAN, E. M., *op. cit.*, p. 266-269.

[326] SCHMITZ, L., « Cultes et Missions » in *Les Novelles. Droit colonial*, Tome II, Bruxelles, Les Editions Edmond Picard – Maison Ferdinand Larcier, 1936, p. 579.

[327] AA / MAERB, M. 593, A- I / 1

Elles y ont proclamé le libre et public exercice de tous les cultes ; elles ont expressément garanti aux indigènes, comme aux nationaux et aux étrangers la liberté de conscience et la tolérance religieuse.

Elles se sont engagées à protéger et à favoriser sans distinction de nationalités ni de cultes, toutes les institutions ou entreprises religieuses, scientifiques ou charitables.

Ces principes larges, tolérants et humanitaires, le législateur belge les a reproduits, afin qu'ils ne fussent jamais perdus de vue, dans les premiers articles (2 et 5) de la loi du 18 octobre 1908 constituant la charte fondamentale du Congo. Et il en a formellement prescrit l'observation à celui qui, dans la Colonie, personnifie le pouvoir métropolitain.

L'article 2 de la loi coloniale, en se référant aux articles 14 et 15 de la Constitution belge, a garanti aux indigènes, aux nationaux et aux étrangers, la liberté des cultes et celle de leur exercice public.

L'article 5 de la même loi coloniale a reproduit les autres dispositions contenues dans l'article 6 de l'Acte Général du 26 février 1885. Je transcris ci-dessus cet article :

Le Gouverneur Général veille à la conservation des populations indigènes et à l'amélioration de leurs conditions morales et matérielles d'existence. Il favorise l'expansion de la liberté individuelle, l'abandon progressif de la polygamie et le développement de la propriété. Il protège et favorise sans distinction de nationalités ni de cultes, toutes les institutions et entreprises scientifiques ou charitables, créées et organisées à ces fins ou tendant à instruire les indigènes et à leur faire comprendre et apprécier les avantages de la civilisation.

Les missionnaires chrétiens, les savants, les explorateurs, leurs escortes, avoir et collections sont d'objets d'une protection spéciale.

En outre, des instructions insérées au *Recueil Administratif*, page 66, règlent, dans les termes identiques ci-dessous, les relations entre les missions et le personnel de la Colonie.

En réalité, les conventions particulières entre l'EIC et les missions étaient des références de base qui avaient besoin d'être complétées par un cadre juridique plus rassurant. Au début de la deuxième décennie du 20ème siècle, plusieurs missions chrétiennes s'étaient déjà constituées, assurant à la fois l'évangélisation, l'instruction, le service sanitaire et social. Les conventions passées entre l'Etat et les missions ne répondent plus parfaitement à la nouvelle situation religieuse du pays et l'administration locale ne cessait de réclamer au ministre des colonies une nouvelle organisation juridique des associations religieuses.

Dans la colonie, les règlements et usages administratifs découlant des conventions particulières mettaient l'administration locale aux prises avec les missionnaires très protégés par l'administration centrale de Bruxelles. Les missionnaires multipliaient les plaintes auprès de l'administration centrale, dénonçant l'hostilité de certains agents coloniaux, membres des loges belges, aux missions du Congo. Les francs-maçons, très nombreux et puissants au Congo, engagés au service de la colonie, supportaient difficilement le « *régime de coopération* » entre l'Etat et les missions et digéraient mal le régime de protection dont les missionnaires bénéficiaient »[328].

La multiplication des actes d'hostilité contre les missionnaires malgré le rappel des devoirs de l'Etat envers les missions, poussa le ministre des colonies à assurer les missionnaires du soutien de l'administration centrale en écrivant au cardinal Mercier archevêque de Malines et Primat de la Belgique, une lettre où il rappelle les devoirs de l'Etat envers les missions[329].

Les établissements de missions étaient des institutions publiques ayant un statut juridique moins clair qui exigeait du législateur colonial belge une nouvelle législation répondant aux nouvelles exigences. « La protection des missions, écrit le ministre des Colonies, est un devoir imposé à toute l'administration coloniale par la loi coloniale. Si des fonctionnaires de l'administration coloniale s'entendaient pour contrecarrer sur ce point la volonté nationale, ils s'exposeraient aux sanctions les plus rigoureuses »[330]. Les litiges entre les missions religieuses et les agents de la colonie étaient réglés par l'administration coloniale selon l'ordre hiérarchique. C'est ainsi que s'est constituée une abondante jurisprudence administrative qui demeurera une référence durant toute la période coloniale. Les missions religieuses étaient bien intégrées dans les rouages des services publics de l'administration coloniale et étaient soumises aux règles de l'administration coloniale. Le

---

[328] APB, Casier D2, Correspondances Mgr Roelens – ministre des Colonies Renkin de 1912-1913.
[329] Cf. AA / MAERB, M. 593, A I / 2.
[330] APB, Casier D2, Correspondances Mgr Roelens – ministre des Colonies Renkin de 1912-1913.

droit administratif dans le droit colonial belge de cultes est un droit concordataire sans concordat en raison des obligations internationales de l'E.I.C vis-à-vis des conventions de Saint-Germain-en-Laye et du « *régime de coopération* » entre l'Eglise et l'Etat, selon le droit public du Congo Belge.

En réalité, les « *missions nationales* », bien qu'organisées sous forme d'associations dotées de personnalités juridiques, étaient des institutions publiques spécialisées à cause de la volonté manifeste de la puissance publique de se lier aux missions par le « régime de coopération ». Le silence des textes sur la qualification textuelle de « institutions publiques» aux associations religieuses est à situer dans le contexte historique où la signification technique actuelle accordait à ces institutions ne se posait pas. Ainsi croyons-nous que les « missions nationales » ont été considérées en droit colonial belge comme des institutions publiques spécialisées tout en étant des organismes de droit privé.

Chapitre deuxième : Le droit concordataire au Congo belge

Le droit concordataire au Congo Belge est un droit hérité de l'E.I.C. C'est un régime de faveur pour la protection des « *missions nationales* » au Congo. Nous avons déjà défini précédemment la notion de « *mission nationale* » en droit colonial belge et nous avons montré que les « *missions nationales* » au Congo étaient essentiellement des missions religieuses catholiques. A part les conventions particulières passées entre les missions religieuses avec le Gouvernement de l'E.I.C qui sont considérées comme des contrats entre les signataires, il n'y a jamais eu aucune convention à caractère général entre l'E.I.C et la SBMPC pour les missions protestantes, comme cela a été le cas pour l'Eglise catholique du fait de la convention de 1906 avec le Saint-Siège. Ainsi quand on parle du droit concordataire au Congo Belge, il s'agit d'un régime légal propre à l'Eglise catholique au Congo Belge.

Section 1. La notion du droit concordataire en droit international

Le droit concordataire tire son origine du mot « concordat », utilisé dans les relations internationales pour désigner les accords passés entre le Saint-Siège et les Etats. Le mot « concordat » signifie tout simplement « convention » ou « accord ». En droit international, une convention est un accord international conclu par écrit entre des entités souveraines, qu'il soit consigné dans un instrument unique ou dans deux ou plusieurs instruments connexes. Ainsi constituée, la convention devient la source formelle du droit car elle enfante la règle de droit. Comme l'écrit M. Attar, « sa fonction est donc la validation, l'authentification, par la formulation de la règle qui, ainsi mise en forme, est introduite dans le droit positif »[331].

Toute convention est un produit du consensus des parties. M. Attar continue en affirmant que « le traité est considéré comme une 'expression de volontés concordantes' susceptible de revêtir une pluralité de dénominations. Un groupe d'experts mandaté par la SdN déplorait cette 'anarchie' terminologique qui conduit le droit international à considérer comme équivalentes les expressions : traité, convention, accord, pacte, charte, déclaration, protocole, statut, mémorandum d'accord, modus vivendi, échange de notes, concordat, etc. ... »[332]. Ce dernier terme étant réservé aux accords conclus avec le Vatican[333]. Cette différence de vocabulaire n'a pas de portée juridique. Dans tous les cas, il s'agit de traités qui, une fois signés, ratifiés et promulgués, engagent de la même façon les deux parties[334]. Cependant au-delà de la diversité des dénominations, « c'est donc la notification qui fait la différence entre les deux grandes classes d'actes diplomatiques que sont les traités internationaux et les accords en forme simplifiée »[335].

Il peut exister également d'autres conventions conclues entre l'Église catholique et l'État sans l'intervention formelle du Saint-Siège. Il s'agit là des accords en forme simplifiée qui peuvent se présenter également sous des formes variées. Et M. D'Onorio d'affirmer : « les autres documents, signés sans l'intervention formelle des autorités suprêmes de l'Église et de l'État investies du treaty-making power, peuvent être inclus dans la catégorie que le droit international appelle 'accords en forme simplifiée' ou 'agreements'. C'est le cas des échanges de lettres ou de notes mais

---

331 ATTAR, F., *Le droit international entre ordre et chaos*, Paris, Hachette, 1994, p. 121.
332 *Ibidem*, p. 138.
333 *Ibidem*, note 33.
334 Cf. MINNERATH, R., *L'Eglise et les Etats concordataires (1846-1981). La souveraineté spirituelle*, Paris, Cerf, 1983, p. 531.
335 D'ONORIO, J-B., « Les concordats et conventions postconciliaires », in *Le Saint-Siège dans les relations internationales*, (sous la direction de D'ONORIO), Paris, Cerf/Cujas, 1989, p. 200.

aussi des Protocoles non ratifiés... et des Accords passés dans la même forme,... voire des conventions »[336].

Il convient d'affirmer que les conventions diplomatiques entre l'Église catholique et l'État diffèrent des autres traités internationaux par leur contenu car elles visent à régler les matières touchant le temporel et le spirituel à la fois[337]. Ces conventions scellent ainsi la concordance de vues entre les parties dans les affaires de mutuelles interventions et d'intérêts réciproques[338].

Ces conventions constituent une source importante du droit qui régit les relations diplomatiques du Saint-Siège avec les Etats[339]. Le code de droit canonique, qui est un droit interne de l'Église catholique, a tenu à les protéger ; le canon 3 en parle avec fermeté. « Les canons du Code n'abrogent pas les conventions conclues par le Siège Apostolique avec les États ou les autres sociétés politiques et n'y dérogent pas ; ces conventions gardent donc leur vigueur telles qu'elles existent présentement, nonobstant les dispositions contraires du présent code. » (Canon 3 ***CIC 1983***).

Cependant ce canon suscite des questions. Il est admis généralement qu'une convention ne peut être conclue qu'entre deux sujets de droit international, or ce canon parle des 'États' et des 'autres sociétés politiques'. Que signifierait 'autres sociétés politiques' ? Pour M. D'Onorio, « peuvent être aussi rangés dans les 'autres sociétés politiques' les États membres d'une fédération avec lesquels des accords ont été passés par le Saint-Siège. Tel est le cas de certains Länder allemands ou Cantons suisses »[340]. Même si les Etats fédérés ne sont pas sujets du droit international, il existe des compétences réservées entre les Etats fédérés et l'État fédéral dans les droits internes des pays. Parfois ils peuvent bien l'être car les Etats fédérés peuvent avoir la compétence de signer des traités internationaux, tout dépend des constitutions des pays. « En vérité, poursuit M. D'Onorio, elles le sont bien car leur négociation et leur conclusion ont suivi la procédure prévue dans leurs constitutions

---

[336] *Ibidem.*
[337] Cf. MINNERATH, R., « The Position of the Catholic Church Regarding Concordats from a Doctrinal and Pragmatic Perspective » in *CULR*, 47/2, 1998, p. 467-468.
[338] D'ONORIO, J-B., *art. cit.*, p. 195.
[339] Cf. TAURAN, J-L., « The diplomacy of the Holy See », in The Ministry of Foreign Affairs of the Slovak Republic – The Pontifical Oriental Institute in Rome – The Embassy of the Slovak Republic to the Holy See, *International Bilateral Legal Relations between the Holy See and States: Experiences end Perspectives*, Città del Vaticano, Libreria Editrice Vaticana, 2003, p.37.
[340] D'ONORIO, J-B., *art. cit.*, p. 197-198.

respectives et ont, de ce fait, été entérinées par l'État fédéral quand bien même les représentants de celui-ci n'apparaîtraient pas officiellement parmi les signataires. Ainsi l'article 32 §3 de la loi fondamentale de la République fédérale allemande de 1949 prévoit que 'dans la mesure de leur compétence législative, les Länder peuvent avec l'assentiment du gouvernement fédéral, conclure des traités avec les États étrangers' ; l'article 85 §5 de la constitution helvétique de 1874 inclut dans la compétence des deux conseils de l'Assemblée fédérale 'l'approbation des traités des cantons entre eux ou avec les États étrangers' et l'article 102 §7 confie cette charge directement au gouvernement (conseil fédéral) en l'absence de réclamations cantonales ou fédérales »[341].

Le droit concordataire au Congo Belge est issu de la convention du 1906 entre l'E.I.C et le Saint-Siège. Dans l'acte de cession de l'E.I.C à la Belgique, l'article premier dispose : « Sa Majesté le Roi-Souverain déclare céder à la Belgique la souveraineté des territoires composant l'Etat Indépendant du Congo avec tous les droits et obligations qui sont attachés. L'Etat belge déclare accepter cette cession, reprendre et faire sienne les obligations de l'Etat Indépendant du Congo, telles qu'elles sont détaillées en l'annexe A, et s'engage à respecter les fondations existantes au Congo, ainsi que les droits acquis légalement reconnus à des tiers, indigènes et non-indigènes »[342]. C'est ainsi que la convention entre le Saint-Siège Apostolique et l'E.I.C a été intégrée dans la loi du Congo belge[343].

En fait, la convention du 26 mai 1906 entre le Saint-Siège et l'E.I.C donne plus de force aux accords spéciaux, qui sont des contrats particuliers que le gouvernement de l'E.I.C signait avec les « *missions nationales* » qui s'engageaient dans la mission belge du Congo. L'appui effectif du gouvernement aux « *missions nationales* » fut un élément déterminant dans le développement de la mission belge au Congo. Cela exigeait une protection et une couverture juridique stable. C'est pourquoi le roi-souverain demandait aux responsables des « *missions nationales* » de passer un accord avec le Saint-Siège. Le préambule de la Convention est plus clair à ce sujet : « Le Saint-Siège Apostolique, soucieux de favoriser la diffusion méthodique du catholicisme au Congo, et le Gouvernement de l'Etat Indépendant, appréciant la part considérable des missionnaires catholiques dans son œuvre civilisatrice de l'Afrique centrale, se sont entendus entre eux et avec les représentants de missions

[341] *Ibidem*, p. 198 (note 8).
[342] *Bulletin officiel*, 10 bis, 1908, p. 392.
[343] *Ibidem*, p. 401-402.

catholiques du Congo, en vue d'assurer davantage la réalisation de leurs intentions respectives ».

Section 2. Les parties contractantes et leurs obligations

§ 1. Les parties contractantes

Les parties contractantes de la convention du 26 mai1906 sont d'une part le *Saint-Siège* représenté par « Son Excellence Monseigneur Vico, archevêque de Philippes, nonce apostolique, grand'croix de l'ordre de la Conception de Villa Viçosa, commandeur avec plaque de l'ordre de Charles III, dûment autorisé par Sa Sainteté le Pape Pie X », et d'autre part l'*Etat Indépendant du Congo* représenté par « le Chevalier de Cuvelier, officier de l'ordre de Léopold, commandeur de l'ordre de Saint-Grégoire-le-Grand, dûment autorisé par S. M. Léopold II », le Roi-Souverain de l'*Etat Indépendant.* Selon l'encyclopédie *Catholicisme*, « dans le droit concordataire moderne, les parties en présence sont : l'Eglise représentée par le Pape en tant que chef spirituel (et non en tant que prince temporel), et l'Etat, dans la personne de son chef (président de la république, roi ou prince, selon la constitution du pays). Ces deux autorités suprêmes désignent souvent des plénipotentiaires pour la signature des accords. Là où la constitution de l'Etat requiert le consentement ou le vote des chambres législatives, le concordat n'obtient sa valeur de pacte bilatéral qu'après cette ratification »[344].

L'E.I.C était un Etat souverain reconnu par la communauté internationale depuis la Conférence de Berlin et un sujet de droit international jouissant de sa propre souveraineté. Le Saint-Siège a « une seule personnalité internationale mais à un double titre : en tant que gouvernement suprême de l'Eglise catholique et en tant qu'organe suprême de l'Etat du Vatican »[345].

En effet, l'Église catholique romaine est la seule institution confessionnelle au monde à avoir accès aux relations diplomatiques et à être directement concernée par le droit international[346]. Cette intervention du Saint-Siège dans les affaires de la communauté internationale n'est pas toujours bien perçue. À quel titre le Saint-Siège entre-t-il dans les

---

344 « Concordat », in *Catholicisme*, tome II, Paris, Letouzey et Ané, 1949, col. 1456.

345 D'ONORIO, J-B., « Le Saint-Siège et le droit international » in *Le Saint-Siège dans les relations internationales*, (sous la direction de ONORIO), Paris, Cerf/Cujas, 1989, p. 32.

346 Cf. *Ibidem*, p. 11.

affaires de la communauté internationale ? Bien que n'étant pas un État, le Saint-Siège a en commun avec les États sa personnalité juridique internationale, personnalité acquise en vertu de son autorité morale à travers l'histoire[347].

« Le fait que le Saint-Siège jouisse, affirme M. Minnerath, de la qualité de sujet de droit international est un phénomène qui s'inscrit dans la continuité historique. En réalité, avant même que n'aient pris forme les États nationaux en Europe est que n'ait été élaborée une doctrine de droit des gens, le Siège Apostolique était reconnu comme l'organe capable d'agir au nom de l'Église catholique et de l'engager face aux souverains temporels »[348].

§ 2. Les obligations des parties

Le concordat demeure donc une convention et repose sur un accord mutuel qui engendre des obligations respectives de la part des parties contractantes[349]. Le sens des mots est donc à comprendre dans le sens qu'ont voulu et que lui ont donné les parties contractantes. C'est pourquoi il est utile de préciser les contours juridiques de certains termes nécessaires qui définissent les principes de la convention pour mieux comprendre les conséquences pratiques de leur application.

I. La portée juridique de certains termes de l'accord

Par le terme « *mission catholique* » ou « *mission* », il faut entendre une circonscription ecclésiastique confiée à un institut ou ordre religieux et missionnaire capable d'administrer une mission pour son évangélisation. Une « mission catholique » ou « mission » peut être une préfecture, une administration ou un vicariat apostolique, ou encore une mission spéciale ayant le même statut canonique. Par exemple, le vicariat apostolique de l'E.I.C, la mission jésuite du Kwango... Ainsi tous les instituts ou ordres religieux et missionnaires n'ont pas nécessairement la capacité d'administrer une « *mission catholique* » au terme du droit public du régime léopoldien. Comme vu plus haut, plusieurs instituts ou ordres religieux et missionnaires étaient très engagés au Congo et avaient reçu une reconnaissance juridique par l'octroi de la personnalité civile

---

347 Cf. CHELI, G., « La place et le rôle du Saint-Siège dans les institutions internationales », in *Le Saint-Siège dans les relations internationales,* (sous la direction D'ONORIO), Paris, Cerf/Cujas, 1989, p. 90.

348 MINNERATH, R., Le Saint-Siège en droit international, in *ΘΕΣΣΑΛΟΝΙΚΗ, ΕΚΔΟΣΕΙΣ ΣΑΚΚΟΥΛΑ*, 1990, p. 305.

349 Cf. « Concordat », in *D.T.C*, tome III, Paris, Letouzey et Ané, 1938, col. 728.

mais n'administraient pas tous les « *missions* ». Dans l'esprit même du préambule de la Convention, les « *missions* » sont des « organismes d'évangélisation et cultuels, à l'exclusion des religieuses et frères. Religieuses et frères enseignants sont les auxiliaires des missionnaires ; ils ne peuvent, au regard du droit canon, s'établir qu'à l'ombre d'une station de mission dont ils constituent un rouage »[350].

Par contre, le terme « *mission religieuse* » est utilisé dans le sens d'association religieuse au terme de la loi coloniale belge. Il s'agit de tout institut ou ordre religieux et missionnaire soucieux de la diffusion du catholicisme au Congo. La jurisprudence administrative congolaise a été constante dans ce sens comme nous le découvrons depuis l'annexe A du traité de cession de l'E.I.C à la Belgique où on trouve la Congrégation des Sœurs de Notre-Dame (Les droits de propriété ou de jouissance ci-après énumérés au profit de *missions religieuses* ayant reçu la personnalité civile)[351]. A ce niveau se pose aussi le problème déjà soulevé précédemment sur une certaine ambiguïté concernant la nature juridique des associations religieuses en droit colonial belge. Les « *missions catholiques* » et les « *missions religieuses (les congrégations et ordres religieux)* », qui n'ont pas le même statut juridique comme nous venons de le souligner, doivent-elles être régies par le même droit des associations ?

L'*établissement de mission* est une station de mission établie dans un centre démographiquement important avec une *résidence stable* des missionnaires. L'existence de l'*établissement de mission* est liée à la permanence résidentielle des prêtres. Selon M. Schmitz, « sont considérés 'centres importants' les chefs-lieux de provinces et de districts, les localités qualifiées de circonscriptions urbaines et, en outre, toutes les stations auxquelles sont attachés normalement au moins trois missionnaires »[352].

Donc la « *mission* » et l'« *établissement de mission* » sont des institutions publiques en droit colonial belge. La « *mission* » est définie par l'acte qui la crée de commun accord entre les deux parties contractantes, comme le prouve la jurisprudence administrative coloniale belge, par l'érection de la « *mission* » comme circonscription ecclésiastique par le Saint-Siège et par l'octroi de la personnalité civile de

[350] *Ibidem* , p. 581.
[351] *Bulletin officiel*, 10 bis, 1908, p. 395.
[352] SCHMITZ, L., op. cit., p. 579.

la « *mission* » en tant qu'association sans but lucratif à caractère religieux de droit colonial belge.

L' « *établissement de mission* » est une institution publique dont l'existence juridique est liée à l'assurance du ministère sacerdotal par l'implantation d'une résidence stable des missionnaires. « La Colonie du Congo Belge, écrit M. Schmitz, accordera une allocation de 10.000 francs par an et par établissement de mission assurant le ministère sacerdotal dans les centres importants du Congo »[353]. Elle est créée de commun accord par le chef de la mission en accord avec l'autorité coloniale locale compétente.

Les expressions suivantes que l'on retrouve dans le texte : *«... seront fixées de commun accord » (3°), « ...sera décidé de commun accord », «... sera déterminé de commun accord » (7°)*, révèlent le caractère conciliateur et incomplet du présent accord. Les relations entre l'Eglise et l'Etat ne peuvent pas être ramenées ou réduites par le schématisme des seules relations diplomatiques et contractuelles parce qu'il s'agit de la gestion de la vie de deux institutions dynamiques qui nécessitent d'élargir le champ de coordination et de coopération[354]. Ainsi la convention de 1906 jette les bases d'un droit concordataire qui pourrait être complété par des accords spéciaux de l'administration coloniale et des responsables des missions catholiques du Congo. Cet accord confirme davantage le « *régime de coopération* » du droit colonial belge en matière des cultes dans le dernier paragraphe, en soulignant « *la nécessité de conserver la plus parfaite harmonie* » entre les missions et l'administration coloniale.

II. Les obligations proprement dites

L'E.I.C s'engage à *concéder des terres* aux « missions catholiques » au Congo *nécessaire à leurs œuvres* sous certaines conditions : ces terres ne pourront être aliénées et devront rester affectées à leur utilisation aux œuvres de la mission ; sont données à titre gratuit et en propriété perpétuelle. Le critère d'attribution de terres nécessaires aux œuvres de mission est lié aux « nécessités et à l'importance de la mission », il appartient aux représentants locaux des parties de se mettre d'accord selon les cas. Cependant l'accord précise à titre indicatif que la superficie de terres à allouer à chaque *établissement de mission* sera de 100 à 200 hectares.

---

[353] *Ibidem.*

[354] Cf. SORAS, A., *Relation de l'Eglise et de l'Etat dans les pays d'Afrique francophone*, Paris, Mame, 1963, p. 75.

L'E.I.C s'engage *à octroyer aux missionnaires un traitement* à convenir dans chaque cas particulier en cas de *résidence stable*. Bien que les missionnaires ne soient pas des agents de l'administration coloniale au sens strict du terme, ils sont assimilés aux agents de l'administration coloniale à cause de la prise en charge du budget du culte par les pouvoirs publics suite au *régime de coopération* du droit colonial belge en matière de culte et des accords successifs passés entre le gouvernement de l'Etat du Congo belge et les sociétés de mission religieuse.

Chaque « *établissement de mission* » s'engage *à créer une école* où *les indigènes recevront l'instruction*. L'organisation du secteur de l'enseignement, les programmes d'études et de cours seront faits de commun accord par le gouvernement et les missionnaires.

Les missionnaires s'engagent *à remplir pour l'Etat* et moyennant indemnité, *les travaux d'ordre scientifique*. Les établissements de mission devenaient par le fait même des centres de recherches scientifiques (études géographiques, ethnographiques, linguistiques, etc.…).

Les missionnaires s'engagent *à assurer le ministère sacerdotal dans les centres* où le nombre des fidèles rendrait leur présence opportune. Le ministère sacerdotal n'est pas limité à un ministère d'évangélisation de la pastorale ordinaire (culte, catéchisation et accompagnement spirituel) mais est aussi un ministère d'encadrement des masses indigènes, d'assistance et de promotion sociale. C'est à ce titre que le ministère sacerdotal est considéré en droit public colonial belge comme un service public[355].

Chapitre troisième : L'octroi du statut légal au mariage religieux

Le mariage religieux n'avait pas d'effets juridiques à cause de la disparité des droits des personnes en droit colonial belge. Selon les droits personnels, la législation coloniale belge connaissait trois types de mariage : mariage des Congolais, des nationaux, et des étrangers. Le droit matrimonial colonial belge est lié à la nature même du droit colonial belge qui est bicéphale : d'une part le droit coutumier des indigènes tant qu'il n'est pas contraire à la législation et à l'ordre public, et d'autre part

---

[355] Cf. SCHMITZ, L., *op. cit.*, p. 583.

le droit écrit, qui est un droit belge appliqué à la colonie. En effet, quand l'E.I.C fut fondé, en 1885, et que le Conseil colonial reçut la charge d'élaborer pour lui un droit moderne, l'ordonnance du 14 mai 1886 admit le droit indigène à défaut de droit moderne. Comme le montrent MM. Derriks et Laval : « Le droit civil congolais est un droit écrit, toutefois, l'ordonnance de l'Administrateur Général du Congo, du 14 mai 1886, édicte : 'Quand la matière n'est pas prévue par un décret, un arrêté ou une ordonnance déjà promulgués, les contestations seront jugées d'après les coutumes locales, les principes généraux du droit et l'équité'. Cette disposition qui n'est pas l'affirmation d'idées généralement admises, a paru au législateur de l'époque, devoir être formulée explicitement, en raison de l'état embryonnaire du droit écrit à l'origine de l'Etat Indépendant du Congo »[356].

Il y avait une certaine coexistence de plusieurs législations du mariage qui se côtoyaient au Congo belge : le mariage coutumier, le mariage religieux et le mariage civil légal. Les deux premiers étaient considérés comme des actes civils célébrés selon le droit personnel qu'il fallait légaliser selon les principes du droit commun en la matière. Ainsi l'administration coloniale a été amenée à légiférer par le décret du 5 juillet 1948 sur *le mariage monogamique indigène* et les *mesures d'exécution* de l'ordonnance n°21/164 du 16 mai 1949 pour la mise en application du décret de 5 juillet 1948[357].

Le décret du 5 juillet 1948 détermine les conditions d'octroi du statut légal au mariage religieux. L'article 5 du décret dispose : « Le mariage religieux célébré publiquement dans un centre extra-coutumier par un ministre du culte appartenant à une confession régulièrement représentée dans la colonie, pourra faire l'objet du statut dans les conditions déterminées à l'article suivant … »[358].

---

[356] DERRIKS, J. et LAVAL, A., « Droit civil congolais. Livre 1er – Des personnes », in *Les Novelles. Droit colonial*, Tome II, Bruxelles, Les Editions Edmond Picard – Maison Ferdinand Larcier, 1936, p. 23.
[357] Cf. PIRON, P. et DEVOS, J., *Codes et Lois du Congo Belge*, Tome I, Bruxelles - Léopoldville, Maison Ferdinand Larcier – Editions des Codes et Lois du Congo Belge, 1960, p. 187-195.
[358] *Ibidem*, p. 190.

Essayons de faire une lecture en filigrane de notre parcours pour relever les grandes lignes de cette deuxième partie de l'ouvrage. Le régime de cultes et missions au Congo belge est très complexe et reste tributaire du régime léopoldien qui en a posé les fondements. La législation coloniale belge des cultes et missions est fondée sur *le régime de coopération* qui fait des « Missions » des institutions de droit public, *le régime d'associations* qui fait des « Missions » des institutions de droit privé et *le régime spécifique* des actes législatifs spécifiques qui fait des « Missions » des institutions de droit contractuel ou conventionnel.

Le régime des associations religieuses est aussi complexe car il comprend les dispositions communes à toutes les associations et les dispositions particulières des actes législatifs ayant doté de personnalité civile les associations religieuses.

1°) Les dispositions générales du régime des associations trouvent leur fondement dans :

- L'adaptation de la législation interne de la colonie aux obligations dérivant des instruments juridiques internationaux relatifs à la protection et au soutien des institutions et entreprises religieuses sans distinction de nationalité ni de culte. Ces obligations internationales sont le fondement des politiques d'appui aux missions nationales et de collaboration avec les missions en général.

- Les missions reconnues sont des institutions et associations de droit colonial belge et vivent sous le *régime de coopération* entre les Missions et l'Etat au nom de la mission civilisatrice. Le *régime de coopération* est un système de partenariat entre les Missions et l'Etat fondé sur des conventions particulières entre les deux parties. C'est ce qui rend la situation juridique des Missions au Congo très complexe en prenant une forme de législation concordataire sans concordat ou des « institutions publiques spécialisées ».

- L'administration coloniale belge subventionne les missions pour leur engagement dans l'œuvre civilisatrice, et elle repartit les subsides selon son appréciation souveraine.

- L'appui aux *missions nationales belges* est sans tendance confessionnelle. Il s'agit d'un régime de coopération avec une certaine discrimination positive pour les missions religieuses chrétiennes étrangères.

- Le droit à la liberté religieuse n'est pas défini comme un droit subjectif mais un droit confessionnel reconnu aux seules confessions chrétiennes non-incompatibles à la civilisation.

2°) le régime spécial concordataire :

Le régime spécial est appliqué aux Missions catholiques avec lesquelles le gouvernement du Congo Belge a voulu se lier d'une manière particulière par la Convention de 1906 avec le Saint-Siège.

Il ressort de la présente étude que, durant toute la période coloniale, le principe de la neutralité de la puissance publique vis-à-vis des missions religieuses n'était pas respecté en raison du régime de privilège dont jouissaient les missions nationales. Que ce soit sous le régime général des institutions et associations religieuses ou sous le régime spécial, toutes les institutions et associations religieuses étaient régies ou par des conventions particulières ou par le régime contractuel qui les liait foncièrement au pouvoir colonial belge.

Troisième partie : Les religions dans la législation congolaise postcoloniale (1960-2003)

Dans les deux premières parties de l'ouvrage, nous avons parcouru le long cheminement de la formation du droit colonial belge des cultes et missions en dégageant les doctrines juridiques sous-jacentes à l'évolution historique de la situation sociopolitique du pays. Dans cette troisième partie, nous présenterons l'évolution historique de la législation congolaise postcoloniale des religions.

De prime abord il faudrait dire qu'avec l'indépendance politique du Congo, une certaine indépendance juridique va se manifester, due à la transformation inhérente à la nature même de la puissance publique. La Convention de Saint-Germain-en-Laye qui fondait l'action coloniale ne se justifie plus avec l'accession du pays à la souveraineté internationale et est devenue ipso facto étrangère à la législation congolaise[359]. Cette déstructuration de l'ordre juridique colonial invite quand même à la prudence pour la continuité des traités internationaux qui sera consacré sous réserve par le constitutionalisme congolais.

Sur le plan du droit international, le Congo est un Etat souverain qui définit sa politique intérieure et extérieure, qui conditionne sa nouvelle politique juridique. L'accession du pays à la souveraineté internationale entraine inconditionnellement une certaine indépendance juridique. Mais cette indépendance ne signifie pas isolement de l'Etat nouvellement indépendant dans les rapports internationaux. Comme le note M. Ganshof Van Der Meersch, « ... l'*indépendance* des Etats ...est exclusivement l'indépendance *juridique*, c'est-à-dire celle qui résulte de la souveraineté qu'exercent les organes étatiques, sans égard aux influences politiques ou économiques extérieures auxquelles, dans la réalité, les Etats sont soumis »[360].

La législation postcoloniale paraît être comme un corps bien élaboré parce qu'empruntée parfois aux grandes traditions juridiques romanistes,

---

359 Cf. PIRON, P., *Supplément aux Codes congolais. Législation de la République démocratique du Congo 1960-1970. Avec des notes de concordance et de doctrine et des commentaires extraits des travaux préparatoires, des circulaires et instructions officielles. Fascicule I. Matières civiles, commerciales et pénales*, Bruxelles-Kinshasa, Maison Ferdinand Larcier, S.A. – Présidence de la République, 1970, p. 17.

360 GANSHOF VAN DER MEERSCH, W. J., *Les tendances constitutionnelles des Etats ayant accédé récemment à l'indépendance* (Extrait des Rapports généraux au VI° Congrès international de droit comparé. Hambourg, 30 juillet-4août 1962), Bruxelles, Bruylant, 1964, p. 633.

du common law, parfois du système politique libéral ou marxiste, de l'école française ou américaine. Cependant il convient d'affirmer que le droit congolais en général comme le droit belge qui est son modèle « font partie de la grande famille des systèmes juridiques français lorsque l'on prend en considération uniquement le droit moderne »[361]. La législation congolaise peut être parfois considérée par un analyste scrupuleux comme une simple déclaration d'intentions qui ne cadre pas avec les réalités sociopolitiques sur lesquelles elle porte, et pourtant la doctrine juridique congolaise est toujours située dans le contexte particulier congolais et parfois régional de l'Afrique postcoloniale. Le législateur expose souvent les motifs qui ont poussé à l'adoption d'une mesure législative ou réglementaire qui jette plus de lumière pour leur compréhension. Ces mobiles reconstituent tant soit peu le contexte socio-historique qui a vu naître la législation actuelle congolaise et permettent aux textes législatifs et réglementaires d'être le reflet du dynamisme de la vie juridique du pays.

En effet, nous nous contenterons de tracer les grandes évolutions de la législation congolaise postcoloniale en matière des religions et les doctrines juridiques qu'elle développe. La jurisprudence est peu abondante à ce sujet car la « question religieuse » est vite devenue dans les premières décennies de la période postcoloniale un enjeu majeur de la lutte de libération culturelle et politique, complète et définitive. Après l'indépendance politique du pays, la « *question religieuse* » s'est transformée en une question d'indépendance économique, sociale et culturelle des idéologies politiques révolutionnaires d'affirmation d'africanité. C'est le rejet et la condamnation de l'impérialisme colonial et sa prétention à la « *mission civilisatrice* ». Ainsi l'histoire sociopolitique postcoloniale du Congo pourrait être divisée en trois périodes : la première qui est celle de la recherche d'une structure politique indépendante ou de la libération politique ; la seconde qui est celle de la recherche de l'indépendance économique, sociale et culturelle par l'affirmation d'un Etat fort et indépendant qui conduisit à l'étatisme sous la dictature de Mobutu ; la troisième qui est celle de la recherche de l'avènement d'un Etat de droit.

La première décennie postcoloniale a été dominée dans l'histoire du droit congolais par la recherche d'une structure politique adaptée qui exigeait un réaménagement juridique. Comme l'indique le professeur Pauwels, « somme toute, cette odyssée du Zaïre est loin d'être unique

---

[361] PAUWELS, J.M., « Vingt années de législation zaïroise 1960-1980 », in *Penant*, 777 – 778, 1982, p. 8.

dans l'Afrique contemporaine : la constatation que le modèle constitutionnel légué par la métropole est inadapté se fit à peu près partout après quelques mois ou années d'expérience ; de même l'introduction d'un système présidentiel, le parti unique, l'option pour une seule assemblée parlementaire et la faiblesse des parlements, les sécessions, l'option pour l'unitarisme au détriment d'un régime fédéral, voilà des phénomènes que l'on rencontre souvent dans beaucoup de jeunes Etats africains »[362]. Cette décennie s'achève par l'implantation du monolithisme d'Etat qui conduisit à la dictature de Mobutu.

La deuxième décennie postcoloniale a été déterminée par l'affirmation de la politique du recours à l'authenticité, qui visait « non seulement la revalorisation de la civilisation traditionnelle et des valeurs ancestrales, mais aussi, surtout même, au revirement des mentalités dans le sens d'une décolonisation mentale »[363]. La *politique de l'authenticité* encourageait les Congolais à être avant tout eux-mêmes et non ce que les autres ont voulu qu'ils soient par la campagne de la « *mission civilisatrice* ». C'est durant cette période qu'eut lieu la crise entre l'Eglise catholique et l'Etat congolais.

La troisième décennie a été déterminée par la recherche de redressement de la situation sociale et économique causée par l'échec des révolutions intempestives engagées dans tous les domaines, et un rééquilibrage du discours nourri par un réalisme politique inavoué. Elle s'acheva par l'ouverture d'une crise politique causée par la fin du monolithisme d'Etat qui n'est pas loin de se terminer à nos jours.

C'est dans cette ambiance globale que la nouvelle législation congolaise des religions va naître, dans la négation totale de la « *mission civilisatrice* » et du monopole des « *missions nationales* », et la revalorisation de la civilisation traditionnelle africaine. Dans ce contexte historique agité de la formation de l'Etat par l'accession du Congo à l'indépendance[364], la question du droit à la liberté religieuse fut tour à tour reléguée au deuxième plan sous le régime démocratique ou ramenée au premier par la politique révolutionnaire.

La législation congolaise postcoloniale a été marquée par l'accession du pays à la souveraineté internationale. L'Etat devenant un sujet de droit

---

[362] *Ibidem*, p. , 10.
[363] *Ibidem*, p. 11.
[364] Cf. COMBACAU, J. et SUR, S., *Droit international public*, Paris, Montchrestien, 2001, p. 264.

international, ses options politiques ont déterminé sa nouvelle orientation juridique. La jeune République opta pour le constitutionnalisme comme son cadre juridique d'émergence. Ainsi la législation congolaise postcoloniale des religions trouve ses fondements dans le constitutionnalisme congolais comme fondement de toute l'architecture juridique du Congo.

En République démocratique du Congo, toutes les religions ont les mêmes droits et devoirs au regard de la loi et l'Etat est neutre en matière religieuse. L'Etat est laïc et il n'y a pas de religion d'Etat. Il y a une séparation de l'Eglise et de l'Etat. Par cette option politique, la puissance publique rejette le « *régime de coopération* » qui avait fait des « *missions nationales* » des « *Eglises officielles* ». Le « *régime de coopération* » condamnait beaucoup de religions à la clandestinité à cause du privilège de la « *mission civilisatrice* ». La puissance publique permit ainsi à toutes les religions et religiosités de prendre corps sous la forme institutionnelle. C'est ainsi que la loi des associations fut élaborée pour permettre cette institutionnalisation du religieux qui va ouvrir l'espace public national à toutes les religions. Cette ouverture engendrera une floraison d'institutions religieuses que l'Etat essayera d'arrêter sans succès par les lois sur l'exercice des cultes de 1971 et 1979.

La neutralité de l'Etat en matière religieuse ne signifie pas indifférence de l'Etat vis-à-vis du fait religieux en tant que fait de société dont l'Etat a la gestion. La religion comme fait de société intéresse aussi l'Etat. Ceci montre bien le champ dans lequel l'Église et l'État se côtoient quotidiennement, et qui demande un ordre, une réglementation des exigences de l'ordre public pour la cohésion de la société. Il appartient à l'État de créer un conditionnement juridique capable de « promouvoir et de protéger le respect universel des droits de l'homme et des libertés fondamentales... de veiller à ce que chaque être humain, où qu'il vive, jouisse de ces droits et de ces libertés »[365]. La notion de l'État de droit apparaît donc plus que jamais comme le meilleur garant des droits de la personne humaine.

La République démocratique du Congo n'est pas un Etat formé *ex nihilo* mais par voie de sécession de l'empire colonial belge[366]. En vertu du principe de la continuité de l'Etat, la République démocratique du Congo reste liée juridiquement à toutes les conventions, de droit interne

---

365 XXX, *Les Nations Unies et les droits de l'homme*, XXXe anniversaire, New York, Publication des Nations Unies, 1979, p. 1.
366 Cf. COMBACAU, J. et SUR, S., *op. cit.*, p. 264.

et de droit international, avec les missions religieuses ou avec le Saint-Siège comme héritage colonial appliqué à son territoire.

La législation congolaise postcoloniale des religions s'inscrit dans le corps juridique congolais caractérisé par la reconnaissance du droit colonial aussi longtemps qu'il n'est pas contraire aux nouvelles lois. En effet, la tradition constitutionnelle congolaise avait opté par principe pour la continuité juridique et ne fit pas *tabula rasa* du droit existant. L'article 2 alinéa 2 de la Constitution de transition de *Sun City* de 2003 dispose : « Toute loi non conforme à la présente Constitution est, dans la mesure où cette non-conformité a été établie par la Cour suprême de justice, nulle et non avenue. » Il s'avère clairement que le Congo reste lié juridiquement aux textes législatifs et réglementaires existant à la date d'entrée en vigueur de la Constitution de transition de *Sun City* de 2003. Par voie de conséquence, partant de ce principe de continuité juridique la République démocratique du Congo est liée aux institutions et associations religieuses de droit colonial d'une part, et par le droit conventionnel d'autre part. Il s'agit de la reconnaissance du droit international privé congolais vis-à-vis des associations religieuses[367].

---

367 Cf. DE BURLET, J., *Précis de droit international privé congolais*, Kinshasa – Bruxelles, Université Lovanium – Maison Fernand Larcier, 1971, p. 8.

Titre premier : Les fondements de la législation congolaise postcoloniale des religions

L'histoire de la législation congolaise postcoloniale a été focalisée pour une grande part sur la question de la légitimité du pouvoir laissant dans l'ombre d'autres secteurs du droit. L'Etat a été tenu prisonnier d'une classe politique qui s'est constituée autour du président Mobutu qui a fini par créer un fossé entre l'Etat et la société. La révolution de Mobutu, avec ses méthodes calquées sur les absolutismes marxistes, a fini par arracher la souveraineté au souverain primaire pour se l'approprier au nom d'un parti unique censé représenter la nation tout entière. Ce fut la mort des libertés et droits fondamentaux de l'homme, la subordination du droit à la politique et la radicalisation de l'absolutisme de l'Etat.

Nous essayerons de relever les grandes lignes de l'évolution de la législation congolaise des religions sous le seul aspect de la législation congolaise disponible car, sous la dictature de Mobutu, les décisions politiques du bureau politique du parti unique étaient exécutoires sans être expressément coulées sous forme de loi. Ces décisions appelées « *décisions d'Etat* » devenaient les fondements d'un droit révolutionnaire qui n'a jamais pris forme dans la réalité. L'ignorance de la loi et de ses droits par les justiciables d'une part et la peur de s'attaquer à la puissance publique sous la dictature de Mobutu d'autre part, n'avaient jamais permis aux justiciables de recourir à la justice par voie administrative. Dans ces conditions, la doctrine n'a pas pu être alimentée et la jurisprudence quasi-inexistante parce que le contentieux administratif n'est pas encore très développé en République démocratique du Congo. La vie juridique congolaise a été ponctuée par cette dictature indescriptible qui a plongé le pays dans l'anomie.

La tradition constitutionnelle congolaise a toujours accordé aux instruments juridiques internationaux une autorité supérieure à celle des lois. L'article 193 de la Constitution de transition de *Sun City* de 2003 dispose : « Les traités et accords internationaux régulièrement conclus ont, dès leur publication, une autorité supérieure à celle des lois, sous réserve, pour chaque traité ou accord, de son application par l'autre partie. » Les traités internationaux ratifiés par la République démocratique du Congo l'obligent donc en tant que règle positive du droit interne de l'Etat. Cette hiérarchie des normes établie par le constitutionnalisme nous donne le plan de la présentation des fondements de la législation congolaise postcoloniale à savoir : la liberté de religion dans les traités internationaux et la religion dans la législation interne congolaise.

Chapitre premier : La liberté de religion et les traités internationaux

L'adaptation de la législation interne aux instruments juridiques internationaux relatifs aux droits de l'homme ratifiés et leur application ne devrait pas rester des simples vœux pieux mais devrait être traduit par une pratique administrative et judiciaire conséquente en République démocratique du Congo. Au regard du caractère moniste de la législation congolaise, il faudrait arriver à créer un certain mécanisme d'adaptation ou d'application qui obligerait les pouvoirs publics à protéger les citoyens de toute violation des droits de l'homme. Le combat pour l'adaptation des textes juridiques et contre la cécité collective s'avère très important dans la mesure où l'accoutumance aux violations des droits de l'homme est normalisée par le règne de l'impunité qui s'est instauré dans le pays. Les instruments juridiques internationaux relatifs aux droits de l'homme ratifiés par la République démocratique du Congo l'obligent en tant que règles de droit interne. Aux sources nationales de la législation congolaise des religions, il faut ajouter les sources internationales.

En effet la ratification des instruments juridiques internationaux relatifs aux droits de l'homme répond à un « besoin fondamental, essentiel : préserver et développer les idéaux de l'homme qui ont fondé, inspiré la lutte pour l'indépendance de l'Afrique »[368]. Avec la succession des anciens pays colonisés à la souveraineté internationale, les Etats nouvellement indépendants firent leurs, les principes fondamentaux et les objectifs des instruments juridiques internationaux relatifs aux droits de l'homme. Comme le souligne M. Ahanhanzo, « ayant revendiqué la dignité de l'homme africain, son égalité en droit avec tous les hommes, ayant combattu au nom des droits civils et politique de l'Homme, comment les peuples d'Afrique pouvaient-ils ne pas insérer dans leur loi

---

[368] AHANHANZO, M-G., « Introduction à la Charte africaine des droits de l'homme et des peuples », in *Droit et Libertés à la fin du XXème Siècle. Etudes offertes à Claude-Albert Colliard*, Paris, Editions A. Pedone, 1984, p. 512.

fondamentale : la Constitution, les principes qui ont servi à leur libération… ? »[369].

Section 1. Déclaration universelle des droits de l'homme[370]

Bien que n'ayant pas une portée juridique positive, la Déclaration universelle des droits de l'homme du 10 décembre 1948 a fait l'objet d'une recommandation à l'assemblée générale des Nations Unies. La Charte des Nations Unies a été approuvée par la République Démocratique du Congo par sa publication dans le Journal officiel d'avril 1999. L'article 18 de la Déclaration universelle des droits de l'homme stipule : « *Toute personne a droit à la liberté de pensée, de conscience et de religion ; ce droit implique la liberté de changer de religion ou de conviction ainsi que la liberté de manifester sa religion ou sa conviction, seul ou en commun, tant en public qu'en privé, par l'enseignement, les pratiques, le culte et l'accomplissement des rites* ».

Section 2. Pacte international relatif aux droits civils et politiques[371]

Le préambule du Pacte du 16 décembre 1966 se fonde sur les principes énoncés dans la Charte des Nations Unies qui « impose aux Etats l'obligation de promouvoir le respect universel et effectif des droits et des libertés de l'homme ». A son article 2, le Pacte dispose : « Les Etats parties au présent Pacte s'engagent à respecter et à garantir à tous les individus se trouvant sur leur territoire et relevant de leur compétence les droits reconnus dans le présent Pacte, sans distinction aucune, notamment de race, de couleur, de sexe, de langue, de religion, d'opinion politique ou de toute autre opinion, d'origine nationale ou sociale, de fortune, de naissance ou de toute autre situation ». L'article 18 lie en un seul droit, le droit de la liberté de pensée, de conscience et de religion tout en l'expliquant :

« 1) Toute personne a droit à la liberté de pensée, de conscience et de religion ; ce droit implique la liberté d'avoir ou d'adopter une religion ou une conviction de son choix, ainsi que la liberté de manifester sa religion ou sa conviction, individuellement ou en commun, tant en public qu'en

---

[369] *Ibidem*.

[370] Cf. *Les Codes Larcier République Démocratique du Congo. Tome VI. Droit public et administratif. Vol. 1 – Droit public*, Bruxelles, Larcier – Afrique Editions, 2003, p. 310-312.

[371] Cf. *Ibidem*, p. 312-319.

privé, par le culte et l'accomplissement des rites, les pratiques et l'enseignement.

2) Personne ne subira de contrainte pouvant porter atteinte à sa liberté d'avoir ou d'adopter une religion ou une conviction de son choix.

3) La liberté de manifester sa religion ou ses convictions ne peut faire l'objet que des seules restrictions prévues par la loi et qui sont nécessaires à la protection de la sécurité, de l'ordre et de la santé publique, de la morale ou des libertés et droits fondamentaux.

4) Les Etats parties au présent Pacte s'engagent à respecter la liberté des parents et, le cas échéant, des tuteurs légaux de faire assurer l'éducation religieuse et morale de leurs enfants conformément à leurs propres convictions. »

Section 3. Charte africaine des droits de l'homme et des peuples[372]

Cette Charte a été adoptée lors de la 18ème conférence des chefs d'Etat de l'Organisation de l'unité africaine (OUA), le 26 juin 1981 à Nairobi au Kenya. Elle a été ratifiée par 50 des 53 pays membres de l'OUA parmi lesquels la République démocratique du Congo. L'article 8 dit : « *La liberté de conscience, la profession et la pratique de la religion, sont garanties. Sous réserve de l'ordre public, nul ne peut être l'objet de mesures de contrainte visant à restreindre la manifestation de ces libertés* ».

Section 4. Acte constitutif de l'Union africaine[373]

Le texte constitutif de l'Union africaine qui est devenu officiellement opérationnel le 26 mai 2001, réaffirme solennellement son engagement à l'égard de la Charte africaine des droits de l'homme et des peuples. Parmi les objectifs que s'est fixée l'Union en son article 3, il est dit : « *(h)* ***promouvoir*** *et* ***protéger*** *les droits de l'homme et des peuples conformément à la Charte africaine des droits de l'homme et des peuples et autres instruments pertinents relatifs aux droits de l'homme* ».

De tous ces textes, il ressort que le langage juridique dominant des Nations unies repose sur une notion universaliste de la laïcité. Au plan

---

[372] *Ibidem*, p. 324-29.
[373] EKOUE AMAÏZO, Y. (dir.), *L'Afrique est-elle incapable de s'unir ?*, Paris, L'Harmattan, 2002, p. 623.

international, l'ONU en se refusant, en principe, à toute discrimination religieuse, consacre la laïcité. Les instruments juridiques internationaux traitent de l'homme aux travers des Etats selon une idéologie égalitariste fondée sur l'unité de la nature de l'homme. Le droit qu'ils imposent est un droit inaliénable.

Il convient de noter qu'une Cour africaine des droits de l'homme et des peuples a été créée seulement le 9 juin 1998 et que la République Démocratique du Congo a ratifié le Protocole relatif à la Charte africaine portant création de la Cour africaine des droits de l'homme seulement en septembre 2001.

Chapitre deuxième : Les religions dans la législation interne congolaise

L'histoire du droit constitutionnel congolais est intimement liée à l'histoire politique du pays, de la Conférence de la « Table ronde de Bruxelles » à la Constitution de transition issue des Accords de Sun City du 1er avril 2003. L'histoire du constitutionnalisme au Congo nous fait découvrir les grandes orientations de la politique intérieure tantôt inspirée globalement de la tradition démocratique occidentale, tantôt inspirée de l'unitarisme politique révolutionnaire marxiste. Globalement il restait calqué sur le modèle néolibéral qui est sa principale source d'inspiration[374]. Ainsi l'histoire postcoloniale du droit congolais est ponctuée de trois moments : le premier moment est celui de la première République (1960-1965) avec la loi fondamentale et la constitution de Luluabourg (1964), le deuxième moment est celui de la deuxième République avec la constitution de 1967 révisée à plusieurs reprises (1967-1990) et le troisième moment est celui de la « transition démocratique » avec une multiplicité de textes constitutionnels (1990-2003).

Durant la première République, *la loi fondamentale* et la *constitution de 1964* furent inspirées par la constitution belge comme énonciation des grands principes et consécration du fédéralisme. La *constitution de 1967* consacrera l'unitarisme de la deuxième République avec sa tendance dictatoriale. Cette deuxième période sera caractérisée par l'instabilité constitutionnelle due au caractère hybride d'un Etat qui se veut

[374] Cf. CABANIS, A. et MARTIN, M. L., *Les constitutions d'Afrique francophone. Evolutions récentes*, Paris, Karthala, 1999, p. 29-30.

démocratique et révolutionnaire. La troisième période est marquée par la chute du monopartisme, l'abandon des idéaux progressistes et révolutionnaires, un retour à la démocratie pluraliste déclenché par le processus du 24 avril 1990. La *loi n°90-002 du 5 juillet 1990* portant révision de certaines dispositions de la Constitution consacra la nouvelle vague de démocratisation du pays en attendant l'élaboration d'une Constitution de transition[375]. Le pays entra dans une période de « transition démocratique » qui produisit une multiplicité de textes constitutionnels qui provoqua la confusion et le blocage du fonctionnement de l'Etat jusqu'à une guerre civile. Depuis cette date, l'Etat de droit forme le troisième principe autour duquel se rassemblent les Constitutions de transition du Congo[376]. Cette nouvelle reformulation idéologique se veut un rejet de l'influence révolutionnaire marxiste où le droit « n'est qu'une superstructure soumise à un projet politique. ...Dans cette perspective, la résurrection de l'Etat de droit fait d'abord figure de garantie accordée aux libertés, une notion protectrice des citoyens, mais en même temps moins exigeante que le concept de démocratie »[377].

Section 1. Les religions sous la « loi fondamentale »

§ 1. La valeur constitutionnelle de la loi fondamentale

La conférence belgo-congolaise communément appelée la « Table ronde politique » eut lieu à Bruxelles du 20 janvier 1960 au 20 février 1960. Ce fut un forum politique et un organe décisionnel convoqué par la Belgique en y associant quelques Congolais pour réfléchir sur les grandes étapes de l'émancipation du Congo. « Elle fut, écrit M. Ganshof Van Der Meersch, la source des décisions essentielles qui furent prises dans ce domaine : fixation de la date de l'indépendance, élections législatives et provinciales, régime transitoire jusqu'à l'indépendance, structures politiques du nouvel Etat, relations futures entre la Belgique et le Congo »[378]. La conférence prit l'engagement de traduire ses résolutions en une « *loi fondamentale* » qu'elle soumet au Parlement pour amendement et reformulation. D'où le caractère constitutionnel que les historiens du droit congolais ont toujours attribué à la « *loi*

---

[375] Cf. « Constitution de la République du Zaïre telle que modifiée par la loi n° 90-002 du 5 juillet 1990 », in *Journal officiel*, Numéro Spécial, 1990, 60 p.
[376] Cf. KILENDA KAKENGI BASILA, J-P., « Le contrôle de la constitutionnalité des lois au Zaïre. Situation actuelle et perspective d'avenir », in *R.J.P*, 3, 1996, p. 312.
[377] *Ibidem*, p. 64.
[378] PAUWELS, J. M., *art. cit.*, p. 316.

fondamentale » en tant que législation de transition du Congo postcolonial[379].

La « *loi fondamentale* » fut une loi belge pour la nouvelle administration du Congo. Il s'agissait de créer un cadre juridique provisoire qui serait capable de donner au nouvel Etat une législation plus représentative des populations congolaises et qui aurait pour mission de doter le pays d'un nouveau régime constitutionnel de son choix. A ce moment-là, le Congo n'est pas encore « un Etat au sens du droit international, la fin de la situation coloniale ne pouvait pas se réaliser par un instrument international »[380]. Le droit colonial belge n'avait jamais prévu un cadre juridique transitoire ouvrant sur une hypothèse d'autonomie ou d'indépendance de ses territoires d'outre-mer. La Belgique, poussée sur la voie de la décolonisation par la pression internationale, convoquera la « Table ronde de Bruxelles » pour doter le Congo d'un régime transitoire qui le conduira à l'indépendance. Pour M. Debbasch, le Congo est « devenu indépendant par la volonté de la Belgique, par une procédure de droit interne, ... La loi fondamentale qui lui tient lieu de Constitution n'est que provisoire. Elle est en même temps la dernière forme de la présence belge au Congo »[381]. Ainsi me semble-t-il que la république est née au Congo avec la promulgation de la première Constitution car le Congo a cessé d'être régi par la « *loi fondamentale* » qui était une loi foncièrement belge. Comme l'indique M. Ganshof Van Der Meersch : « La loi fondamentale instituait un système de caractère provisoire. Ce sont les Congolais eux-mêmes qui allaient devoir décider de leur régime constitutionnel définitif. Mais, dès la proclamation de l'indépendance, il fallait nécessairement mettre en place des institutions permettant au jeune Etat de fonctionner normalement au cours de la période qui allait précéder l'entrée en vigueur de la Constitution du Congo »[382].

§ 2. La liberté de religion dans la loi fondamentale

La « *loi fondamentale* » fut promulguée en deux étapes : la loi fondamentale du 19 mai 1960 relative aux structures du nouvel Etat[383] et

---

379 Cf. DE JULEMONT, V., « La nouvelle Constitution de la République Démocratique du Congo », in *RJC*, N° spécial, 1965, p. 59.
380 DEBBASCH, Ch., « Le problème constitutionnel congolais », in *RDPSP*, 1, 1962, p. 28.
381 *Ibidem*.
382 GANSHOF VAN DER MEERSCH, W. J., *op. cit.*, p. 330.
383 Cf. *Moniteur congolais*, 21 bis, 1960, p. 1535-1583.

la loi fondamentale du 17 juin 1960 relative aux libertés publiques[384]. La loi fondamentale du 19 mai 1960 proclame en son article 6 que « le Congo constitue, dans ses frontières actuelles, un Etat indivisible et démocratique ». La « *loi fondamentale* » ne formule pas expressément la règle de la laïcité mais garantit la liberté de manifester sa religion et sa conviction[385].

L'article 1er de la « *loi fondamentale* » du 17 juin 1960 pose le fondement de toute loi et en donne explicitement l'objet, les motivations et les grandes orientations. Sa teneur aurait pu revêtir la forme d'un préambule[386].

« La présente loi traduit l'indéfectible attachement des populations congolaises aux droits de l'homme et aux principes de la démocratie.

Elle s'inspire de leur primordial souci d'assurer le respect de la personne humaine sans distinction de race, de couleur, de sexe, de langue, de religion, de nationalité, d'opinion ou autre, d'origine sociale, de fortune, de naissance ou de toute autre situation. »

Elle a pour but de définir les droits dont les individus jouissent au Congo et dont les autorités doivent assurer le respect ou favoriser la réalisation.

Cet article jette les fondements de la loi congolaise et révèle clairement ses sources : la *Déclaration universelle des droits de l'homme*, la *Convention de sauvegarde des droits de l'homme et des libertés fondamentales* du 4 novembre 1950 et d'autres textes des constitutions des Etats modernes.

Le droit à la liberté de conscience et de religion est formulé d'une manière explicite à l'article 12 de la même loi et fonde implicitement le droit à la liberté religieuse :

« 1) Toute personne a droit à la liberté de pensée, de conscience et de religion, à la liberté de changer de religion ou de conviction, ainsi que la liberté de manifester sa religion ou sa conviction individuellement ou collectivement, en public ou en privé, par le culte, la propagation, l'enseignement, les pratiques et l'accomplissement des rites.

---

384 Cf. *Moniteur congolais*, 26, 1960, p. 1916-1922.
385 Cf. GANSHOF VAN DER MEERSCH, W. J., *op. cit.*, p. 646.
386 Cf. *Ibidem*, p. 324.

2) Aucun élève d'un établissement d'enseignement ne sera astreint à suivre des cours d'instruction religieuse, à participer à une cérémonie religieuse ou à prendre part à un culte procédant d'une religion autre que la sienne.

3) Les dispositions ci-dessus ne font pas obstacle à l'application des mesures prévues par la loi ou les édits pour répondre aux nécessités imposées dans une société démocratique par la sécurité publique, la protection de l'ordre, de la santé ou de la morale publique ou de celle des droits et libertés d'autrui. »

Section 2. La religion en droit constitutionnel congolais

L'histoire du droit constitutionnel congolais reste tributaire des grands bouleversements politiques de l'histoire du pays. Les constitutions congolaises « reflètent davantage les objectifs structurels que la protection de la liberté et des droits ; il s'agit plus d'édifier le pouvoir et de le défendre que de le limiter »[387]. La structuration de l'Etat congolais paraît être la première préoccupation des constituants. Fidèle à la technique traditionnelle française comme tous les autres pays francophones africains, les Constitutions congolaises sont généralement précédées d'un préambule inspiré de celui de la Constitution française de 1946 et de la conception marxiste[388]. Malgré les modifications enregistrées, les Constitutions congolaises ont gardé un même plan structurel emprunté aux textes constitutionnels modernes composés d'un préambule et d'un corps du texte. Les deux parties de la Constitution ont-elles la même valeur légale ? Quelle est la valeur juridique que le droit constitutionnel congolais accorde au préambule par rapport au corps du texte constitutionnel ?

§ 1. La valeur juridique du préambule en droit constitutionnel

I. Les motivations historiques des préambules

Dans l'institution du régime constitutionnel au Congo, le préambule traduit les conditions particulières de l'existence du peuple congolais et ses aspirations politiques profondes. Depuis la fin de la seconde guerre mondiale, avec la Déclaration Universelle des droits de l'Homme en 1948, le mouvement de décolonisation n'était pas un problème de rapport

---

387 *Ibidem*, p. 689.
388 RIVERO, J., *Les libertés publiques. Tome 1. Les droits de l'homme*, Paris, PUF, 1997, p. 82-83.

entre la Belgique et le Congo mais un problème de politique internationale. L'assemblée générale de l'O.N.U proclamait la nécessité de mettre rapidement et inconditionnellement fin au colonialisme. Les Constitutions des nouveaux Etats africains vont être élaborées selon des systèmes préconçus, dans une certaine confusion de recherche d'équilibre entre les pressions de deux blocs (capitalisme et socialisme) qui se partagent l'influence du monde, et dans un élan de solidarité entre eux et l'éveil d'une conscience africaine par l'affirmation des identités nationales. « La tendance fondamentale que traduit le régime des Etats nouveaux, à la suite de l'éveil d'une conscience africaine, est l'affirmation de l'indépendance et de la souveraineté. C'est là l'aspiration fondamentale à laquelle vient parfois se joindre la solidarité africaine sur le plan de l'idéologie politique ou de la coopération économique »[389].

Cette influence des Nations Unies sur le mouvement de la décolonisation se traduit par l'attachement des nouveaux Etats à la Déclaration Universelle des droits de l'Homme, à savoir que « la reconnaissance de la dignité inhérente à tous les membres de la famille humaine et de leurs droits égaux et inaliénables constitue le fondement de la liberté, de la justice et de la paix »[390]. Le droit des Etats nouvellement indépendants fut considéré comme un droit révolutionnaire par son rejet du colonialisme et du « *mythe civilisateur* » qui en était le fondement, avec sa tendance à opérer un retour aux valeurs traditionnelles africaines par l'affirmation de l'unité culturelle et spirituelle du monde noir. On s'efforça d'exprimer le rêve de l'unité culturelle et spirituelle africaine dans les préambules des Constitutions par l'attachement à Dieu, aux Ancêtres et à l'Organisation de l'Unité africaine[391]. A l'exception du Préambule de la Constitution de transition de *Sun City* du 1er avril 2003, la tradition constitutionnelle congolaise évoquait le concept de Dieu dans le préambule sans que cela affecte en rien l'organisation politique de l'Etat mais pour traduire un aspect culturel du Peuple congolais. C'est tout ce contexte historique qui nourrit les motivations politiques qu'expriment les textes introductifs condensés dans le préambule des différentes constitutions, les projets politiques qui se veulent radicaux et historiques brisant avec un ordre politique ancien désavoué. A ce titre, le Préambule a une valeur juridique doctrinale et fait partie des principes généraux de droit du nouvel ordre juridique.

Le préambule de la Constitution du 1er août 1964 dispose :

---

389 *Ibidem*, p. 650-651.
390 Préambule de la Déclaration Universelle des droits de l'homme du 10 décembre 1948.
391 PAUWELS, J.M., *art. cit.*, p. 9.

« Proclamant notre adhésion à la Déclaration Universelle des Droits de l'homme ;

Soucieux de sauvegarder les valeurs qui nous sont propres et de garantir à la famille, base naturelle de toute société humaine, une protection naturelle de toute société humaine, une protection particulière des pouvoirs publics de manière à en assurer la cohésion et la stabilité ;

Affirmant notre détermination de consolider notre unité nationale dans le respect de nos particularités régionales, en vue de promouvoir, dans la voie de la justice, notre bien-être matériel, notre épanouissement moral et spirituel ;

Nous Peuple congolais, Conscient de nos responsabilités devant Dieu, la Nation, l'Afrique et le Monde ;

Déclarons solennellement adopter la présente Constitution »[392].

Le préambule de la Constitution du 24 juin 1967 abonde dans le même sens en traduisant le nouveau contexte politique du parti unique comme système politique et de la volonté de solidarité des pays d'Afrique nouvellement indépendants.

« Nous, Peuple congolais,

Proclamant notre adhésion à la Déclaration Universelle des Droits de l'Homme ;

Convaincu qu'il n'y a point de grandeur dans la servitude et la dépendance ;

Convaincu que la seule mobilisation des masses, sous l'égide d'un gouvernement révolutionnaire, peut nous permettre de garantir notre indépendance économique, de promouvoir les valeurs qui nous sont propres et de consolider l'unité et l'intégrité nationales ;

Mû par la volonté d'assurer à chacun une part équitable des richesses nationales ainsi que le bien-être matériel et de créer les conditions propices à l'épanouissement moral et spirituel de tous les citoyens ;

---

[392] Constitution de la République Démocratique du Congo du 1er août 1964, in *Moniteur congolais*, Numéro spécial du 1er août 1964, p. 1-2.

Convaincu que les peuples d'Afrique ne pourront se libérer totalement de l'emprise étrangère que par la voie de l'Unité Africaine ;

Conscient de nos responsabilités devant Dieu, la Nation et l'Afrique ;

Déclarons solennellement adopter la présente Constitution »[393].

Le monopartisme instauré par le régime Mobutu va se radicaliser et le parti-unique va s'identifier à l'Etat. La doctrine politique du parti-Etat devient le fondement philosophique du monisme juridique qui nécessitait une révision de la Constitution du 24 juin1967, qui tiendrait compte du nouveau paysage politique du pays. Le préambule de la Constitution révisée du 15 août 1974 exprime la nouvelle orientation politique :

« *Nous, Peuple Zaïrois, réuni au sein du Mouvement Populaire de la Révolution ;*

Guidé par le Mobutisme ;

Convaincu de nos options fondamentales telles que définies dans le Manifeste de la N'Sele ;

Conscient que la seule politique de recours à l'authenticité nous permet d'affirmer notre personnalité, de réaliser nos objectifs et de contribuer efficacement à la civilisation de l'universel ;

Mu par la volonté de garantir l'unité et l'intégrité territoriale, d'assurer à chacun le bien-être matériel et de créer les conditions propices à l'épanouissement moral et spirituel de tous les Zaïrois ;

Convaincu que seule la mobilisation des masses, sous l'égide du Mouvement Populaire de la Révolution, permet au peuple zaïrois de garantir son indépendance politique, économique, sociale et culturelle ;

Convaincu qu'il n'y a point de grandeur dans la servitude et la dépendance ;

Convaincu que les peuples d'Afrique ne pourraient se libérer totalement de l'emprise étrangère que par la voie de l'unité africaine ;

---

393 *Moniteur congolais*, 14, 1967, p. 564-565.

Proclamant notre adhésion à la Déclaration des Droits de l'Homme ;

Conscient de nos responsabilités devant Dieu, les ancêtres, l'Afrique et le Monde ;

Déclarons solennellement adopter la présente Constitution »[394].

Ce dernier préambule sera repris dans toutes les constitutions révisées ultérieurement jusqu'à la fin du monopartisme et l'ouverture politique du pays au multipartisme et à la démocratie le 24 avril 1990. Depuis cette date, le Congo est entré dans une ère de transition politique qui a du mal à dépasser une instabilité politique permanente.

La Constitution issue de la Conférence nationale souveraine marquera un tournant décisif dans l'histoire du droit congolais par son rejet de l'étatisme dictatorial du parti unique instauré par Mobutu et son attachement à l'instauration de l'Etat de droit où l'individu est le centre de l'organisation sociale. Le Préambule de cette nouvelle Constitution donne une nouvelle ossature juridique à la nouvelle organisation de l'Etat qui marque l'aube de la fin de l'ère Mobutu.

« *Nous, Peuple congolais,*

Uni par le destin et l'histoire,

Réaffirmant notre adhésion à la Déclaration Universelle des Droits de l'homme et à la Charte Africaine des Droits de l'homme et des Peuples ;

Constatant que pendant longtemps l'amour de la patrie n'a pas été considéré comme une valeur sublime et que l'individualisme, le népotisme, le clanisme, le tribalisme et le régionalisme ont, par leurs multiples vicissitudes, provoqué la négation et l'inversion générale des valeurs et la faillite du pays ;

Convaincu qu'il n'y a point de grandeur dans la désunion, la servitude et la dépendance et que seules les valeurs d'égalité, de justice, de liberté, de travail et de solidarité peuvent fonder une nation unie, fraternelle et puissante ;

---

394 *Journal officiel*, 5, 1978, p. 11.

Proclamant notre attachement à la vision communautaire africaine et au respect de la liberté de l'individu, centre de l'organisation sociale et du développement intégral de la communauté nationale ;

Affirmant notre détermination de consolider l'unité nationale dans le respect de nos particularités régionales, en vue de promouvoir notre bien-être matériel commun, notre épanouissement moral et spirituel ;

Conscient de nos responsabilités devant Dieu, la Nation, l'Afrique et le Monde ;

Déclarons solennellement adopter la présente Constitution. »[395]

Le Préambule de la Constitution de transition dénommée « *Acte constitutionnel de la transition* »[396] continue la tradition constitutionnelle d'évocation de Dieu. Le Préambule de la Constitution de la transition de *Sun City* du 1er avril 2003 brise avec la tradition protocolaire des préambules révolutionnaires des constitutions de la deuxième République où Dieu était cité[397].

II. La valeur juridique du préambule

L'histoire du constitutionnalisme congolais enregistre deux courants d'interprétation de la valeur juridique à accorder au préambule de la Constitution. La première tendance fait du préambule une règle du droit positif et constitue par le fait même un des éléments du bloc de la constitutionnalité. La deuxième tendance veut voir dans le préambule une déclaration des principes généraux de droit.

1°. Elément de la constitutionnalité

La *loi fondamentale* du 17 juin 1960 relative aux libertés publiques ne dispose pas de préambule mais l'histoire du constitutionnalisme congolais a toujours considéré que l'article 1er de cette loi constituait un préambule pour le corps du texte. Le premier alinéa de l'article 1er dispose : « La présente loi traduit l'indéfectible attachement des

---

395 *Constitution. Conférence nationale souveraine*, Kinshasa, Palais du Peuple, 1992, p. 5.

396 « Acte constitutionnel de la transition », in *Journal officiel*, n° spécial, 1994, p. 9.

397 « Constitution de la transition », in *Les Codes Larcier République démocratique du Congo. Tome VI. Droit public et administratif – Vol. 1. – Droit public*, Bruxelles, Larcier – Afrique Editions, p. 3.

populations congolaises aux droits de l'homme et aux principes de la démocratie ». Les constituants de cette époque ont voulu faire du préambule un article du droit positif en l'incorporant dans le corps du texte de la Constitution. Pour M. Ganshof Van Der Meersch, « dans l'article 1er de la loi du 17 juin 1960 se trouve à la fois la justification de la loi, son objet et sa philosophie. Sa teneur aurait pu revêtir la forme d'un préambule »[398]. Cette loi est une ratification implicite de deux instruments juridiques internationaux par le Congo et fait par conséquent de la *Déclaration Universelle des droits de l'homme* et de la *Convention de Sauvegarde des droits de l'homme et des libertés fondamentales* des règles du droit positif congolais.

Contrairement à la tradition constitutionnelle de la deuxième République, la Constitution de transition de *Sun City* de 2003 accorde une valeur constitutionnelle à tous les instruments juridiques internationaux ratifiés par le Congo et fait du préambule un élément du bloc de constitutionnalité. Le préambule de la Constitution de transition de *Sun City* dispose : « réaffirmant solennellement notre attachement aux principes de la démocratie et des droits de l'Homme tels qu'ils sont définis par la Déclaration universelle des droits de l'Homme de décembre 1948, la Charte africaine des droits de l'Homme et des Peuples adoptée le 18 juin 1981, ainsi que tous les instruments juridiques internationaux et régionaux adoptés dans le cadre de l'organisation des Nations unies et de l'Union africaine, dûment ratifiés par la République démocratique du Congo ; ... ».

Ce texte qui est beaucoup plus récent révèle clairement la détermination des constituants congolais d'en finir avec les dérives de l'étatisme et leur attachement à l'avènement d'un Etat de droit ; elle accorde aux textes extérieurs à la Constitution une valeur constitutionnelle.

2°. Principes généraux de droit

Dès le début du constitutionnalisme, les constituants congolais ont toujours voulu donner au préambule une portée juridique bien précise de déclaration de principes. Le préambule est « conçu comme une

---

[398] GANSHOF VAN DER MEERSCH, W. J., *op. cit.*, p. 324.

déclaration de principes. Il ne s'agit donc pas, à proprement parler, de règles de droit positif »[399].

La tradition constitutionnelle congolaise a toujours consacré un préambule qui se réfère à la Déclaration universelle des droits de l'homme du 10 décembre 1948, à la Charte africaine, à la politique d'affirmation de la conscience africaine. La référence à « Dieu » dans le préambule n'est pas une consécration d'une religion d'Etat mais une déclaration d'une vision du monde propre aux cultures congolaises. C'est plus un attachement culturel que la manifestation d'une conviction religieuse qui serait celle de l'Etat. Un commentaire du préambule de la Constitution de 1967 précise : « On y notera cependant que le mot 'Dieu', qui y figure, n'implique nullement la reconnaissance d'une quelconque religion d'Etat, pas plus d'ailleurs qu'il ne s'oppose à la liberté d'opinion philosophique, ou à l'athéisme. Le préambule enregistre là simplement la croyance en un Etre suprême à laquelle participe la quasi-totalité des Congolais »[400].

Le préambule donne une certaine orientation à tout le corps de la Constitution. C'était devenu plus qu'un objectif depuis l'indépendance du pays de « mettre les institutions nationales en concordance avec les aspirations culturelles d'une jeune Afrique qui ne veut, ni renier son passé ancestral, ni ignorer l'épisode colonial, mais qui a choisi sa vocation propre à partir de ce donné historique »[401]. L'indépendance politique veut se traduire en une indépendance juridique par la formation d'un droit mixte qui veut intégrer la culture congolaise ignorée par le droit colonial au nom de « la mission civilisatrice » dans l'histoire postcoloniale du pays. L'indépendance caractérise l'existence même de tout Etat et constitue le fondement de l'ordre juridique nouveau du pays[402]. Cette indépendance se caractérise par la formation d'un droit qui se définit comme un mouvement d'africanisation du contenu du droit dans une constante recherche des structures, des normes, des procédures

---

399 « Mémoire explicatif du projet de Constitution établi sur base du texte de l'avant projet présenté au Président de la République et sur base des discussions de la Commission politique du Gouvernement », in *Moniteur Congolais*, 14, 1967, p. 551.

400 *Ibidem*, p. 551.

401 KALONGO MBIKAYI et NDESYO RURIHOSE, « Le recours à l'authenticité et le droit zaïrois », in *RJZ*, 3, 1976, p. 43.

402 Cf. BALANDA, G., *Le nouveau Droit Constitutionnel Zaïrois*, Paris, NEA, 1972, p. 24.

conformes à notre civilisation et propre à la situation présente de la vie de notre société[403].

Si les Etats nouvellement indépendants veulent affirmer leur indépendance juridique et rejettent toute forme d'aliénation culturelle, qui était un aspect de la « *mission civilisatrice* », ils ne récusent pas l'aspect social, économique, technique de la « *civilisation* ». En effet, le désir de rechercher le bien-être matériel, l'épanouissement moral et spirituel du Préambule paraît être plus un simple vœu qu'une règle de droit.

Le préambule traduit donc l'idéal que l'Etat se propose de réaliser et son engagement de s'y conformer sans pour autant en faire une règle positive du droit. Il constitue un ensemble de déclarations des principes qui traduisent les préoccupations politiques de l'Etat et sont considérées comme des principes généraux de droit congolais par le constitutionaliste Gérard Balanda[404].

§ 2. Du « privilège de civilisation » au « principe du recours à l'authenticité »

Après l'indépendance, la question de la liberté religieuse a toujours été posée dans le cadre de l'évolution politique du pays. Le droit postcolonial se veut être un instrument de l'indépendance effective et réelle du pays, de lutte contre le colonialisme, de libération avec une tendance à opérer un recours aux valeurs traditionnelles africaines. A ce propos M. Muholungu indique que « le droit, en tant que traduction normative de la vision du monde d'un peuple, est toujours un instrument privilégié de l'idéologie. Le droit colonial permettait au colonisateur d'atteindre ses objectifs d'asservissement, de domination et d'exploitation des colonisés. Il ne pouvait pas cadrer avec la mentalité et les aspirations des peuples autochtones. L'indispensable révolution judiciaire aura naturellement le recours à l'authenticité comme fondement idéologique. Il faudra chercher dans nos coutumes et traditions les principes juridiques de base capable de sous-tendre un droit authentique, tout en se conformant aux impératifs du développement »[405].

---

[403] Cf. KALONGO MBIKAYI et NDESYO RURIHOSE, *art. cit.*, p . 44.

[404] Cf. BALANDA, G., *op. cit.*, p. 40.

[405] MUHOLUNGU MALUMALU, A., *La politique du recours à l'authenticité au Congo-Zaïre sous le régime de Mobutu (1965-1997),* Thèse de doctorat, Université Pierre Mendes France de Grenoble, 1999, p. 337.

Dans le constitutionnalisme congolais, la question de liberté religieuse a été liée à la question coloniale de la « *mission civilisatrice* » à laquelle les missions religieuses chrétiennes étaient intimement liées. Avec l'indépendance, tombait le principe du « *privilège de civilisation* », fondement du droit colonial, qui brimait la liberté des populations indigènes et des associations qui n'entraient pas dans la ligne de l'idéologie coloniale. Le jeune Etat congolais voulait à tout prix protéger sa souveraineté pour garantir son indépendance politique chèrement acquise au prix d'énormes sacrifices. C'est ainsi que toutes les questions auxquelles se confrontait le jeune Etat étaient perçues par la puissance publique à travers le prisme de la souveraineté, de l'autorité de l'Etat et de la désaliénation mentale des peuples colonisés pour les libérer de la servitude du colonialisme. Ainsi la préoccupation majeure constante que l'on peut relever dans l'histoire du droit constitutionnel congolais est celle de la primauté de l'organisation du fonctionnement des institutions ou mieux de l'organisation de l'Etat que l'instauration d'un Etat de droit qui garantit les libertés et les droits fondamentaux à ses citoyens.

I. Le principe constitutionnel de souveraineté

L'histoire récente du pays nous montre combien le principe constitutionnel de souveraineté ou d'indépendance de la première et la deuxième République a conduit le pays à l'idéologie étatiste du parti unique où les droits et libertés fondamentaux furent réprimés. La question de la souveraineté était liée à la question de la sécurité de l'Etat. L'alinéa 3 de l'article 30 de la Constitution de 1964 précise que les associations, groupements et partis politiques doivent respecter les principes de la souveraineté, de la démocratie et les lois de la République[406]. Ainsi le décret-loi du 28 novembre 1964[407] accorde au ministre de l'Intérieur la compétence de dissoudre les associations, groupements et partis politiques ne se conformant pas à l'alinéa 3 de l'article 30 déjà cité. Le principe constitutionnel de souveraineté garantit l'indépendance politique du pays. Le premier alinéa de l'article 1er de la Constitution de 1964 dispose : « La République Démocratique du Congo constitue, dans ses frontières du 30 juin 1960, un Etat souverain, indivisible, démocratique et social ».

Sous la deuxième République, la Constitution de 1967 plusieurs fois modifiée, et l'Acte constitutionnel de la transition de 1994 consacre le souverainisme comme principe constitutionnel dans le préambule aux

---

[406] Cf. *Moniteur congolais*, Numéro spécial du 1er août 1964, p. 5.
[407] Cf. *Moniteur congolais*, 2, 1965, p. 16-17.

textes constitutionnels. En effet les constituants congolais de la première et de la deuxième République considéraient le souverainisme comme fondement juridique de l'indépendance du pays. Ainsi pour M. Balanda, « au lendemain de l'accession du Congo à la souveraineté internationale, le principe d'indépendance avait plutôt la consonance, était le symbole de la rupture avec le passé colonial : c'était donc une coloration politique »[408]. L'idéologie souverainiste deviendra une idéologie phare du parti unique, le Mouvement Populaire de la Révolution (M.P.R.), dans ses options fondamentales, qui voulait faire du Zaïre un pays réellement indépendant et voulait restaurer l'autorité de l'Etat et son prestige international[409].

Sous la deuxième République, le principe souverainiste va dépasser les contours politiques pour s'affirmer davantage comme rupture avec l'ordre colonial et recherche d'une indépendance non seulement politique mais aussi économique, sociale et culturelle. L'idéologie souverainiste affirmera un nationalisme radical qui se traduira dans la conception politique d'un Etat fort et indépendant. Le régime constitutionnel était préoccupé par les problèmes concrets que pose la structuration de l'Etat, à la place du service de bien commun auquel doivent se vouer les pouvoirs publics.

Le principe constitutionnel de souveraineté ou d'indépendance est un principe de lutte contre l'impérialisme et le colonialisme, lutte dans laquelle s'étaient engagés les Etats nouvellement indépendants. « En effet, écrit M. Nguza, la souveraineté des Etats est l'expression juridico-politique de l'irréductibilité des peuples et des nations. C'est justement puisque les peuples sont irréductibles les uns aux autres qu'il existe plusieurs Etats. L'irréductibilité des peuples ne s'explique que parce que chaque peuple est authentiquement lui-même aux plans idéologique, historique, culturel et géographique. C'est pourquoi, nous sommes opposés à tous ceux qui foulent aux pieds l'indépendance politique, économique et culturelle des autres Etats »[410].

Dans le contexte de décolonisation, le souverainisme a fini par trouver dans la laïcité un attribut du pouvoir en tant que libération de l'Etat de l'emprise des lobbies religieux qui ont beaucoup influencé les politiques religieuses coloniales. L'Etat exerce son pouvoir souverainement et doit

---

408 BALANDA, G., *op. cit.*, p. 24-25.

409 Cf. REPUBLIQUE DU ZAIRE – MOUVEMENT POPULAIRE DE LA REVOLUTION, *Manifeste de la N'sele*, Domaine de la N'Sele, 1967, p. 5.

410 NGUZA KARL – I – BOND, « Dix ans de pouvoir : Idées-forces du Mobutisme », in *Studia diplomatica*, 1, 1976, p. 22.

se démarquer de toutes les Eglises et les groupes religieux dont l'action a été plus déterminante à l'époque coloniale. Le combat de la laïcité de l'Etat était aussi un autre aspect de la lutte politique de libération. Ainsi la laïcité devenait une exigence et un attribut de la souveraineté de l'Etat.

II. L'étatisme

En effet, dès 1967 à 1974, la Constitution fut adaptée aux nouvelles orientations idéologiques de l'unitarisme politique du parti unique, le Mouvement Populaire de la Révolution (M.P.R), où les faits découlant de l'exercice et des nécessités du pouvoir débordaient sans cesse les règles constitutionnelles[411]. La Constitution fut successivement révisée et taillée sur mesure selon les options fondamentales du M.P.R qui devenait source de droit[412]. Comme l'indiquent MM. Kalongo et Ndesyo, « L'Etat, mieux, le Mouvement Populaire de la Révolution, source de légalité, ... a alors décidé de sonder le génie créateur de notre peuple pour établir des règles de conduite conformes à la mentalité juridique africaine »[413].

Le peuple souverain se confondait avec le parti car le peuple était politiquement organisé au sein du parti. L'individu cessait d'exister au profit du parti unique. Le parti M.P.R est la seule et unique organisation politique au Zaïre. Son existence et sa légitimation sont consacrée par la Constitution qui dispose en ses articles 28 et 29 : « En République de Zaïre, il n'existe qu'une seule institution, le Mouvement populaire de la Révolution qu'incarne son président. Le Mouvement populaire de la Révolution est la Nation zaïroise organisée politiquement » (art. 29). Dans ces conditions, la dictature de la deuxième République violait le droit à la liberté de pensée et de conscience qui relève du for interne de la personne humaine. Comme le dit M. Lunda Bululu, « en vertu de cette disposition, le peuple zaïrois pris dans son ensemble et dans chacun de ses composants, c'est-à-dire le citoyen zaïrois, est constitutionnellement affilié au parti, il n'est plus exigé de lui un engagement politique individuel »[414].

En plus, il n'existait plus d'opinion publique encore moins de liberté d'opinion car « dès lors toutes les idées, tous les soucis, toutes les

---

[411] Cf. LAMY, E., « Bilan actuel de l'intégration du droit zaïrois et ses perspectives d'avenir », in *RJZ*, n° spécial, 1974, p. 128-131.

[412] Cf. *Manifeste de la N'Sele*, Domaine de la N'Sele, 1967, 34 p.

[413] KALONGO MBIKAYI et NDESYO RURIHOSE, « Le recours à l'authenticité et le droit zaïrois », in *RJZ*, 3, 1976, p. 40.

[414] LUNDA BULULU, *La conclusion des traités en droit constitutionnel zaïrois. Etude de droit international et de droit interne*, Bruxelles, Bruylant, 1984, p. 327.

préoccupations du peuple tout entier et de chaque Zaïrois individuellement convergeaient vers le Président de la République et vers lui seul, devenant ainsi le noyau de l'opinion nationale »[415]. C'était la consécration constitutionnelle de la dictature. La Constitution était pleine de contradictions dont la plus évidente, dans le cas précis, est la garantie des droits fondamentaux en certains articles et leur négation dans d'autres. Peut-on dire qu'il y a la liberté d'opinion là où il n'existe qu'une opinion nationale, celle du président de la République ?

La Constitution devenait plus un instrument juridique au service du pouvoir qu'une limitation de l'organisation du pouvoir. « Le droit constitutionnel, écrit M. Lamy, ne revêt plus le caractère stable mais présente une mobilité et un opportunisme qui permettent aux objectifs du pouvoir d'avancer rapidement sans devoir trop suivre les limites et les rigueurs de la Constitution »[416]. Dans ces conditions où les libertés publiques n'étaient pas effectivement reconnues aux individus, il n'est pas étonnant que tous les pouvoirs se concentrent sur le chef suprême de la République. La Constitution de 1974 dispose donc en son article 30, alinéa 1, que : « Le président du Mouvement populaire de la Révolution est de droit président de la République et détient la plénitude de l'exercice du pouvoir ». Comme l'indique M. Pauwels, « c'est la Constitution du 15 août 1974, modifiant profondément celle de 1967, qui non seulement achevait la prédominance absolue du M.P.R. mais qui élevait également le pouvoir du Président à son apogée »[417].

En réalité l'institutionnalisation du Parti fit beaucoup de tort à la législation du pays, à cause de ses multiples contradictions. Comme l'indique M. Kengo-wa-Dondo, « Après l'institutionnalisation du Parti, notre pays a subi une réforme d'envergure qui a révolutionné ses institutions et tout son droit public »[418]. Après la promulgation de la loi n° 70-001 du 23 décembre 1970[419], la Constitution du 24 juin1967 subi une révision qui institutionnalisa le Parti unique, le M.P.R comme l'institution suprême de la République. Un article 19 bis fut ajouté : « Le Mouvement populaire de la Révolution est l'Institution Suprême de la République. Il est représenté par son Président. Toutes les autres institutions lui sont subordonnées et fonctionnent sous son contrôle. Les

---

415 NGUZA KARL – I – BOND, « Dix ans de pouvoir : Idées-forces du Mobutisme », in *Studia diplomatica*, 1, 1976, p. 20.
416 KALONGO MBIKAYI et NDESYO RURIHOSE, *art. cit.*, p. 32.
417 PAUWELS, J.M., *art. cit.*, p. 14.
418 KENGO-WA-DONDO, « L'organisation et le fonctionnement de la justice dans la République du Zaïre », in *RJZ*, 3, 1973, p. 246.
419 Cf. *Moniteur congolais*, 1, 1971, p. 5-6.

structures et organes du Mouvement Populaire de la Révolution sont déterminés par ses statuts et règlements ».

L'institutionnalisation du Parti bat en brèche la conception classique de séparation des pouvoirs et toutes les institutions étatiques exercent par délégation des fonctions spécifiques et distinctes. « Le Mouvement Populaire de la Révolution, écrit Kengo-wa-Dondo, apparaît comme source de validité des normes de l'ordonnancement juridique zaïrois, comme source fixant les fondements idéologiques de l'Etat et comme communion de tous les Zaïrois »[420]. L'institutionnalisation du Parti fut la consécration de l'étatisme où l'individu fut sacrifié et les droits fondamentaux de l'homme méconnus dans la pratique. La contradiction du système est évidente car on ne peut pas affirmer une chose tout en la niant.

En fait, les Constituants de 1974 ont arraché la souveraineté au souverain primaire pour le confier au Parti et plus spécialement à son « Président-Fondateur ». L'article 8 de la Constitution de 1974, dont voici le texte, est la consécration de la mort de toutes les libertés publiques : « Le peuple zaïrois est organisé au sein du Mouvement Populaire de la Révolution. Tout Zaïrois est membre du Mouvement Populaire de la Révolution ». Comment peut-on parler de « libertés publiques et des droits fondamentaux » dans un Etat où on est membre d'un Parti dès la naissance ?

Il devient quasiment impossible que le peuple contrôle le pouvoir mais au contraire il est obligé de subir le pouvoir confisqué par une personne au nom du parti. Comme le dit M. Lunda Bululu, « le peuple ne peut pas non plus contrôler l'action politique du président du M.P.R. Etant astreint constitutionnellement à être membre du Parti au sein duquel il n'existe pas de rapports de déléguant à délégué, on ne voit pas en vertu de quel prescrit constitutionnel il peut contrôler l'exercice du pouvoir »[421]. La Constitution de 1974 a mis ainsi le droit au service du politique. Le droit public est devenu ainsi un droit de la souveraineté de l'Etat[422].

En fait, *le principe du recours à l'authenticité* du parti unique devenait le socle d'une reconstruction juridique qui voulait « annihiler dans l'esprit de tout Zaïrois, les séquelles de la colonisation qui, de 1885 à

---

420 KENGO-WA-DONDO, *art. cit.*, p. 246-247.
421 LUNDA BULULU, *op. cit.*, p. 329.
422 Cf. KALONGO MBIKAYI et NDESYO RURIHOSE, « Le recours à l'authenticité et le droit zaïrois », in *RJZ*, 1-2-3, 1977, p. 36.

1965, considérait la société zaïroise comme une société sans civilisation et par conséquent il fallait lui inculquer la civilisation occidentale »[423]. C'est toute la négation du « *privilège de civilisation* » qui était le fondement de l'ordre juridique postcolonial. Il n'est pas alors étonnant que les missions religieuses considérées comme des agents de la civilisation par le pouvoir colonial soient mises en index par le nouveau pouvoir. « L'un des objectifs de la politique de l'authenticité, soutiennent MM. Kalongo et Ndesyo, est la création et la consolidation d'une éthique politico-juridique dépouillée des séquelles de la colonisation. C'est la création de l'âme zaïroise, de la pensée juridique authentique. Se forger une âme à la fois conforme à notre patrimoine culturel et décolonisé, tel est le sens de l'authenticité et la finalité de l'ordre juridique interne zaïrois que consacre la récente révision constitutionnelle »[424].

Dans le domaine religieux, *le principe du recours à l'authenticité* eut pour conséquence l'ouverture de l'espace public à toutes les croyances religieuses, à toutes les convictions spirituelles et philosophiques. La campagne politique tous azimuts de la doctrine du recours à l'authenticité « a fortement exploité la dimension religieuse de la colonisation, surtout que le poids social des Eglises chrétiennes en général et de l'Eglise catholique en particulier, constituait le grand obstacle dans la recherche hégémonique des élites congolaises »[425]. En somme la politique religieuse coloniale belge de « *missions nationales* » avait fini par créer des sortes de « *religion officielle* » au service des politiques. Après l'indépendance, l'émergence d'un Etat laïc au Congo fera tomber l'illusion coloniale de « *religions officielles* », et marque la fin du monopole des institutions religieuses reconnues. Ce fut la reconnaissance légale de toutes les expressions du religieux et du spirituel, locales et importées, sous réserve de l'ordre public et des bonnes mœurs.

Ce fut l'ère de la réapparition et de l'affirmation des « *paganités* » que le « mythe de la civilisation » s'était engagé à soustraire de l'imaginaire des populations indigènes congolaises et la reconnaissance officielle de ces « *paganités* » appelées religions traditionnelles des peuples congolais comme partie prenante de l'espace religieux congolais. Un des grands théoriciens de la politique du recours à l'authenticité, M. Sakombi disait à ce sujet : « Aussi longtemps qu'on puisse remonter, il a toujours existé une métaphysique bantoue dont les données sont permanentes et toujours valables. Les ancêtres ont toujours eu la certitude que Dieu était à

423 NGUZA KARL – I – BOND, art. cit., p. 28-29.
424 KALONGO MBIKAYI et NDESYO RURIHOSE, *art. cit.*, p. 32.
425 MUHOLUNGU MALUMALU, A., *op. cit.*, p. 268.

l'origine de toute chose et que l'homme était la raison d'être de la création. Les croyances et les rites organisés autour de cette foi fondamentale ont varié. … C'est ce qu'on a appelé l'animisme, et que les premiers observateurs, trompés par les apparences, ont taxé d'animisme. Erreur fondamentale dont nous subissons encore les conséquences »[426].

III. De l'exercice du pouvoir législatif

Pour mettre en application le « *principe du recours à l'authenticité* », la Constitution fut à plusieurs reprises revisitée pour donner plus de pouvoir au chef suprême de l'Etat. Un mécanisme de création de lois dépassant tout entendement fut instauré accordant ainsi au président un pouvoir législatif et exécutif excessif. Ainsi le président, chef suprême en qui s'incarne la souveraineté de l'Etat, légiférer à sa guise. Par cette pratique de la politique de l'authenticité, le chef de l'Etat mit beaucoup de persuasion en multipliant des lois qui violent les droits fondamentaux de l'homme. En effet la Constitution de 1967 avait fait de l'Assemblée nationale le législateur ordinaire en son article 45 mais en habilitant le Président de la République à exercer exceptionnellement le pouvoir législatif, soit par délégation de l'Assemblée, soit dans les autres cas expressément prévus par la Constitution aux termes des articles 52 à 54[427]. Le Président avait la capacité de légiférer par ordonnance-loi au terme de l'article 52 de la Constitution de 1967 : « L'Assemblée nationale peut, soit de sa propre initiative, soit à la demande du Président de la République, habiliter celui-ci, par une loi, à prendre, pendant un délai limité, par ordonnances-lois, des mesures qui sont du domaine de la loi. L'Assemblée nationale peut à tout moment, par une loi, modifier ou retirer le pouvoir ainsi délégué au Président de la République ».

En outre, en vertu de l'article 27 de la Constitution de 1967, le Président peut exercer le pouvoir exécutif par voie d'ordonnance. Ainsi toute ordonnance en tant qu'application de la loi nourrit la jurisprudence administrative et révèle l'interprétation authentique de la loi faite par les pouvoirs publics. L'article 27 dispose : « Le Président de la République assure l'exécution des lois et fait les règlements de police et d'organisation interne de l'administration. Il exerce ce pouvoir par voie d'ordonnances ».

---

[426] SAKOMBI INONGO, « L'authenticité », in *Chronique de politique étrangère*, 3, 1973, p. 276.

[427] Cf. « Mémoire explicatif du projet de Constitution établi sur la base du texte de l'avant-projet présenté au Président de la République et sur la base des discussions de la Commission politique du Gouvernement », in *Moniteur Congolais*, 14, 1967, p. 557.

Ainsi la loi du 20 juillet 1973 rendait obligatoire le port d'un nom authentique congolais et stipulait que les Congolais ne devaient pas se faire baptiser avec un prénom occidental. L'Etat laïque interférait dans l'organisation interne des Eglises et plus spécialement de l'Eglise catholique. Pour le Président fondateur du Mouvement Populaire de la Révolution, l'habitude de baptiser avec des prénoms tirés du calendrier romain était un signe profond d'acculturation. Une loi fut promulguée pour arrêter cette pratique de l'Eglise catholique en date du 30 août 1972 et l'article 1er de cette loi dispose :

« La section X du titre IV du Code pénal Livre II, intitulée 'de quelques autres infractions contre l'ordre public', est complétée par un article 155 quater ainsi libellé : Sera puni d'une servitude pénale de 6 mois à 5 ans, tout officiant qui, lors du baptême d'un adepte zaïrois, lui conférera une appellation aux consonances étrangères »[428].

La question de l'identification de la personne relève du droit civil car le Congolais est à sa naissance citoyen de son pays et devient par après adepte d'une religion. On naît congolais et on devient croyant d'une religion à la suite. Voilà pourquoi les noms des Congolais doivent être tirés du patrimoine culturel congolais. L'Ordonnance-loi du 30 août 1972 est un reflet du totalitarisme idéologique dans lequel avait sombré le pays par la politique du recours à l'authenticité initié par le président Mobutu d'une part et le conflit entre l'Eglise et l'Etat d'autre part. Le radicalisme du « *nationalisme zaïrois authentique* » voulait ainsi protéger le Congolais de l'aliénation de l'acculturation coloniale que l'Eglise catholique prolonge par des pratiques d'une rémanence coloniale. « Cette période, écrit M. Sakombi, a été marquée par l'expulsion du Zaïre de certains prêtres belges qui persistaient à baptiser des Zaïrois de prénoms étrangers »[429].

Les interventions du législateur congolais ont toujours lié les libertés de pensée, de conscience et de religion à cause de leur interpénétration et des abus observés dans leur usage. C'est ainsi que le législateur congolais dut intervenir pour protéger l'ordre public en réglementant l'exercice des cultes par la loi n° 71-012 du 31 décembre 1971[430]. En effet, cette loi concerne les associations religieuses membres de l'Eglise du Christ au Congo qui est une association de droit congolais regroupant toutes les Eglises protestantes du Congo. Cette loi ne peut être comprise que dans la

---

[428] *Journal officiel*, 5, 1973, p. 329.
[429] SAKOMBI INONGO, *art. cit.*, p. 277.
[430] Cf. *Journal officiel*, 2, 1972, p. 39-42.

lumière qu'en donnent les motivations historiques telles qu'elles ressortent de l'exposé des motifs[431].

IV. La question juridique de l'Eglise kimbanguiste ou l'émergence d'une association religieuse de fait

L'Eglise kimbanguiste ou l'Eglise de Jésus-Christ sur la Terre par le Prophète Simon Kimbangu (E.J.C.S.K) est un cas juridique exceptionnel dans l'histoire de droit congolais pour plusieurs raisons. Par son histoire, elle a évolué dans la clandestinité durant près de quatre décennies liant son destin à celui des populations indigènes congolaises dans la lutte de libération politique. D'un mouvement prophétique ou religieux, le kimbanguisme se métamorphosa en un mouvement politico-religieux très rapidement.

Du point de vue juridique, le kimbanguisme est l'unique association religieuse qui a évolué hors-loi durant trente-huit années malgré la répression énergique de la puissance coloniale : arrestations, relégations, occupations militaires, déportations, et camp de travail[432]. Comme la législation coloniale belge liait l'existence légale d'une association religieuse à l'octroi de la personnalité civile, le kimbanguisme réprimé ne pouvait même pas prétendre la demander et l'obtenir. C'est ainsi que la future Eglise kimbanguiste était une association de fait en tant qu'association interdite.

Durant la période de la fièvre des indépendances africaines (1957-1959), le « kimbanguisme » ou « nguzisme » était déjà un grand mouvement religieux ayant des ramifications en Afrique centrale ou mieux encore un phénomène social rassemblant tous les courants de revendications sociopolitiques sous l'étiquette « religieux ou Eglises indigènes ». Et des nouveaux prophètes et adeptes se réclamant du kimbanguisme vont resurgir dans le pays. C'est dans l'effervescence des indépendances africaines que l'Eglise Kimbanguiste, en tant qu'association religieuse interdite par la puissance coloniale, s'organise et va arracher sa reconnaissance légale. En effet, la puissance publique était obligée par la force des choses de passer de la « répression » à la « tolérance » du kimbanguisme en tant qu'association interdite. Le gouverneur de la province de Léopoldville fut ainsi amené à lever

---

[431] Cf. *Ibidem*, p. 39.

[432] Cf. ASCH, S., *L'Eglise du Prophète Kimbangu. De ses origines à son rôle actuel au Zaïre (1921-1981)*, Paris, Karthala, 1983, p. 27-42.

l'interdiction du kimbanguisme par son arrêté n°2211/846 du 24 décembre 1959[433].

C'est dans un contexte de libération politique qu'il faut inscrire l'émergence du kimbanguisme comme une institution religieuse dans l'espace public congolais. En réalité l'idéologie religieuse du kimbanguisme rencontra l'assentiment du nationalisme détribalisé des populations urbaines de Léopoldville et le kimbanguisme était devenu le symbole de la lutte contre le colonialisme. C'est pourquoi, au moment de la décrispation de la tension politique dans la colonie belge suite à la promesse d'indépendance, le gouverneur de la province de Léopoldville fut obligé de libérer l'espace public à l'association interdite le kimbanguisme.

Pour son combat politico-religieux, le kimbanguisme bénéficiera du soutien politique de l'aile nationaliste des politiciens « progressistes ». Et

---

[433] CONGO BELGE
PROVINCE DE
LEOPOLDVILLE

ARRETE N° 2211/846
Concernant associations interdites

LE GOUVERNEUR DE LA PROVINCE DE LEOPOLDVILLE

Vu la loi sur le Gouvernement du Congo belge,
Vu l'Arrêté du Régent du 1er juillet 1947 sur l'organisation administrative du Congo,
Revu l'Arrêté provincial N° 427/Sec. A.O. du 16 novembre 1937 tel qu'il a été modifié par l'Arrêté N° 529/317/ AIMO du 12 septembre 1945,

ARRETE

Article premier :

L'Arrêté N° 427/Sec. A.O. du 16 novembre 1937 est abrogé, en tant que les mesures de dissolution portées par son article 1er visaient le « kimbanguisme ».

Article deux :

Le présent arrêté entre en vigueur à la date de sa signature.

LEOPOLDVILLE, LE 24 DECEMBRE 1959.
LE GOUVERNEUR DE PROVINCE
J. B. BOMANS.

(Tiré de DIANGIENDA KUNTIMA, J., *L'histoire du kimbanguisme,* Châtenay-Malabry, Editions E.KI, 2003, p. 182.)

le droit à la liberté religieuse devint encore une fois au cœur du débat politique. C'est dans ce contexte politique agité, au chevet d'un régime colonial belge agonisant, que se fit le transfert de la dépouille mortelle de Simon Kimbangu, mort le 12 octobre 1951, de Lubumbashi au Katanga à Nkamba dans le Bas-Congo, où Simon Kimbangu reposera à partir du 3 avril 1960. Le rapatriement du corps de Simon Kimbangu fut la plus grande victoire politique du kimbanguisme qui mobilisa l'ensemble du peuple congolais et les autorités coloniales à la veille de l'indépendance du pays. C'est la naissance d'une Eglise qui est sortie victorieuse des persécutions. Le kimbanguisme s'imposa de fait comme une nouvelle Eglise indépendante par ses victoires historiques à la veille de l'accession du Congo à la souveraineté internationale. Après avoir remporté sa victoire intérieure par sa reconnaissance légale, l'E.J.C.S.K va s'engager dans la quête d'une reconnaissance en tant qu'Eglise chrétienne auprès des autres Eglises chrétiennes et du Conseil œcuménique des Eglises[434].

Cette reconnaissance légale était un lever d'une interdiction, qui frappait le kimbanguisme en tant qu'association interdite, n'accordait pas la personnalité civile à l'association religieuse « Eglise de Jésus-Christ sur la Terre par le Prophète Simon Kimbangu » (E.J.C.S.K.). L'Eglise kimbanguiste obtiendra sa personnalité civile par ordonnance présidentielle du 1er décembre 1960 juste après l'accession du pays à l'indépendance[435]. Le Kimbanguisme se structure en tant qu'une institution ecclésiale par l'adoption des statuts de l'E.J.C.S.K, qui seront publiés dans le *Moniteur Congolais*[436]. La première décennie de l'indépendance, les autorités de l'E.J.C.S.K ont travaillé pour l'unification de plusieurs tendances de divers mouvements politico-religieux nés dans l'effervescence de l'indépendance comme des branches du kimbanguisme[437]. L'histoire de l'E.J.C.S.K est une illustration d'une association religieuse interdite qui s'est imposée par sa présence dans la société pour être admise comme « Eglise » sans avoir à remplir les formalités juridiques requises à cette fin. C'est une consécration de l'existence légale d'une association de fait qui peut faire figure de jurisprudence pour les associations religieuses clandestines.

---

434 Cf. DIANGIENDA KUNTIMA, J., *op. cit.*, p. 191-218 ; BEECKMANS, R., « L'adhésion de l'Eglise kimbanguiste au Conseil Œcuménique: motifs et perspectives », in *Congo-Afrique*, 388, 2004, p. 456-460.

435 Cf. *Moniteur Congolais*, 1, 1961, p. 1.

436 Cf. *Moniteur Congolais*, 19, 1961, 2ème partie, p. 943-944.

437 Cf. MACGAFFEY, W., *Modern Kongo Prophets. Religion in a Plural Society*, Blomington, Indiana University Press, 1983, p. 41-43.

Le nationalisme idéologique de la doctrine kimbanguiste rapprochera l'E.J.C.S.K. des pouvoirs publics après l'indépendance du pays. Toute la première décennie après l'indépendance, l'E.J.C.S.K. souffrait de manque de cohésion, déchirée par des querelles intestines des tribus Kongo et différents gourous qui n'acceptaient pas l'hégémonie des fils du prophète Simon Kimbangu. Le kimbanguisme devenait ainsi une nébuleuse institution qui pourrait conduire aux troubles sociaux dans la province de Léopoldville. C'est ainsi que les pouvoirs publics accordèrent leur préférence à l'aile dirigée par le chef spirituel Diangienda, le fils du prophète Simon Kimbangu qu'ils reconnurent comme le seul représentant légal de l'Eglise kimbanguiste[438]. « Dès septembre 1962, écrit Mme Asch, l'E.J.C.S. K. obtient des subsides de l'Etat pour assurer le fonctionnement de son réseau scolaire (au même titre que l'Eglise catholique et le Conseil protestant du Congo) »[439].

Cette proximité idéologique de l' « Eglise indigène » fut utilisée simultanément par les pouvoirs publics de la jeune République pour s'allier les membres de l'E.J.C.S.K., populaire dans la capitale et dans toute la province Léopoldville pour des mobiles politiques et par l'E.J.C.S.K. dans la recherche de positionnement parmi les Eglises reconnues du pays.

C'est dans un contexte de lutte contre les « *missions nationales* » identifiées souvent au bras religieux du système colonial par les politiciens nationalistes et plus spécialement contre l'Eglise catholique que le pouvoir politique incarné par le Président Mobutu va aider à la structuration de deux autres Eglises (l'E.C.C et l'E.J.C.S.K) pour réduire le poids social de l'Eglise catholique dans la société congolaise. La loi du 31 décembre 1971 sur l'exercice des cultes qui reconnaît d'office l'E.J.C.S.K poussa plusieurs branches du kimbanguisme et autres « Eglises indépendantes » ou « Eglises indigènes » nées dans le contexte de la décolonisation à fusionner avec l'E.J.C.S.K[440]. C'est ainsi que l'appui de la puissance publique fut plus déterminant dans la structuration de l'E.J.C.S.K et de l'E.C.C imposées au mépris de la loi face à d'autres sectes kimbanguistes et protestantes et dans un esprit de lutte contre l'Eglise catholique. La lutte politique pour la laïcité de l'Etat en République démocratique du Congo voulait se faire pour rétablir la justice et l'égalité pour toutes les institutions religieuses, et le respect des libertés et droits fondamentaux pour tous les citoyens du pays.

---

438 Cf. *Ibidem*, p. 51-68.

439 ASCH, S. *op. cit.*, p. 58.

440 Cf. ASCH, S. , *op. cit.*, p. 72.

L'implication du législateur dans les affaires intérieures des associations religieuses est plus manifeste dans l'exemple ci-précis. Il s'agissait pour le pouvoir politique d'une manière de s'assurer du soutien du protestantisme congolais créé en une fédération Eglise du Christ au Congo (E.C.C) et du kimbanguisme (E.J.C.S.K) dans son entreprise de libération mentale et culturelle du peuple congolais des séquelles coloniales qui subsistent encore dans la société à travers l'Eglise catholique. En effet « se mettre du côté d'un nouveau régime politique visiblement fort, défiant ouvertement l'hégémonie socioculturelle du catholicisme, était pour l'E.C.Z et l'E.J.C.S.K – chacune dans son contexte institutionnel et avec sa mémoire du passé – une façon d'élargir son intégration sociale. C'était, on le rappelle, une manière de devenir, enfin, l'Eglise : une Eglise institutionnellement marquée de la légitimité de l'Etat et socialement remarquée en raison d'adhésion en une dynamique nouvelle de socialisation. »[441]

L'unification du protestantisme congolais dans la nouvelle formule ayant abouti par la création de l'Eglise du Christ au Congo (E.C.C) et la légitimation de l'E.J.C.S.K dans l'histoire récente de la République démocratique du Congo sont l'œuvre de la puissance publique. Et il est évidemment établi que la neutralité de l'Etat en matière religieuse n'est pas stricte, cheval de bataille des anciennes « *missions nationales protestantes* » et « *missions étrangères* » devenues Eglises protestantes et de l'E.J.C.S.K., n'était qu'une recherche inavouée d'alliance avec le nouveau pouvoir. L'intervention du législateur par cette loi du 31 décembre 1971 fait tomber l'illusion de la stricte séparation de l'Eglise et de l'Etat et le législateur ne poursuivait qu'un but politique : la réorganisation du protestantisme congolais et du kimbanguisme.

Section 3. Le principe constitutionnel de laïcité de l'Etat

§ 1. La laïcité dans l'historique des textes constitutionnels

Le principe de laïcité n'était pas inscrit explicitement dans les Constitutions de 1964 et de 1967. Cependant la laïcité de l'Etat découle du principe constitutionnel de séparation de l'Eglise et de l'Etat consacré par l'article 24 de la Constitution de 1964. L'article 24 stipule :

[441] KABONGO-MBAYA, Ph. B., *Eglise du Christ au Zaïre : Analyse historique et sociologique de sa formation et recherche étiologique de ses déterminants*, Thèse de doctorat, USHS, Strasbourg, 1989, p. 699.

« *Toute personne a droit à la liberté de pensée, de conscience et de religion.*

Dans la République, il n'y a pas de religion d'Etat.

Toute personne devenue majeure a le droit de manifester sa religion ou ses convictions, seule ou en commun, tant en privé qu'en public, par le culte, l'enseignement, les pratiques, l'accomplissement de rites et l'état de vie religieuse, sous réserve du respect de l'ordre public et de bonnes mœurs. »

Cet article 24 sera repris *in extenso* pour former l'article 10 de la Constitution de 1967. Ce texte garantit bien la séparation de l'Eglise et de l'Etat et restera maintenu dans les textes constitutionnels postérieurs. Tout en maintenant le texte de l'article, l'Acte constitutionnel de transition de 1994, en son article 17, et la Constitution de transition de Sun City de 2003, en son article 26, vont en restructurer la formulation :

« *Dans la République, il n'y a pas de religion d'Etat.*

Toute personne a droit à la liberté de pensée, de conscience et de religion.

Toute personne a le droit de manifester sa religion ou ses convictions, seule ou en commun, tant en public qu'en privé, par le culte, l'enseignement, les pratiques, l'accomplissement des rites et l'état de vie religieuse, sous réserve de l'ordre public et des bonnes mœurs.

La loi fixe les conditions de constitution des associations religieuses ».

Le principe constitutionnel de laïcité fut consacré d'une manière explicite par la Constitution révisée du 15 août 1974. L'article 1er stipule : « *La République du Zaïre est un Etat unitaire, démocratique, social et laïque* ». Depuis la laïcité constitutionnelle de l'Etat sera observée par toutes les Constitutions de la deuxième République. La Constitution de transition de *Sun City* de 2003 reprit la formule déjà utilisée par l'Acte constitutionnel de la transition de 1994 : « *La République démocratique du Congo est, dans ses frontières du 30 juin 1960, un Etat indépendant, souverain, indivisible, démocratique, social et laïc* ».

Le principe de la laïcité de l'Etat a émergé en République démocratique dans une ambiance politique de lutte pour la justice et l'égalité pour tous. Il était devenu même un enjeu politique de taille pour les leaders politiques protestants contre la politique coloniale de « *missions nationales* ». Le premier programme présenté devant les Chambres par M. Patrice Emery Lumumba, le Premier Ministre du Congo à l'indépendance, est plus explicite à ce sujet :

« Le Gouvernement s'engage à assurer aux habitants de la République les grandes libertés humaines, en tout premier lieu la liberté de religion.

Le Gouvernement empêchera par tous les moyens qu'une religion quelle qu'elle soit, soit imposée directement ou indirectement notamment par la voie de l'enseignement. A cet effet, il proclame la séparation absolue entre l'Etat et les Eglises.

Le Gouvernement demande aux religieux et religieuses de toutes les confessions de rester dans leur domaine propre, le culte, l'enseignement de religion, les œuvres de charité et de ne pas utiliser l'enseignement comme moyen de propagande politique.

La république du Congo sera un Etat laïc, démocratique, gouverné par le peuple et pour le peuple. »[442]

La question de la laïcité de l'Etat deviendra une question politique qui va opposer les Eglises catholiques et protestantes dans la première décennie de l'indépendance. Les Eglises protestantes réclamaient que la laïcité soit élevée au rang du principe constitutionnel pour que l'Etat successeur ne puisse plus appliquer la politique de discrimination positive de l'Etat succédé en République démocratique du Congo. Elles ne cesseront pas de recommander la neutralité de l'Etat en matière religieuse[443]. Le principe de laïcité a été élevé au rang de principe constitutionnel dans un contexte particulier de lutte entre protestants et catholiques sur la nature même de l'Etat. L'héritage colonial faisait peser sur l'Eglise catholique de graves soupçons de vouloir faire porter son poids historique sur la politique du jeune Etat. Les Eglises protestantes craignaient que la jeune République démocratique du Congo ne perpétue la politique religieuse coloniale belge fondée sur la discrimination des

---

[442] Discours de LUMUMBA cité par ASSANI MPOYO KALEMA, *La Problématique philosophique de la laïcité d'Etat au Zaïre*, Thèse de doctorat, Université de Poitiers, 1992, p. 344.
[443] Cfr. *Ibidem*, p. 357.

missions étrangères et la justice pour tous les Congolais devenait le cheval de bataille dans leur lutte pour l'avènement d'un Etat laïc. « Pour les protestants, écrit M. Marini Bodho, l'Etat devait être laïc afin d'assurer la justice distributive en matière des avantages matériels. »[444] Les Eglises protestantes réclamaient l'abandon du régime conventionnel au profit du seul régime commun soumettant toutes les Eglises aux mêmes conditions. Les Eglises ou mieux les missions religieuses exclues par le système colonial belge exigeaient la suppression des zones exclusives, les conditions d'octroi de la personnalité juridique aux associations religieuses identiques à toutes les religions et l'introduction des procédures d'octroi de la personnalité juridique garantissant la célérité, l'objectivité et la transparence. Telle fut l'origine de la « *laïcité pragmatique* » observée par l'Etat en République démocratique du Congo qui a abouti à une séparation absolue de l'Eglise et de l'Etat.

§ 2. La laïcité dans le constitutionnalisme congolais

I. La neutralité de l'Etat en matière religieuse

Dans le constitutionnalisme congolais, le principe de laïcité de l'Etat souligne la neutralité de l'Etat en matière des convictions philosophiques et religieuses. La vertu de la laïcité est de séparer le public du privé. Le principe de laïcité sert de garantie de l'esprit, impliquant le rejet du totalitarisme[445]. Le Mémoire explicatif du projet de Constitution l'explicite en ces termes : « En raison de sa position neutre, l'Etat devra reconnaître à chacun, aussi longtemps qu'il ne porte pas atteinte à l'ordre public, le droit de vivre conformément à ses convictions »[446].

Le principe constitutionnel de laïcité de l'Etat signifie la neutralité de l'Etat en matière religieuse, ce qui veut dire que la structure juridique de l'Etat n'implique aucune option religieuse d'une part[447] et que toutes les confessions jouissent de la même protection juridique de la part de l'Etat

---

[444] MARINI BODHO, Allocution prononcée à l'occasion de l'ouverture officielle des Journées Scientifiques Interfacultaires et de la Journée Commémorant l'Unité Organique de l'Eglise du Christ au Congo, in *Revue du Crip,* 1, 2002, p. 74.

[445] Cf. DUPUY, R-J., « La crise de la nation et ses implications internationales », in *L'année canonique*, 37, 1995, p. 133.

[446] « Mémoire explicatif du projet de Constitution sur la base du texte de l'avant projet présenté au Président de la République et sur la base de la Commission politique du Gouvernement », in *Moniteur Congolais*, 14, 1967, p. 551.

[447] Cf. BUSUGUTSALA GANDAYI GABUDISA, *L'Eglise et l'Etat dans la question scolaire au Zaïre de Léopold II à Mobutu Sese Seko 1885 –1985. Doctrines sous-jacentes, fondements juridiques et praxis*, Thèse doctorale, Université Saint-Paul, Ottawa, 1986, p. 241-242.

d'autre part. Elle est ainsi considérée comme une attitude de neutralité juridique de l'Etat vis-à-vis des Eglises ou confessions religieuses. Elle est une norme de l'acceptation de l'altérité et de la cohabitation des groupes d'opinions, ainsi que celle de l'organisation de la cohabitation des différences. La neutralité de l'Etat l'oblige d'enseigner aux citoyens à s'accepter mutuellement malgré les divergences de convictions philosophiques ou religieuses[448]. L'Etat est neutre en matière de croyances religieuses et de convictions philosophiques. Comme le note le Mémoire explicatif du projet de Constitution de 1967, le principe de laïcité signifie que « l'Etat ne doit pas, en tant que tel, appuyer une opinion philosophique ou religieuse à l'exclusion des autres »[449].

Dans le contexte historique d'un Etat nouvellement indépendant, la République démocratique du Congo rejette la politique religieuse coloniale belge fondée sur la discrimination positive avec le privilège des « *missions nationales* », et tous les cultes seront pratiqués dans les mêmes conditions[450]. La laïcité constitutionnelle vise à corriger les inégalités originelles héritées de la colonisation pour établir une vraie égalité entre les citoyens et les institutions religieuses. Ainsi considéré, le principe de la laïcité de l'Etat conforte le pluralisme en faisant, dans les relations humaines, abstraction des différences fondées sur la religion. Elle devient ainsi une norme de l'acceptation de l'altérité et de la cohabitation entre les citoyens du pays. Elle laisse à chaque citoyen la liberté de choisir sa religion ou de n'en avoir aucune. Comme l'explique M. Kasongo Muidinge, « le principe de laïcité de l'Etat signifie que l'Etat reste confessionnellement neutre et qu'il n'a pas d'opinion religieuse. Il en découle qu'en matière religieuse, l'Etat doit être au-dessus de la mêlée et laisser chaque citoyen libre d'avoir sa propre opinion. »[451]

L'histoire de la jeune République démocratique du Congo montre que la question de la laïcité de l'Etat a été toujours perçue comme une libération de l'Etat vis-à-vis des alliances passées entre les pouvoirs publics et les Eglises en tant qu'alliées dans la « *mission civilisatrice* », un rejet pur et simple de la politique religieuse coloniale de « *missions nationales* ». C'est la reconnaissance du pluralisme religieux de fait dans l'espace public congolais[452]. Le principe constitutionnel de laïcité a été conçu comme une arme de combat et de conquête du monopole de l'Etat

---

448 Cf. DUPUY, R-J., *art. cit.*, p. 133.
449 *Ibidem*, p. 562.
450 Cf. BALANDA, G., *op. cit.*, p. 32-33.
451 KASONGO MUIDINGE, P-C., « Le droit face aux Eglises et aux sectes religieuse en République démocratique du Congo », in *Revue du Crip*, 1, 2002, p. 138.
452 Cf. BUSUGUTSALA GANDAYI GABUDISA, *op. cit.*, p. 242.

dans la gestion des affaires publiques[453]. D'ailleurs cette nouvelle manière de poser la question de la laïcité de l'Etat est propre à tous les Etats nouvellement indépendants et permet d'ouvrir l'espace public à toutes convictions religieuses et philosophiques. C'est l'opinion que partage aussi M. Ahanhanzo lorsqu'il dit : « La laïcité prônée par les Etats africains correspond bien à la laïcité neutralité qui n'exclut pas une option métaphysique ou religieuse personnelle. En Afrique, elle reflète le caractère profondément religieux, spiritualiste de l'homme ; elle permet au niveau des fonctions d'opérer une séparation qui assure l'équilibre dans l'Etat et garantisse la liberté de chacun »[454].

Le principe juridique de neutralité de l'Etat en matière religieuse garantit les principes constitutionnels : d'égalité (article 17 : Tous les Congolais sont égaux devant la loi et ont droit à une égale protection), de liberté de pensée, de conscience et de religion (article 26 : Toute personne a droit à la liberté de pensée, de conscience et de religion), de liberté d'expression (article 27 : Toute personne a droit à la liberté d'expression).

La neutralité de l'Etat ne signifie pas l'indifférence de l'Etat face aux activités des associations religieuses. Le phénomène religieux est un fait social touchant à l'ordre public qui ne peut pas laisser les pouvoirs publics indifférents. Le législateur congolais est intervenu à plusieurs reprises pour maintenir la concorde entre les Eglises et sectes religieuses protestantes. Par la loi n°71-012 du 31 décembre 1971, l'intervention du législateur s'avérait indispensable pour enrayer le mouvement de prolifération anarchique des sectes religieuses. La prolifération des sectes religieuses était due à des querelles intestines et des courses d'influence entre les responsables des diverses associations religieuses protestantes pour créer ainsi la concorde au sein du protestantisme congolais.

Après l'indépendance du pays, les pouvoirs publics ont toujours considéré que c'est par la religion que les forces extérieures pourraient diviser les forces vives de la nation selon la foi qu'elles professent[455]. En créant l'Eglise du Christ au Congo, le mouvement fédérateur du protestantisme au Congo, la volonté unitaire du législateur était de créer

---

[453] Cf. KASONGO MUIDINGE, P-C., *art. cit.*, p. 242.

[454] AHANHANZO, M., *Religion, culte et politique en Afrique noire*, Paris, Edition Economica – Présence Africaine, 1981, p. 59.

[455] Cf. NGUZA KARL – I – BOND, « Dix ans de pouvoir : Idées-forces du Mobutisme », in *Studia diplomatica*, 1, 1976, p. 31.

un cadre de concertation et de collaboration fondée sur le sentiment national[456].

La tendance sectariste ou divisionniste observée dans les Eglises protestantes reconnues et non-reconnues exploite la naïveté et la crédulité d'un peuple reconnu comme profondément spirituel par tradition, à des fins personnelles et commerciales des fondateurs d'Eglises, au détriment d'un enseignement religieux valable ou authentique. Le législateur a été encore amené à intervenir par l'ordonnance-loi n°79-002 du 3 janvier 1979 pour le seul motif « d'ordre public et de bonnes mœurs ».

L'intervention de l'Etat en matière religieuse ne peut se comprendre que dans le contexte particulier du Congo dû à une large ouverture du régime des cultes liée à l'évolution historique, politique et sociale du pays. L'architecture juridique congolaise des religions a été créée pour donner des assises juridiques à toutes les croyances religieuses mais l'exercice de la liberté religieuse donne souvent lieu à des abus qui vont parfois jusqu'à troubler l'ordre public. C'est à ce titre que l'intervention de l'Etat s'avère indispensable pour faire respecter le droit.

II. La non-confessionnalité de l'Etat

Le principe constitutionnel de laïcité de l'Etat signifie la non-confessionnalité de l'Etat. Cela signifie concrètement qu'aucune religion ne peut marquer de sa conviction religieuse le fonctionnement de l'Etat. Le principe constitutionnel de laïcité de l'Etat a pour conséquence directe le principe de séparation de l'Eglise et de l'Etat. Le premier alinéa de l'article 26 de la Constitution de la transition de *Sun City* stipule : « Dans la République, il n'y a pas de religion d'Etat ».

La question de la laïcité de l'Etat s'est posée aussi en termes de refus de la spiritualisation de la politique qui se transforme en la confessionnalisation de l'Etat. D'où le souci de la puissance publique d'extirper le religieux de la sphère du public et de le reléguer à la sphère du privé. C'est la consécration de la non-confessionnalité de l'Etat qui se traduira par des mesures qui délient l'espace public congolais de la dimension religieuse de la colonisation. Le bureau politique du parti soumettra au Président de la République plusieurs « *décisions d'Etat* » qu'il arrêtera pour réguler le domaine religieux au nom du principe de

---

[456] Cf. DE MEESTER, P., *L'Eglise de Jésus-Christ au Congo-Kinshasa. Notes inchoatives et marginales pour une histoire contemporaine*, Lubumbashi, Editions du Centre Interdiocésain, 1998, p. 216-217.

recours à l'authenticité, les unes seront coulées sous forme de loi et les autres ne le seront jamais :

- la nationalisation des universités et des instituts supérieurs par l'ordonnance-loi n° 71/075 du 6 août 1971[457] ;

- l'obligation d'abandonner les noms de baptême chrétien à consonance européenne formulée sous la loi n° 73/022 du 20 juillet 1973 relative au nom des personnes physiques[458], qui a été reprise par le code de la famille[459] ;

- la dissolution de l'association sans but lucratif dénommée « Comité permanent des Evêques du Zaïre » par l'ordonnance n° 73-021 du 15 février 1973[460] ;

- la suppression des jours fériés légaux religieux et leur remplacement par des nouvelles féries commémorant des événements importants de la révolution zaïroise authentique initiée par le Président Mobutu[461].

- la suppression de tous les mouvements d'action catholique (le Scoutisme, le Guidisme, le Xavéri, le Kiro, la Jeunesse Ouvrière Catholique (J.O.C), la Jeunesse Etudiante Catholique (J.E.C), la Croisade Eucharistique, la Jamaa, le Mouvement familial Chrétien,... en novembre 1972 ; et leur remplacement par la « J.M.P.R. » (Jeunesse du Mouvement Populaire de la Révolution)[462].

- suppression, en février 1973, de 31 journaux et périodiques confessionnels et de la télévision catholique ;

- l'interdiction de réunion, en avril 1973, de l'Assemblée plénière et des Conférences provinciales des évêques catholiques ;

---

457 Cf. *Moniteur congolais*, 20, 1971, p. 929-936.
458 Cf. *Journal officiel*, 22, 1975, p. 1405-1406.
459 Cf. Loi n° 87-010 du 1er août 1987 portant Code de la famille, in *Journal officiel*, numéro spécial, 1987, p. 49.
460 Cf. *Journal officiel*, 9, 1973, p. 843.
461 Cf. « Ordonnance n° 71-326 du 31 décembre 1971 fixant les jours fériés légaux », in *Journal officiel* , 2, 1972, p. 54-55 ; « Ordonnance n° 72/363 du 14 septembre 1972 fixant les jours fériés légaux », in *Journal officiel*, 22, 1972, p. 700-701 ; « Ordonnance n° 73/340 du 26 octobre 1973 complétant l'ordonnance n° 72/363 du 14 septembre 1972 fixant les jours fériés légaux », in *Journal officiel*, 1, 1974, p. 3.
462 Cf. "Ordonnance n° 75/038 du 19 février 1975 portant statut de la Jeunesse du Mouvement Populaire de la Révolution « J.M.P.R. », in *Journal officiel*, 9, 1975, p. 405-411.

- l'interdiction, en avril 1973, de toute réunion à caractère religieux, à l'exception de celles tenues dans les églises pour la célébration stricte des sacrements ; remplacement sur les places publiques (école, rues, carrefours ...) des symboles religieux (crucifix, statues ...) par des monuments de la révolution zaïroise authentique (statues ou effigies de Mobutu, flambeau du Mouvement Populaire de la Révolution ...)[463].

Si hier, l'implantation des missions chrétiennes, des instituts et ordres religieux au Congo s'est faite dans un contexte d'humiliation où la religion du colonisateur devenait celle du colonisé, aujourd'hui encore, la République démocratique du Congo ne cesse d'être le déversoir de bien des idéologies religieuses et spirituelles conçues à l'étranger. La poussée des sectes protestantes américaines est à inscrire sur le registre de la spiritualisation de la politique et de la théologisation des relations internationales. Cette poussée est à inscrire aussi dans la politique étrangère américaine, la superpuissance du moment, que l'on peut considérer comme une continuité de la politique médiévale d'expansion européenne fondée d'une grande part sur la théologisation de la politique où l'épée et le goupillon sont les deux bras du pouvoir. Le foisonnement des sectes protestantes américaines en République démocratique du Congo n'est qu'une conquête spirituelle qui suit l'hégémonie politique américaine. Comme la tradition protestante américaine est fondée sur le principe d'un libéralisme idéologique contrairement à la tradition protestante européenne de religions nationales et officielles, le foisonnement des sectes protestantes n'est que le reflet du protestantisme américain.

Quoiqu'il en soit, les campagnes de la spiritualisation du monde dans l'histoire ont été et sont toujours des formes d'expansion d'un impérialisme idéologique ou politique. Les missions religieuses d'hier étaient au service de l'esclavagisme et de la colonisation, le foisonnement des sectes protestantes américaines est aussi une nouvelle campagne au service d'un néo-libéralisme qui plonge une nation entière dans une autre forme d'exploitation. La question de la laïcité de l'Etat est liée à celle de l'ordre public national, de la souveraineté et de l'indépendance effective de l'Etat ; sans brimer les libertés et les droits fondamentaux de l'homme, il est du devoir de la puissance publique de constituer un régime policé des cultes pour protéger ses citoyens des manipulations extérieures.

Comme les Eglises chrétiennes s'étaient implantées au Congo dans un contexte colonial connu où les évangélisateurs mirent la croix au service

[463] Cf. MUHOLUNGU MALUMALU, A., *op. cit.*, p. 269.

du bâton colonial, un bon nombre d'intellectuels congolais étaient très réticents envers les Eglises après l'indépendance[464]. C'est pourquoi la question de la laïcité de l'Etat est toujours posée en termes d'identification des institutions et associations religieuses avec des lobbies financiers et idéologiques qui les soutiennent pour repousser toute instrumentalisation du religieux à des fins politiques inavouées. La non-confessionnalité de l'Etat devenait et devient encore un impératif politique de mise en garde contre toute mise en tutelle de l'Etat par un groupe d'individus ou par des lobbies idéologiques.

Il ressort de ces analyses que, dans le constitutionnalisme congolais, le principe de la laïcité de l'Etat n'a jamais été une option dogmatique mais l'expression d'un engagement politique de la puissance publique dans l'exercice de sa souveraineté. C'est une « *laïcité pragmatique* ». La laïcité de l'Etat est comprise comme séparation de l'Eglise et de l'Etat, la non-confessionnalité de l'Etat comme l'a affirmé le président Mobutu dans un discours à la nation le 2 février 1972 : « ... La religion reste l'affaire des personnes qui s'y intéressent, elle ne doit pas entrer dans les préoccupations de l'Etat ; à l'Eglise de comprendre qu'il faut 'laisser à César ce qui est à César et à Dieu c'est qui est à Dieu' »[465]. La religion était reléguée dans la sphère du privé dans la pratique de la puissance publique de l'époque. La tendance à une laïcité pragmatique[466] était inspirée par les options politiques révolutionnaires de la puissance publique, effet des décisions personnelles d'un président qui s'était arrogé tous les pouvoirs depuis l'institutionnalisation du parti unique. Et il faut admettre à la suite de M. Lamy, qu'« on peut être frappé par le fait que l'évolution a connu depuis, surtout sous la II° République, une allure très rapide et dynamique où, très souvent, les faits émanant de l'exercice et de la nécessité du pouvoir dépassaient les règles constitutionnelles. Aussi a t-il fallu sans cesse, par des réajustements plus ou moins heureux, rattraper juridiquement le retard »[467].

Dans le contexte de décolonisation où a émergé la question de la laïcité de l'Etat, les réformes politiques substantielles furent observées dans la politique religieuse de la puissance publique : l'abandon de la politique religieuse de « *missions nationales* » de l'Etat succédé par l'Etat successeur, l'ouverture d'un régime des cultes plus libéral, la

464 Cf. SAKOMBI INONGO, « L'authenticité », in *Chronique de politique étrangère*, 3, 1973, p. 276.
465 Extrait tiré de BUSUGUTSALA GANDAYI GABUDISA, *op. cit.*, p. 243-244.
466 Cf. *Ibidem*.
467 LAMY, E., « Bilan actuel de l'intégration du droit zaïrois et ses perspectives d'avenir », in *RJZ*, Numéro Spécial, 1975, 131-132.

nationalisation des institutions publiques spécialisées jadis gérées par les Eglises. Toutes les décisions prises par le Bureau Politique du parti, qualifiées de « *décisions d'Etat* », dépourvues de valeur légale ont été exécutoires en spoliant les biens des Eglises[468].

Peut-on consacrer le retour au principe de la légalité en République démocratique du Congo sans rétablir les Eglises issues des anciennes « *missions nationales* » dans leur droit pour tous leurs « *biens ou institutions nationalisés* » ? Avec l'avènement d'un Etat de droit en République démocratique du Congo, n'y a-t-il pas la possibilité d'imposer à la puissance publique l'obligation de réparer les dommages causés par son action sur tous les « *biens ou institutions nationalisés* » des Eglises issues des anciennes « *missions nationales* » ?

La question juridique qui se pose à l'Etat congolais est celui de la gestion de l'héritage historique du régime de coopération entre l'Etat et les Eglises issues des anciennes « *missions nationales* ». Quel est l'avenir des institutions publiques spécialisées ? En termes juridiques, l'Etat peut-il nationaliser des biens publics, c'est-à-dire les biens qui lui appartiennent ? Dans le conflit qui a opposé l'Etat congolais aux Eglises issues des anciennes « *missions nationales* », le débat avait été pris au piège des passions politiques sans qu'aucune étude au préalable du contour de toute la question ne soit faite.

En effet la question n'était pas de la nationalisation des établissements religieux d'utilité publique mais de la déconfessionnalisation du service public spécialisé. D'où le caractère illégal des arrangements de la rétrocession des écoles par la convention de 1977. La question des institutions publiques spécialisées ou des Eglises issues des anciennes « *missions nationales* » reste ouverte et invite la puissance publique et les Eglises issues des anciennes « *missions nationales* » à un dialogue dépassionné éclairé par l'histoire du droit congolais. Elle n'est pas une simple question de gérance mais une question juridique de hiérarchisation ou de subordination juridique des institutions publiques spécialisées à la puissance publique dans le respect des termes d'accords qui lient la puissance publique aux institutions et associations religieuses. C'est la nature juridique des institutions publiques spécialisées qu'il faudrait redéfinir et adapter aux circonstances du moment dans le respect de la légalité.

---

[468] Cf. *Ibidem*, p. 153-154.

III. Le non-subventionnement des cultes

Le contexte colonial dans lequel les Eglises s'étaient implantées au Congo avait fait de la puissance publique coloniale le bras séculier des Eglises par leurs subventions comme nous avons pu le constater dans les deux premières parties de cet ouvrage. Avec l'indépendance du pays, les pouvoirs publics voulurent se libérer du régime de coopération qui constituait le fondement de régime colonial des cultes et missions. Le principe constitutionnel de laïcité de l'Etat fut considéré comme la consécration de la séparation de l'Eglise et de l'Etat, du temporel et du spirituel. L'Etat est neutre en matière religieuse et toutes les Eglises jouissent des mêmes droits vis-à-vis de l'Etat. Toutes les Eglises sont sur pied d'égalité devant la loi du pays[469].

Le non-subventionnement des cultes est une conséquence de la laïcité pragmatique de l'Etat introduite par la tradition constitutionnelle postcoloniale, dans la mesure où elle a été introduite et suivie par la puissance publique comme une conséquence du principe constitutionnel de séparation de l'Eglise et de l'Etat. L'interdiction de subventionnement des cultes est à inscrire dans la foulée de décisions politiques prises par la puissance publique sans aucune formulation légale prescrite au préalable. Bien qu'elle soit observée dans la pratique, elle a une signification beaucoup plus politique que juridique car aucune loi du pays ne l'a jamais énoncée d'une manière explicite. C'est une conséquence de la méthode dite révolutionnaire de la production du droit sous la deuxième République qui est hors de toute norme de légalité. « En effet, écrit M. Pauwels, certaines décisions importantes sont prises et annoncées, exécutées même bien avant qu'elles ne soient coulées en forme de loi. Souvent la loi ne fait qu'entériner les ordres des autorités après coup, et il arrive qu'aucune loi ne vienne confirmer les décisions. Ces procédés, discutables aux yeux de certains, sont justifiés par les circonstances révolutionnaires, qui exigeraient l'exécution immédiate des décisions »[470].

L'interdiction de subventionnement des cultes est une consécration de l'illégalité des décisions politiques prises contre les Eglises issues des anciennes « *missions nationales* » de droit colonial belge, par excès de pouvoir de la puissance publique postcoloniale. L'Etat de droit auquel aspire le peuple congolais ne peut pas s'établir en ignorant l'histoire,

---

469 Cf. KALAMBAY LUMPUNGU, « Les Eglises et les concessions foncières au Congo », in *Revue du Crip*, 1, 2002, p. 170.

470 PAUWELS, J.M., *art. cit.*, p. 10-11.

l'illégalité commise devrait être attaquée en justice car « le principe de légalité n'est pas, et ne saurait être, conçu comme susceptible de s'accommoder des abus et des fraudes »[471].

L'interdiction de subventionnement des cultes est une violation des contrats et conventions passées entre la puissance publique et les « *missions nationales* » ou autres « *missions* » qui sont pourtant reconnus par les lois du pays. Le décret du 27 novembre 1959 relatif aux associations sans but lucratif en son article 23 dispose : « Les associations qui ont été dotée de la personnalité civile par un acte législatif spécial se référant à certaines dispositions du décret de 1888, restent régies par cet acte et ces dispositions ». Le décret-loi du 18 septembre 1965 relatif aux associations sans but lucratif reprend la même disposition en son article 37 : « Le présent décret-loi ne s'applique pas aux associations sans but lucratif qui, en raison de leur objet ont obtenu ou peuvent obtenir la personnalité civile dans les conditions prévues par une législation particulière ». La loi 004-2001 du 20 juillet 2001 portant dispositions générales applicables aux associations sans but lucratif et aux établissements d'utilité publique reconnaît les associations ayant obtenu leur personnalité. L'article 74 stipule : « La présente loi reconnaît les associations sans but lucratif et les établissements d'utilité publique qui ont déjà obtenu la personnalité juridique ». D'ailleurs le titre de la loi du 20 juillet 2001 est en soi plus explicite : « dispositions générales applicables aux associations sans but lucratif et aux établissements d'utilité publique ». La loi du 20 juillet 2001 n'affecte donc pas les dispositions spéciales existantes qui ne sont pas contraires aux dispositions générales.

La tendance à l'organisation des cultes dans le cadre du droit privé, observée dans l'étude de l'évolution de la doctrine juridique congolaise, est due à une méconnaissance de l'histoire du droit congolais. Il est inadmissible de limiter le statut juridique des institutions et associations religieuses aux dispositions générales du droit des associations confessionnelles[472]. Le principe de la continuité juridique suivi par la législation congolaise postcoloniale ne peut pas ignorer la complexité du droit colonial des institutions et associations religieuses qui comprenaient une partie du droit public, du droit privé et du droit conventionnel. Les dispositions législatives spéciales ou particulières des associations confessionnelles de droit colonial qui n'ont jamais été abrogées et qui ne

[471] CHAPUS, R., *Droit administratif général*, Tome 1, Paris, Montchrestien, 2001, p. 1016.

[472] Cf. BUABUA wa KAYEMBE, M. et MUKA TSHIBENDE, D., « Les obligations fiscales des Eglises », in *Revue du Crip*, 1, 2002, p. 172-177.

sont pas contraires aux dispositions législatives actuelles sont toujours en vigueur. La preuve en est que toutes les dispositions législatives générales applicables aux associations confessionnelles y font référence. Les dispositions générales applicables aux associations confessionnelles ne devraient régir en droit congolais que les confessions religieuses qui ne sont pas soumises aux dispositions spéciales ou particulières d'une part et aux confessions religieuses qui ont obtenu la personnalité juridique après la fin du régime de coopération.

Le principe constitutionnel de continuité juridique a été toujours adopté par les Constitutions successives du Congo. L'article 179 de la Constitution de 1964 stipule :

« Tous les textes législatifs existant à la date d'entrée en vigueur de la présente Constitution resteront en vigueur aussi longtemps qu'ils ne seront pas abrogés.

Nonobstant les dispositions de l'alinéa ci-dessus, aucun texte législatif ou réglementaire ne produira d'effet s'il est incompatible avec l'une quelconque des dispositions de la présente Constitution.

L'expression « textes législatifs et réglementaires existants » désigne tous les textes législatifs ou réglementaires édictés au Congo par une autorité compétente, législative ou autre, avant l'entrée en vigueur de la présente Constitution.

Aucune disposition du présent article ne sera interprétée comme prorogeant une loi provisoire au-delà de la date fixée pour son expiration ou qui aurait cessé ses effets si la présente Constitution n'était pas entrée en vigueur ».

L'article 1 du Titre IX de la Constitution de 1967 dispose :

« Pour autant qu'ils ne soient contraires aux dispositions de la présente Constitution, les textes législatifs et réglementaires existant à la date d'entrée en vigueur de la présente Constitution restent maintenus jusqu'au moment de leur abrogation.

Toutefois, les lois et les actes réglementaires provisoires cesseront, sauf s'ils sont prorogés de produire leurs effets à la date fixée pour leur expiration ».

Contrairement à certaines opinions qui alimentent la doctrine juridique congolaise[473], la Convention de 1906 entre l'E.I.C et le Saint-Siège n'est pas encore devenue caduque. On a reproché parfois au Saint-Siège d'avoir conclu des accords avec « des Etats totalitaires », ce qui leur aurait donné « d'une certaine façon un aval moral ». Un concordat est un accord international entre deux sujets de droit international. Il n'est pas un accord conclu avec un régime déterminé (les gouvernements, les régimes passent) mais avec un Etat souverain. La finalité qui anime le Saint-Siège lorsqu'il conclut des concordats et des accords avec les différents sujets internationaux est d'affirmer la volonté de l'Eglise de collaborer – dans la claire distinction des rôles - avec les instances des Etats et d'autres instances publiques au service de la personne humaine et du bien commun. Les traités et accords internationaux conclus avant le 30 juin 1960 ont toujours été protégés par les Constitutions successives du pays.

L'article VI du titre IX de la Constitution de 1967 dispose : « Les traités ou accords internationaux conclus avant le 30 juin 1960 ne resteront valables que pour autant qu'ils n'aient pas été modifiés par la législation nationale ». Cette disposition restera observée sous la deuxième République. Il est clairement établi que les conventions particulières conclues entre la puissance publique coloniale et les « *missions nationales* » d'une part et la convention entre le Saint-Siège et l'E.I.C de 1906 d'autre part n'ont jamais été abrogées et, par conséquent, elles sont toujours en vigueur. Si le législateur belge n'avait pas voulu ratifier la convention de 1953 entre le Saint-Siège et la Belgique sur le Congo, c'est parce que dans l'ambiance de la décolonisation il ne voulait pas faire supporter le poids d'une telle convention au futur Etat du Congo indépendant. Ainsi il a laissé l'initiative d'un tel engagement à l'Etat successeur.

Le retour au principe de légalité par l'avènement d'un Etat de droit au Congo entraînerait une reconsidération de la question de l'opportunité des nouvelles négociations entre le Saint-Siège et la République démocratique du Congo sur l'actualisation de la Convention de 1906 sur les points qui n'ont jamais été réglés par les lois du pays. L'Etat congolais est obligé juridiquement de trancher la question de tout le droit contractuel colonial des anciennes « *missions nationales* ».

En droit colonial belge, les « *missions nationales* » étaient des institutions publiques spécialisées, la puissance publique n'a-t-elle pas

[473] Cf. KALAMBAY LUMPUNGU, *art. cit.*, p. 169.

l'obligation d'exercer sa souveraineté sur toutes les institutions publiques existantes sur son territoire ? Dans l'euphorie de l'indépendance, l'ignorance de la gestion de l'administration publique d'une structure étatique moderne des agents de l'Etat, l'inexpérience des acteurs politiques et une lecture fondamentaliste de la laïcité pragmatique de l'Etat vont consacrer une séparation radicale de l'Eglise et de l'Etat au risque pour l'Etat de nier sa responsabilité sur les institutions publiques. Juridiquement, les « *missions nationales* » sont des institutions publiques spécialisées. Quelles que soient les opinions que la question pourrait susciter, honnêteté intellectuelle exige, un travail d'histoire du droit congolais ne peut pas s'empêcher de soulever la question que l'Etat congolais devrait résoudre avec les Eglises issues des anciennes « *missions nationales* ».

IV. Le subventionnement indirect

Les associations sans but lucratif bénéficient des exemptions fiscales prévues par la législation : les impôts cédulaires sur les revenus, l'impôt professionnel sur les revenus, l'impôt foncier, la taxe spéciale de circulation routière, les droits d'entrée des produits et articles servant au culte.

- L'article 12 de l'ordonnance-loi n° 69-009 du 10 février 1969 relative aux *impôts cédulaires sur les revenus* dispose :

« Sont exemptés de l'impôt sur les revenus locatifs :

2°) les institutions religieuses, scientifiques ou philanthropiques créées par application de l'article 1er du décret du 28 décembre 1888 et satisfaisant aux conditions requises par le décret-loi du 18 septembre 1965 ;

3°) les associations privées ayant pour but de s'occuper d'œuvres religieuses, scientifiques ou philanthropiques qui ont reçu la personnalité civile par application de l'article 2 du décret du 28 décembre 1888 et visée à l'article 5 du décret du 18 septembre 1965 ;

5°) les associations sans but lucratif ayant pour fin de s'occuper d'œuvres religieuses, scientifiques ou philanthropiques qui ont reçu la personnalité civile en vertu de décrets spéciaux ; … »[474].

- L'article 94 de la même loi tel que modifié par les articles 1er et 2 de l'ordonnance-loi n° 89-016 du 18 février 1989, stipule : « sont exempts de *l'impôt professionnel sur les revenus* dont ils bénéficient :

2°) a) les institutions religieuses, scientifiques ou philanthropiques créées par application de l'article 1er du décret du 28 décembre 1888 et satisfaisants aux conditions requises par le décret-loi du 18 septembre 1965 ;

b) les associations privées ayant pour but de s'occuper d'œuvres religieuses, scientifiques ou philanthropiques qui ont reçu la personnalité civile par application de l'article 2 du décret du 28 décembre 1888 et visées à l'article 5 du décret du 18 septembre 1965 ;

d) les associations sans but lucratif ayant pour fin de s'occuper d'œuvres religieuses, scientifiques ou philanthropiques qui ont reçu la personnalité civile en vertu de décrets spéciaux ; … »[475].

- Les articles 2 et 3 de l'ordonnance-loi n° 69-006 du 10 février 1969 tel que complétés par l'alinéa 4° et l'article 2 bis à son article 2 par l'ordonnance-loi n° 87-075 du 4 octobre 1987 relatives à *l'impôt réel* disposent :

« Art. 2. – Sont exemptées de *l'impôt foncier*, les propriétés appartenant :

2° a) les institutions religieuses, scientifiques ou philanthropiques et satisfaisant aux conditions requises par le décret-loi du 18 septembre 1965 ;

b) les associations privées ayant pour but de s'occuper d'œuvres religieuses, scientifiques ou philanthropiques qui ont reçu la personnalité civile par application de l'article 2 du décret du 28 décembre 1888 et visée à l'article 5 du décret du 18 septembre 1965 ;

---

474 *Les codes Larcier République démocratique du Congo. Tome V – Droit fiscal*, Bruxelles, Larcier - Afrique Editions, 2003, p. 30.

475 *Ibidem*, p. 43.

d) les associations sans but lucratif ayant pour fin de s'occuper d'œuvres religieuses, scientifiques ou philanthropiques qui ont reçu la personnalité civile en vertu de décrets spéciaux ;

Art. 3. – L'exonération de l'impôt foncier est consentie aux immeubles ou parties d'immeubles :

2° qu'un propriétaire, ne poursuivant aucun but de lucre, aura affecté :

a) soit à l'exercice d'un culte public, soit à l'enseignement, soit à la recherche scientifique, soit à l'installation d'hôpitaux, d'hospices, de cliniques, de dispensaires ou d'autres œuvres analogues de bienfaisance ;

Art. 4. – L'impôt foncier n'est pas établi en ce qui concerne la superficie des terrains qu'un propriétaire, ne poursuivant aucun but de lucre, aura affectée à l'une des fins visées aux literas a), b) et c) du 2° du 2ème alinéa de l'article 3. »[476]

L'article 3 bis de l'ordonnance-loi n° 90-047 du 8 août 1990 complétant l'ordonnance-loi n° 88-029 du 15 juillet 1988 portant création de *la taxe spéciale de circulation routière*, dispose : « sont exemptés de la taxe, les véhicules appartenant :

2° aux institutions, associations et établissements visés à l'article 12, 2° de l'ordonnance-loi 69-006 du 10 février 1969 relative à l'impôt réel ; ... »[477].

Outre l'exemption des impôts, les associations religieuses bénéficient de l'exemption des droits d'entrée pour les produits et articles servant au culte. En effet l'article 141 quater de l'ordonnance du 26 septembre 1957 qui complète l'ordonnance du 6 janvier 1950, définit ce qu'il faut entendre par produits et articles servant au culte :

« 1° le mobilier et les objets servant à l'usage du culte et à la décoration des églises, chapelles, temples et synagogues ; les cierges, bougies, veilleuses et similaires ; les instruments pour la musique religieuse ; les statues, statuettes, tableaux et emblèmes religieux, les chandeliers, candélabres, girandoles, lustres, les vitraux, les crèches avec sujets ; les grilles de sacristie, les vases et bénitiers, les horloges pour tours d'église ; les cloches, les tapis d'église ;

---

476 *Ibidem*, p. 64-65.

477 *Ibidem*, p. 80.

2° les objets liturgiques tels que : calice, ciboires, burettes, plateaux, patènes, ostensoirs, encensoirs ;

3° les vêtements et ornements sacerdotaux pour l'exercice du culte, les bannières religieuses, le linge d'autel ;

4° le vin de messe, les hosties, le pain azyme ;

5° les objets de piété, tels que chapelets, médailles, scapulaires, etc., non destinés à des transactions commerciales.

La destination des objets et produits susvisés doit être attestée par un certificat émanant du représentant de l'association religieuse qui les utilisera. Il doit être présenté à la douane en même temps que la déclaration pour la consommation »[478].

§ 4. Le principe constitutionnel d'égalité en matière religieuse

Le principe constitutionnel d'égalité a toujours été évoqué dans le constitutionnalisme congolais. La *loi fondamentale* du 17 juin 1960, en son article 2, dispose : « Tous les habitants du Congo sont égaux en dignité et en droit... ». L'article 13 de la Constitution de 1964 stipule : « Tous les Congolais sont égaux devant la loi et ont droit à une égale protection des lois ». L'article 5 de la Constitution de 1967 dispose : « Tous les Congolais, hommes et femmes, sont égaux devant la loi et ont droit à une égale protection des lois ... ». L'article 17 de la Constitution de transition de *Sun City* de 2003 reprend le même texte de l'article 5 de la Constitution de 1967. Le constitutionnalisme congolais a toujours donné au principe constitutionnel d'égalité une portée générale. Comme l'indique le Mémoire explicatif du projet de Constitution de 1967, « l'article 5 proclame le principe de l'égalité des Congolais, qu'il s'agisse des hommes ou des femmes. Cet article a une portée générale : les cas prévus à l'alinéa 2 ne sont pas les seuls où le principe d'égalité doit être respecté. Bien entendu, on devra interpréter raisonnablement ce principe d'égalité qui signifie que, se trouvant dans les mêmes conditions, tous les Congolais doivent être traités de la même manière ; cet article n'interdit

---

[478] *Ibidem*, p. 238.

pas, qu'en raison même de leur nature, certaines fonctions soient réservées en priorité ou exclusivement aux femmes ou aux hommes »[479].

Le principe d'égalité appliqué aux cultes implique la non-discrimination des cultes. En vertu du principe d'égalité, l'Etat doit respecter et protéger les convictions religieuses de tous ses citoyens de la même manière. La puissance publique ne peut pas établir une hiérarchie de valeurs entre les associations religieuses. Toutefois le principe constitutionnel d'égalité ne signifie pas la non-différenciation de rapport entre la puissance publique et les associations religieuses en fonction de leur représentativité sociale dans la vie publique de la Société. L'arrêté ministériel n° 0043 du 10 janvier 1967 relatif aux conditions d'agréation et de subsidiation des associations sans but lucratif (A.S.B.L.) et aux modalités de leur attribution, ne nous révèle-t-il pas *le respect de différenciation* des rapports entre la puissance publique et les associations religieuses? La puissance publique ne lie pas la subsidiation d'associations sans but lucratif à certains critères de l'article 1er dudit arrêté qui excluent plusieurs associations religieuses. L'article 1er dudit arrêté stipule : « Pourront être agréées par le Ministre des Affaires Sociales les A.S.B.L. qui remplissent les conditions suivantes :

1° être dotées de la personnalité civile ;

2° poursuivre des buts d'assistance ou de promotion sociale ;

3° avoir un rayon d'activité portant sur au moins 6 provinces de la République Démocratique du Congo ;

4° fournir lors de la demande d'agréation le programme d'action et le rapport d'activités se rapportant à l'exercice de l'année antérieure ainsi que le programme d'action pour l'année en cours »[480].

En effet, dans ses rapports avec les associations religieuses, l'Etat doit tenir compte de l'impact social des associations religieuses car toutes les Eglises ne sont pas impliquées de la même manière dans la construction du social, la promotion humaine et l'engagement pour l'avènement d'un Etat de droit dans le pays. Comme dit plus haut, la « *laïcité pragmatique* » observée par l'Etat congolais a conduit à la logique de

---

479 « Mémoire explicatif du projet de Constitution sur la base du texte de l'avant projet présenté au Président de la République et sur la base de la Commission politique du Gouvernement », in *Moniteur Congolais*, 14, 1967, p. 551.

480 *Moniteur congolais*, 8, 1967, p. 330.

confrontation dans les relations Eglises et Etat d'une part, et à la démission de l'Etat vis-à-vis de ses responsabilités envers les Eglises issues des anciennes « *missions nationales* » au nom de la neutralité de l'Etat d'autre part. Le principe constitutionnel de l'égalité se fonde sur le principe de légalité, il n'y a qu'un retour à la légalité qui permettrait de trouver une solution juridique pour *respect de la différenciation* des associations religieuses.

Nous ne prônons pas un régime des cultes fondé sur les inégalités, mais plutôt nous demandons un retour au principe de légalité éclairé par l'histoire du droit congolais des religions. Au-delà d'un régime commun des associations religieuses, que la puissance publique réhabilite le régime spécifique des cultes et missions qui a été mis en veilleuse sous la deuxième République à cause des confrontations successives, parfois passionnelles, entre les pouvoirs publics et certaines Eglises.

Bref, le principe constitutionnel d'égalité ne s'oppose pas au principe légal de *respect de différenciation* entre les institutions et associations religieuses qui consacre les situations particulières reconnues par le droit, comme il n'empêche pas le législateur de légiférer dans la sphère du religieux en ébullition dans l'espace public congolais.

Section 4. Religion et Libertés publiques

§ 1. La liberté de religion

Comme nous l'avons vu plus haut dans l'historique des textes constitutionnels, la tradition constitutionnelle congolaise garantit la liberté de religion. Elle lie toujours la liberté de religion à la liberté de pensée et de conscience. L'article 26, alinéa 2 de la Constitution de transition de 2003 dispose : « *Toute personne a droit à la liberté de pensée, de conscience et de religion* ».

La liberté de religion garantit la liberté de croyance ou de conviction religieuse, son expression et sa communication. Ceci implique une manifestation publique des croyances de l'individu ou du groupe auquel il adhère pour ses convictions religieuses. C'est pourquoi la liberté est intimement liée à la liberté d'expression, de réunion et d'association[481].

Après l'abolition de l'institutionnalisation du parti unique, le M.P.R., la réhabilitation des trois pouvoirs traditionnels (législatif, exécutif et

---

[481] Cf. KASONGO MUIDINGE, P-C., *art. cit.*, p. 139-140.

judiciaire) comme les seules institutions constitutionnelles par la loi n° 90-002 du 5 juillet 1990[482], la Cour Suprême de Justice « s'est sentie libérée de multiples pesanteurs de la deuxième République et s'est attaquée aux décisions du Président de la République sans crainte de représailles »[483]. La jurisprudence de la Cour Suprême de Justice de la République démocratique du Congo consacre aussi les liens existants entre la liberté de religion avec la liberté d'expression, de réunion, d'association. En effet, par l'ordonnance n° 86 du 12 mars 1986[484], le Président de la République abrogea l'ordonnance n°124 du 30 avril 1980[485], qui avait accordé la personnalité civile à l'association sans but lucratif « Les Témoins de Jéhovah ». Profitant du souffle de la liberté apporté par la démocratisation du pays et de l'abolition de l'institutionnalisation du parti M.P.R., « Les Témoins de Jéhovah » sollicite l'annulation de l'ordonnance présidentielle déjà citée. La Cour Suprême de Justice a rendu le 8 Janvier 1993 son Arrêt n° RA 266 concernant l'affaire opposant les Anciens Membres effectifs de l'Association Sans But Lucratif dénommée « Les Témoins de Jéhovah » à la République du Zaïre. Ces derniers ont reproché au Chef de l'Etat Zaïrois d'avoir, par son ordonnance n° 86 – 086 du 12 Mars 1986, annulé sans justifier les motifs, l'ordonnance n° 124 du 30 Avril 1980 ayant accordé l'existence juridique à cette association. Après avoir relevé l'absence des motivations de l'acte attaqué, la Cour Suprême de Justice a annulé ladite ordonnance sur base des articles 17, 18 de la Constitution de 1967 et les articles 17, 18 et 27 de l'Acte Constitutionnel de transition de 1994 relatifs aux droits garantis aux particuliers par la Constitution[486].

§ 2. La liberté de culte

La liberté de culte garantit le libre exercice de la manifestation extérieure de sa croyance ou conviction religieuse par des rites, des activités pastorales, l'enseignement religieux. L'article 26, alinéa 2 de la Constitution de transition de 2003 stipule : « *Toute personne a le droit de manifester sa religion ou ses convictions, seule ou en commun tant en privé qu'en public, par le culte, l'enseignement, les pratiques, l'accomplissement de rites et l'état de vie religieuse, sous réserve du respect de la loi, de l'ordre public et de bonnes mœurs.* »

---

[482] Cf. *Journal officiel*, Numéro spécial, 1990, p. 55.

[483] TSHIBANGU KALALA LAMATA, « La protection juridictionnelle des droits de l'homme dans la jurisprudence administrative de la Cour Suprême de Justice », in *RJZ*, 1-2-3, 1995, p. 12-13.

[484] *Journal officiel*, 8, 1986, p. 33.

[485] *Journal officiel*, 11, 1980, p. 11-12.

[486] Cf. *Bulletin des Arrêts de la Cour Suprême,* du 8/01/1993 in www.glin.gov

La liberté de culte est à la fois un droit subjectif et collectif. Il est subjectif en tant qu'il est fondé sur l'adhésion libre d'un individu à une foi ou croyance ; et collectif parce qu'il implique un attachement à une communauté de foi ou de croyance. Comme le note bien M. Morange, « la liberté des cultes est une des libertés fondamentales dont le principe a valeur constitutionnelle. Elle constitue, aujourd'hui, l'un des aspects de la liberté religieuse, avec la liberté de conscience. L'une et l'autre sont jugées inséparables. L'adhésion libre à une foi, la pratique individuelle (prière et comportement) sont indissociables de l'appartenance à une communauté et à une pratique collective, dont le culte constitue l'un des éléments »[487].

§ 3. La liberté d'association

La liberté d'association est un droit qui a été toujours reconnu dans l'histoire des textes constitutionnels congolais. La liberté d'association a un double aspect : fonder une association et s'affilier à une association. La Constitution de transition de 2003 fait du subventionnement public des associations un principe constitutionnel. L'article 40 de la Constitution de transition de *Sun City de 2003* dispose :

« Le droit des associations est garanti.

Les pouvoirs publics collaborent avec les associations nationales privées qui contribuent au développement social, économique, intellectuel, culturel, moral et spirituel des populations et à l'éducation des citoyens et des citoyennes.

Cette collaboration peut revêtir la forme d'une assistance par des subventions.

La loi fixe les modalités d'exercice de ce droit ».

§ 4. La liberté de manifestation et de réunion

La tradition constitutionnelle a toujours consacré le droit de manifestation et de réunion. Il s'agissait de consacrer l'ouverture de l'espace déjà enregistrée par le décret du 17 août 1959 et l'ordonnance n° 25/505 du 5 octobre 1959 qui seront abrogés par le Décret-loi n° 196 du 29 janvier 1999. Le décret-loi n° 196 fixe le principe général de la liberté

---

[487] MORANGE, J., *Libertés publiques*, Paris, P.U.F., 1985, p. 305.

et indique la matière de manifestations et réunions publiques, tout en précisant la manière de se comporter sur la voie publique ou dans les lieux publics, ouverts, non clôturés ou celles auxquelles le public est admis ou invité. L'article 2 de ce décret est on ne peut plus clair dans la détermination de matières de manifestations et réunions publiques : « Sont considérées comme manifestations notamment, les marches, les défilés, les cortèges, les cérémonies d'accueil, les processions, à caractère politique, culturel ou religieux. Sont considérées comme réunions tous rassemblements sédentaires d'au moins 2 personnes ne comportant aucun mouvement continu de déplacement d'un lieu à un autre. »

La liberté de réunion et de manifestation est garantie par l'article 30 de la Constitution de transition de *Sun City* de 2003, qui stipule : « La liberté de réunion et de manifestation pacifique est garantie sous réserve du respect de l'ordre public. Toute personne a le droit de participer à une réunion ou à une manifestation et nul ne peut y être contraint. La loi fixe les modalités d'application de la présente disposition ».

Section 5. Religion et droit pénal

En gros, la législation pénale congolaise postcoloniale est fondée sur le code pénal du 30 janvier 1940 et n'a pas fait des avancées très significatives pour ce qui est des délits liés à la religion. Des atteintes à la liberté des cultes sont réprimées par l'article 179 du Code pénal : « Seront punis d'une servitude pénale de huit jours à deux ans et d'une amende de vingt-cinq à cinq cents francs, ou d'une de ces peines seulement, toutes personnes qui, par des violences, outrages ou menaces, par des troubles ou des désordres, auront porté atteinte à la liberté des cultes ou à leur libre exercice, et à la liberté de conscience »[488].

Cette loi est une reprise de l'article 76 du code pénal de 1888 par le code pénal de 1940, qui s'avère être une disposition générale qui garantit la protection de la liberté des cultes. Il existe de nombreuses dispositions législatives ou réglementaires qui déterminent les infractions contre l'ordre public. L'article 1er de l'ordonnance-loi n° 72-039 du 30 août 1972 dispose :

« La section X du titre IV du Code pénal Livre II, intitulée 'de quelques autres infractions contre l'ordre public', est complétée par un article 155 quater ainsi libellé :

---

[488] *Les Codes Larcier République démocratique du Congo. Tome II – Droit pénal,* Bruxelles, Larcier – Afrique Editions, 2003, p. 20.

Sera puni d'une servitude pénale de six mois à cinq ans, tout officiant qui, lors du baptême d'un adepte Zaïrois, lui conférera une appellation aux consonances étrangères »[489].

Toute forme de discrimination et notamment la discrimination religieuse est réprimée par le droit congolais. L'article 1er de l'ordonnance-loi n° 25-131 du 25 mars 1960 relative à la répression des manifestations de racisme ou d'intolérance religieuse, dispose : « Les inscriptions murales ou autres, le port d'emblèmes, les gestes, les paroles ou les écrits susceptibles de provoquer, d'entretenir ou d'aggraver la tension entre races, ethnies ou confessions sont punis d'une peine de servitude pénale d'un mois à un an et d'une amende n'excédant pas 3.000 francs, ou d'une de ces peines seulement »[490].

Il appartient aux tribunaux de relever les infractions contre l'ordre public et la sûreté de l'Etat et d'infliger les sanctions pénales prévues par la loi. Les pouvoirs publics ont le devoir de réduire momentanément à l'impuissance tout individu ou groupe d'individus pour prévenir toute atteinte à la sécurité et à l'ordre public en raison de l'exercice du droit à la liberté de religion et le droit à la liberté de culte.

Cette loi couvre les atteintes aux droits garantis aux particuliers et plus spécialement à la liberté des cultes et de conscience, l'outrage aux objets de culte ne peut être réprimé sous cette qualification[491]

---

489 *Journal officiel*, 5, 1973, p. 329.

490 *Les Codes Larcier République démocratique du Congo. Tome II – Droit pénal*, Bruxelles, Larcier – Afrique Editions, 2003, p. 38.

491 Cf. LIKULIA BOLONGO, *Droit pénal spécial zaïrois. Les infractions contre les particuliers*, Tome I, Paris, Librairie générale de droit et de jurisprudence, 1976, p. 96.

Titre deuxième : Les statuts des cultes dans la législation congolaise postcoloniale

Les statuts des cultes sont un ensemble de règles juridiques fixées par la législation congolaise pour l'organisation des Eglises ou confessions religieuses. C'est un ensemble très varié et complexe bien que les études juridiques congolaises récentes aient tendance à les limiter au régime de droit privé, c'est-à-dire le droit des associations avec les spécificités pour les associations religieuses ou confessionnelles. La tendance générale développée par la législation congolaise postcoloniale est le régime de droit privé fondé sur le libéralisme de l'Etat en matière religieuse.

Chapitre premier : Le libéralisme d'Etat

Le libéralisme de l'Etat en matière religieuse a toujours été consacré par la tradition constitutionnelle congolaise. L'article 26 de la Constitution de transition de *Sun City* de 2003 reprend le texte constitutionnel classique qui consacre le régime libéral : « Dans la République, il n'y a pas de religion d'Etat. » La loi n° 71/012 du 31 décembre 1971 réglementant l'exercice des cultes a fait de cette disposition constitutionnelle son article 1er : « ... Dans la République, il n'y a pas de religion d'Etat... ».

Le libéralisme de l'Etat n'est pas une indifférence à l'égard des croyances religieuses mais est une garantie qui permet à chaque habitant du pays de donner sens à sa vie et d'adhérer aux convictions religieuses qui lui conviennent. Le libéralisme de l'Etat ouvre l'espace public à toutes les croyances religieuses et permet à l'Etat de manifester sa souveraineté dans la réglementation des activités et institutions religieuses. Dans le régime libéral, les Eglises sont organisées à travers des structures associatives dotées de personnalité juridique, l'Etat n'intervient pas dans l'organisation intérieure et dans le financement des Eglises. Cette base juridique fait des institutions et associations religieuses des associations du régime privé et consacre le principe de la non-intervention de l'Etat et le principe de non-subventionnement.

Section 1. Un régime de droit privé des associations

En droit congolais, les Eglises ou confessions religieuses existent sous forme d'association sans but lucratif dotée d'une personnalité juridique. Cette condition d'existence légale des Eglises ou confessions religieuses s'inscrit dans la tradition juridique congolaise. En effet, le droit colonial belge ne connaissait pas l'existence des associations de fait et ne connaissait pas d'autres associations sans but lucratif à caractère religieux que celles qui concourent à la mission civilisatrice des pouvoirs publics. Le régime des associations était fondé sur le principe de leur agréation par les pouvoirs publics. Il y avait des associations agréées selon les dispositions légales générales pour les associations sans but lucratif et les institutions religieuses agréées selon les dispositions spécifiques. D'où l'existence de deux types d'associations religieuses : les associations du régime général et les associations du régime spécifique. Le droit congolais des associations est très varié et complexe car il connaît deux fondements juridiques consacrés par l'histoire.

§ 1. Deux types d'associations dans la tradition juridique congolaise

Le droit congolais des associations a été inauguré par la promulgation du décret de 1888, qui a régi le monde des associations sans but lucratif jusqu'à la veille de l'indépendance en 1959. Ce décret consacre le régime général des associations et reconnaît un régime spécifique réservé aux associations dotées de personnalité civile par des actes législatifs spécifiques. Le décret de 1959 relatif aux associations sans but lucratif, consacrera aussi les deux types d'associations héritées du régime léopoldien. Tout en ouvrant le champ d'action des associations sans but lucratif, le décret du 27 décembre 1959, va maintenir la double forme de régime des associations à travers les articles 22 et 23.

L'article 22 dispose :

« Les associations qui ont obtenu la personnalité civile par l'application du décret du 28 décembre 1888 sont soumises aux dispositions du présent décret.

Elles auront à y conformer leurs statuts dans les douze mois de l'entrée en vigueur du décret sans qu'elles puissent cependant à cette occasion apporter une modification quelconque à leur dénomination, siège et objet. Passé ce délai, l'association sera dissoute de plein droit et sa liquidation sera poursuivie conformément aux articles 18, 19, 20 et 21.

Et l'article 23 stipule : « Les associations qui ont été dotées de la personnalité civile par un acte législatif spécial se référant à certaines dispositions du décret de 1888, restent régies par cet acte et ces dispositions ».

Le décret-loi du 18 septembre 1965 sur les associations sans but lucratif soumet toutes les associations religieuses au même régime par son article 30 : « Indépendamment des associations qui obtiendront la personnalité civile postérieurement à son entrée en vigueur, sont soumises au présent décret-loi :

1° les associations qui ont obtenu la personnalité civile par application du décret du 28 décembre 1888, y compris celles qui n'ont pas conformé leurs statuts aux dispositions du décret du 27 décembre 1959 ;

2° les associations qui ont obtenu la personnalité civile par application du décret du 27 novembre 1959 ;

3° les associations qui ont été dotées de la personnalité civile par un acte législatif spécial se référant à certaines dispositions du décret du 28 décembre 1888 ».

L'article 32, alinéa 2 du même décret-loi reconnaît le régime particulier des associations ayant reçu la personnalité civile par un acte législatif spécifique : « Jusqu'à cette date, les associations visées aux numéros 1 et 2 de l'article 30 resteront soumises aux dispositions des articles 6, alinéa 2, et 10 du décret du 27 novembre 1959 et les associations visées au numéro 3 du même article 30 resteront soumises aux dispositions relatives à l'agréation des représentants légaux qui sont contenues dans l'acte législatif leur ayant accordé la personnalité civile ». L'article 74 de la loi 004-2001 du 20 juillet 2001, portant dispositions générales applicables aux associations sans but lucratif et aux établissements d'utilité publique, consacre l'existence des dispositions spécifiques : « La présente loi reconnaît les associations sans but lucratif et les établissements d'utilité publique qui ont déjà obtenu la personnalité juridique ».

Cette brève étude de l'évolution historique du régime des associations nous révèle que le droit congolais a toujours reconnu la valeur juridique du régime spécifique des associations dotées de personnalité juridique par des actes législatifs spécifiques. L'exercice effectif de ces droits est un devoir qu'il faut toujours rappeler aux sujets de droit car il nous semble que les associations du régime spécifique ne jouissent pas de leurs droits en République démocratique du Congo. Cette consécration de la tradition juridique congolaise devrait avoir une double conséquence juridique : d'une part l'observation du régime spécial pour les institutions et associations religieuses de droit colonial belge et l'application du principe de séparation pour les associations confessionnelles de droit commun postcolonial. Il s'agit de mettre à jour les lois existantes qui établissent un système combinant un régime de séparation pour les associations religieuses ou confessionnelles du régime général de droit des associations et le régime spécial pour les associations de droit spécifique.

L'instabilité politique qui suivit l'indépendance du pays ne permit pas aux institutions et associations religieuses de jouir de leurs droits et la *laïcité pragmatique* de l'Etat sous la première et la deuxième République préconisait le renvoi des Eglises dans les sacristies, c'est-à-dire les réduire à des associations cultuelles. Un régime de séparation de fait fut instauré par la puissance publique incapable d'assumer ses obligations vis-à-vis des associations avec lesquelles elle est liée par le droit. En tout état de cause, il faut souligner que l'imbroglio et le chaos politique de la première République et la confiscation du pouvoir par la dictature de Mobutu sous la deuxième République n'ont pas permis l'instauration d'un Etat de droit en République démocratique du Congo durant les quatre décennies d'indépendance du pays, et les lois du pays semblent être méconnues par une large partie de gouvernants et gouvernés.

§ 2. Le régime général

Le régime général des associations religieuses ou confessionnelles est l'ensemble des dispositions législatives générales applicables aux associations sans but lucratif et aux établissements d'utilité publique. Par le décret-loi n° 195 du 29 janvier 1999, les associations religieuses sont appelées « *associations confessionnelles* ». Le régime actuel des associations confessionnelles est fondé sur la loi 004-2001 du 20 juillet 2001 et sur les dispositions réglementaires de l'arrêté ministériel n° 0043 du 10 janvier 1967 relatif aux conditions d'agréation et de subsidiation à certaines A.S.B.L. et aux modalités de leur attribution[492]. En effet la loi des associations de 2001 est une fusion de toutes les législations postcoloniales sur les associations sans but lucratif.

---

[492] *Moniteur congolais*, 8, 1967, p. 330.

I. Généralités sur l'existence légale d'une Eglise

L'organisation des associations religieuses ou confessionnelles dans le cadre du droit privé des associations garantit la liberté institutionnelle des Eglises ou confessions religieuses. Par le décret-loi n° 195 du 29 janvier 1999 les associations religieuses sont appelées « *associations confessionnelles* ». La tradition juridique congolaise a toujours considéré les Eglises ou confessions religieuses comme des associations sans but lucratif à caractère religieux dotées de la personnalité juridique, qui naissent et qui meurent. Aucune Eglise ne peut exister que sous forme d'association sans but lucratif. L'article 48 de la loi des associations de 2001 stipule : « Toute association confessionnelle ne peut se constituer que sous forme d'une association sans but lucratif dotée de la personnalité juridique ».

L'Etat a toujours voulu que les initiatives privées ou collectives engagées dans le social, le culturel et le religieux soient organisées sous la forme institutionnelle. Les institutions associatives ont une personnalité juridique qui leur accorde une capacité et peuvent ester en justice, percevoir des dons, présents, aumônes et legs. Bien qu'il soit limité, les associations ont le droit de propriété. L'étude de l'histoire du droit privé congolais des associations révèle que la puissance publique a toujours eu peur que les populations puissent être manipulées par des forces occultes extérieures pour des fins politiciennes sous couvert d'association sans but lucratif[493]. Ce danger politique réel et permanent a conditionné la capacité de l'octroi de la personnalité juridique à l'appréciation de la puissance publique. L'article 3 de la loi 004-2001 de 2001 dispose : « La personnalité juridique est accordée par le ministre de la justice après avis favorable du ministre ayant dans ses attributions le secteur d'activité visé ».

II. La querelle autour de « personnalités juridiques »

L'imbroglio et le chaos politiques provoqués par la crise de non-respect du principe de légalité de la période troublée de la décolonisation et l'instabilité politique qui plongea le pays dans une guerre civile de quatre ans (1961-1964) sous la première République, ne permirent pas un fonctionnement adéquat de la structure étatique. Beaucoup d'associations

---

[493] Cf. Les travaux préparatoires du décret du 27 novembre 1959, in PIRON, P. et DEVOS, J., *Codes et Lois du Congo belge. Organisation administrative et judiciaire,* tome II, Bruxelles –Léopoldville, Maison Ferdinand Larcier – Editions des codes et lois du Congo belge, 1960, p. 351.

religieuses ou confessionnelles se retrouvèrent dans un état juridique d'association de fait.

A la fin de la rébellion muleliste (1963-1964), la sûreté de l'Etat était prioritaire pour les pouvoirs publics. L'Etat cherchait à asseoir son autorité sur tout le territoire national. Les autorités des associations religieuses ont souvent été soupçonnées par les pouvoirs publics de soutenir des groupes politiques concurrents, ce qui poussa les pouvoirs publics à intensifier la police des activités des associations religieuses. C'est ainsi que la question des associations religieuses fut réduite à celle de l'octroi de la personnalité civile pour pouvoir supprimer ou écarter certaines associations religieuses pour des raisons politiques.

Le décret-loi du 18 septembre 1965 sur les associations étrangères sera modifié par l'ordonnance-loi n° 66/149 du 22 mars 1966 portant un seul article[494] : « Les associations religieuses étrangères qui exercent leur activité au Congo à la date d'entrée en vigueur du présent décret-loi sont tenues de demander, dans le délai de 18 mois à compter de cette date, l'autorisation exigée à l'article 3.

Faute par elles d'avoir satisfait à cette obligation, le Président de la République constatera, par ordonnance, qu'elles ne sont pas autorisées à poursuivre leur activité au Congo ».

Les associations religieuses qui ne s'étaient pas encore conformées à la loi le feront de telle manière que le ministère de la Justice accorda la personnalité civile à un grand nombre d'entre elles jusqu'à la fin de l'année 1967. Une étude minutieuse des actes de reconnaissance légale des associations religieuses révèle cependant quelques questions qui ne pourraient pas échapper à la curiosité scientifique[495] :

- Primo, dans le camp des associations religieuses catholiques, une nette et claire distinction se dégage entre les actes juridiques des Congrégations, Instituts ou Ordres religieux et missionnaires et des diocèses ou évêchés. Le diocèse est une association différente des Instituts ou Ordres religieux et missionnaires qui desservent le diocèse. Les *missions religieuses* (Congrégations, Instituts ou Ordres religieux et missionnaires) se mirent à se séparer juridiquement des missions (diocèses ou évêchés) qu'elles desservaient, en affirmant leur autonomie par l'octroi des personnalités juridiques.

---

[494] *Moniteur congolais*, p. 202.
[495] Cf. *Moniteur congolais*, 23, 1967, p. 932-938.

Par exemples : 1) « Par arrêté ministériel n° 224 du 22 août 1967, sont approuvés, les statuts de l'ASBL. 'Congrégation des Missionnaires de Scheut', datés du 12 janvier 1967 ... »[496].

2) « Par arrêté ministériel n° 229 du 29 août 1967, sont approuvés les statuts de l'association sans but lucratif 'Association de l'archidiocèse de Bukavu', datés du 10 mars 1967 ... »[497].

- Secundo, dans le camp des associations religieuses protestantes, nous retrouvons deux cas de figure. Le premier cas est celui des associations qui ont respecté l'esprit de la législation congolaise de distinguer la « *mission* » (territoire ecclésiastique) et « *mission religieuse* » (Société de mission). C'est le cas par exemple de la Mission Presbytérienne de Léopoldville : « Par arrêté ministériel n° 210 du 21 août 1967, sont approuvés, les statuts de l'association sans but lucratif 'Mission Presbytérienne de Léopoldville', datés du 2 janvier 1967 ... »[498]. Ou encore le cas de « Katanga Anglican Church » : « Par arrêté n° 243 du 30 août 1967, sont approuvés, les statuts de l'association sans but lucratif 'Katanga Anglican Church', datés du 29 avril 1966 ... »[499].

Le deuxième cas est celui des associations qui n'ont pas voulu faire de séparation entre la « *mission* » qu'elles desservent et la « *mission religieuse* » ou la Société de mission. Ainsi ont-elles demandé la personnalité civile de la « *mission* » au nom de leur « *mission religieuse* ». C'est le cas des associations : « Garenganze Evangelical Mission » par arrêté ministériel n° 256 du 13 septembre 1967[500], « Svenska Missions Förbundet » par arrêté ministériel n° 258 du 15 septembre 1967[501], « American Mennonite Brethren Mission » par arrêté ministériel n° 279 du 6 octobre 1967[502], « Baptist-Mid Missions » par arrêté ministériel n° 236 du 28 novembre 1967[503].

Derrière cette ambiguïté des statuts des associations religieuses protestantes se cachait un malaise profond de manque de communion

496 *Ibidem*, p. 933.
497 *Ibidem*.
498 *Ibidem*, p. 932.
499 *Ibidem*, p. 934.
500 *Ibidem*, p. 935.
501 *Ibidem*, p. 936.
502 *Ibidem*, p. 937.
503 *Ibidem*, p. 938.

dans plusieurs Eglises protestantes[504]. Après l'indépendance, les troubles politiques obligèrent les missionnaires anglo-saxons de rentrer dans leurs pays, ce qui entraîna la responsabilisation des « missions » aux cadres africains[505]. Cette africanisation des cadres, initiée dans certaines Eglises, avait rencontré une résistance auprès de plusieurs missionnaires protestants étrangers[506]. C'est pourquoi plusieurs missionnaires restèrent attachés à leur statut de « *mission religieuse* » ou Société de mission au lieu d'être au service de « *mission* ». Ainsi ils étaient plus liés à leur société de mission qu'aux nouvelles autorités religieuses légitimement établies à l'issu de l'organisation des scrutins des assemblées générales de plusieurs associations religieuses protestantes. C'est en effet toute la question du rapport entre les « *Missions religieuses* » et les « *Missions* » qui était au cœur de la querelle des personnalités juridiques, qui est une querelle interne des associations religieuses protestantes[507]. Un malaise généralisé était perceptible dans tout le milieu protestant du pays. Comme le souligne M. Munayi, « jusqu'en 1969, certaines Missions n'avaient toujours pas permis aux Eglises nées d'elles d'obtenir leurs propres personnalités civiles. En 1970, il fut intimé à ces Missions l'ordre de transférer leurs personnalités civiles à leurs églises respectives car avec la naissance de l'unité organique de l'Eglise du Christ au Congo (ECC nouvelle formule) sonnait la fin des Missions comme institutions puisque seules les églises pouvaient devenir membres de l'ECC qui se substituait elle-même au Conseil protestant du Congo. C'est ainsi que, à cette même occasion, la personnalité civile qu'avait obtenue le CPC aux termes de l'ordonnance du 23 avril 1941 fut transférée d'office à l'ECC »[508].

En réalité, l'indépendance du pays marqua la fin du monopole des associations religieuses reconnues et la manifestation d'un grand désir de liberté qui créa un bouleversement de la géographie religieuse du pays. Alors que chaque *mission religieuse* reconnue avait un champ d'action propre et déterminé à l'époque coloniale ; avec l'indépendance, chaque mission religieuse voulait s'ouvrir à l'espace national. On assista ainsi à une nouvelle tendance de conquête de nouveaux territoires par des associations religieuses. Cette vague de liberté d'action fut le début de l'éclatement de plusieurs associations religieuses reconnues et le début

---

504 Cf. BEECKMANS, R., « Le centenaire protestant au Zaïre (1878-1978) », in *Zaïre-Afrique*, 130, 1978, p. 593-595.

505 Cf. McGAVRAN, D. A. and RIDDLE, N., *Zaïre : Midday in Missions*, Valley Forge, Judson Press, 1979, p. 74-85.

506 Cf. MUNONGO BANIANGA, *Aspects du protestantisme dans le Congo-Zaïre indépendant*, Thèse de doctorat, Université Charles De Gaulle Lille III, 2000, p. 104-108.

507 Cf. MASIALA MA SOLO, « Quelques événements ayant accompagné la naissance de l'unité de l'Eglise du Christ au Congo », in *Revue du Crip*, 1, 2002, p. 365-372.

508 MUNAYI MUNTU-MONJI, Th., *art. cit.*, p. 101.

d'une libéralisation intégrale de l'offre religieuse. La libéralisation de l'offre religieuse mit fin à la politique de la régionalisation de missions qui ouvrit l'espace national à la concurrence religieuse. Cette ouverture de la politique religieuse du pays fut considérée comme un symbole de libération spirituelle des anciennes *« missions religieuses »* qui devrait accompagner la libération politique du pays du joug colonial. C'était une façon de se libérer de l'autoritarisme des missionnaires des anciennes « *missions religieuses* ». La libéralisation de l'offre religieuse entraîna l'éclatement de plusieurs associations religieuses reconnues et marqua la fin du monopole régional des anciennes « *missions religieuses* ».

Ainsi les Eglises ou confessions religieuses reconnues vont chercher à s'implanter dans tout le pays en provoquant des abandons et même parfois des scissions dans d'autres Eglises ou confessions religieuses. De ce point de vue, l'Eglise catholique enregistrera encore beaucoup d'abandons de ses membres qui se convertissaient aux Eglises protestantes reconnues en quête d'expansion. Pour la plupart des chrétiens reconvertis, ces reconversions étaient considérées comme une conquête de la liberté religieuse brimée par la législation coloniale.

Plusieurs Eglises protestantes éclatèrent et connurent des vagues d'abandons successifs pour s'associer à d'autres Eglises existantes dans d'autres provinces, d'autres pays ou carrément par la création des Eglises indépendantes. Ce fut la genèse de la prolifération des Eglises et Sectes religieuses, qui, en bien des régions, créa un malaise social profond affectant « l'ordre public et les bonnes mœurs ».

C'est alors que le législateur congolais se saisit du problème pour mettre fin à l'émiettement des Eglises protestantes établies dans des circonscriptions ecclésiastiques, pour donner un cadre juridique à la création des Eglises et Sectes religieuses et l'exercice des cultes par d'autres associations religieuses qui ne sont pas de droit congolais.

III. Des associations religieuses aux associations confessionnelles

Les associations religieuses étaient des associations sans but lucratif à caractère religieux dans la tradition juridique congolaise. L'évolution récente du droit des associations a établi une catégorisation des associations sans but lucratif et a consacré l'appellation « *association confessionnelle* ». Le droit congolais des associations ne donne pas une définition explicite de l'association confessionnelle. Il décrit indirectement le champ épistémologique applicable au concept juridique « *association confessionnelle* » à l'article 47 de la loi des associations de

2001 en ces termes : « Toute association confessionnelle doit se doter d'un ou de plusieurs lieux de culte ou de pratique religieuse répondant à certaines normes de sécurité et de commodité, et garantissant la quiétude des populations environnantes ».

Dans l'esprit de l'article 47 de la loi des associations de 2001, les associations confessionnelles sont des associations cultuelles ou des associations dont l'objet exclusif est la pratique religieuse ou l'exercice des cultes comme est intitulé la section II du chapitre III du Titre 1er des associations sans but lucratif (A.S.B.L.). C'est la conséquence logique de la politique de la laïcité pragmatique de l'Etat observée par la puissance publique depuis l'accession du pays à l'indépendance.

L'interprétation authentique de la loi est celle faite par le législateur lui-même car elle exprime sa volonté, la finalité de la loi et l'objet de la loi. D'où l'importance de situer la loi à interpréter dans le contexte qui l'a vu naître. Comme nous l'avons déjà souligné, la loi des associations de 2001 est une fusion des législations successives antérieures en la matière. Or nous ne pouvons pas oublier que ces lois sont nées dans un contexte postcolonial bien déterminé pour mettre fin à la crise interne des Eglises protestantes des années 1960-1964 et 1969-1971. Les conditions pour être fondateur ou représentant légal d'une association confessionnelle édictées par la loi des associations de 2001 ne sont à comprendre que dans la continuité de l'esprit de la loi n° 71-012 du 31 décembre 1971, de l'ordonnance n° 72/195 du 28 mars 1972 et de l'ordonnance-loi n° 79-002 du 3 janvier 1979. Toutes ces dispositions législatives et réglementaires tentaient de mettre fin à la crise interne des Eglises protestantes et à la prolifération des sectes religieuses qui s'en est suivie.

Vu les querelles internes aux Eglises protestantes liées à la charge de direction, il fallait imposer les principes de démocratie interne et des assemblées générales. Cette pratique relève de la tradition protestante et montre encore une fois combien le législateur voulait résoudre un problème spécifique lié à certaines Eglises. L'organisation interne de l'Eglise catholique suit une législation propre à l'institution qui ne donne pas de place au principe de démocratie et des assemblées générales. Par exemple, selon la législation interne de l'Eglise catholique, l'évêque diocésain, c'est-à-dire l'évêque à qui est confiée la charge d'un diocèse (cf. Can. 376, CIC 1983) est nommé par le Pape, Pontife Suprême de l'Eglise (cf. Can. 377, CIC 1983)[509]. L'évêque diocésain est donc de droit

---

[509] *Code de Droit Canonique*. Texte officiel et traduction française, Paris, Editions du Centurion, Cerf, Tardy, 1984, p. 67.

le représentant légal de l'association religieuse dont il a la charge. Donc les dispositions législatives générales des associations confessionnelles révèlent bien des limites liées à l'histoire socio-juridique dans laquelle elles ont été mises au point. En vertu du principe constitutionnel de continuité juridique, la législation congolaise supplée à toutes ces lacunes par l'application du régime spécifique des associations dotée de personnalité juridique par des actes législatifs spécifiques.

Nous ne pouvons pas ignorer le problème déjà soulevé que pose l'ambiguïté du régime général des associations religieuses ou confessionnelles hérité du droit colonial. Dans la tradition juridique congolaise, toutes les associations religieuses n'ont pas la même nature juridique par leur objet. Cette ambiguïté est davantage accentuée par la réduction des associations religieuses à des associations confessionnelles par la loi des associations de 2001. Comme nous l'avons déjà montré plus haut, les associations confessionnelles sont des associations cultuelles, et il n'est pas adéquat de réduire les anciennes associations religieuses à des associations confessionnelles car certaines d'entre elles ont d'autres objets que le cultuel. Que dire des congrégations religieuses, instituts ou ordres religieux catholiques qui ne sont pas chargés de l'exercice du culte ? Les congrégations féminines ou masculines hospitalières, enseignantes ou dévouées à la charité (les religieuses ou les sœurs religieuses, les religieux ou les frères religieux) ne peuvent en aucun cas être assimilées à des associations confessionnelles telles qu'elles sont définies par la loi des associations de 2001. Les autres associations de chrétiens laïcs, poursuivant des fins religieuses et charitables qui ne font pas un engagement par des vœux publics et qui ne sont pas des congrégations religieuses, ne peuvent aussi en aucun cas être classées dans la catégorie des associations confessionnelles.

Il s'avère clairement que le régime général des associations confessionnelles a bien des limites liées à une globalisation des règles juridiques à des associations typiquement différentes par leur objet. Si cette ambiguïté du régime général des associations était supplée par les législations spécifiques en droit colonial belge, la législation postcoloniale n'a pas produit des particularismes avec sa tendance à l'unification du droit. Il est important que la question des associations confessionnelles soit abordée avec plus de rigueur juridique en tenant compte des droits propres ou des régimes statutaires des religions, des confessions religieuses, des congrégations, des instituts ou ordres religieux. Cela est plus qu'une exigence d'autant plus que plusieurs confessions religieuses, congrégations, instituts et ordres religieux se sont implantés dans le pays après l'indépendance et ne sont pas concernés par la législation coloniale des cultes et missions.

La réduction des associations religieuses à des associations confessionnelles ou cultuelles est une application stricte de la loi postcoloniale fondée sur les principes de la laïcité de l'Etat, de la neutralité de l'Etat, de séparation de l'Eglise et de l'Etat, de l'égalité des cultes. C'est une machination contraire à la loi qui tente de jeter dans le même sac les associations cultuelles de la législation postcoloniale aux associations religieuses issues des anciennes « *missions* » et « *missions religieuses* ». C'est une violation pure et simple de la loi pour un double motif : premièrement les *missions nationales* sont des institutions publiques spécialisées et la puissance publique ne peut s'en détacher qu'en observant la loi, et deuxièmement l'Etat congolais ne peut pas se délier de ses obligations internationales qui le lie au Saint-Siège (Eglise catholique) sans observer certaines règles de droit international.

Section 2. Limitation de la liberté de religion

En vertu du principe de la séparation de l'Eglise et de l'Etat, l'Etat n'intervient pas dans l'organisation des associations religieuses ou confessionnelles. La puissance publique est obligée d'établir des règles juridiques qui permettent une gestion harmonieuse des libertés collectives religieuses des institutions religieuses. En fait la gestion de l'espace public national oblige la puissance publique à intervenir pour raison « d'ordre public et de bonnes mœurs ».

§ 1. Limitation pour raison d'ordre public

Pour protéger les libertés individuelles de ses citoyens et pour la cohésion nationale, la puissance publique tient à intervenir dans le domaine relevant des libertés collectives religieuses. Il s'avère que l'ordre public national constitue le gage de la cohésion nationale que l'Etat tient à protéger à tout prix. C'est ce mobile qui poussa le législateur à dissoudre huit associations religieuses (Rose-Croix ou Amorc, Gnosis, Message de Graal, Franc-maçonnerie, Templiers, Subud, Caodaïsme, Martinisme) par l'ordonnance n° 71/207 du 28 juillet 1971[510].

C'est le même motif qui a poussé encore les pouvoirs publics à intervenir pour mettre fin à la querelle des personnalités juridiques dans le milieu protestant congolais. Le législateur créa ainsi une législation

---

[510] Cf. *Moniteur congolais*, 17, 1971, p. 780.

spécifique pour les Eglises protestantes comme le stipule l'exposé des motifs de la loi n° 71-012 du 31 décembre 1971 :

« La République du Zaïre est un Etat démocratique et social. Aussi, les libertés publiques notamment celles de pensée, de conscience et de religion ainsi que les droits fondamentaux, sont-ils reconnus à tous les citoyens.

Cependant, l'exercice de ces libertés, particulièrement de la liberté religieuse, donne souvent lieu à des abus qui vont parfois jusqu'à troubler l'ordre public.

En outre, les fondateurs des Eglises et des Sectes religieuses, exploitant la foi qui caractérise notre peuple et profitant de sa crédulité utilisent les Eglises et les Sectes religieuses à des fins personnelles et commerciales au détriment de l'enseignement religieux.

L'intervention du législateur s'avère dès lors indispensable. Bien plus, l'article 37 du décret-loi du 18 septembre 1965 sur les associations sans but lucratif, prévoit l'éventualité d'une législation particulière pour les associations sans but lucratif ayant un objet spécifique.

(...) La présente loi a donc pour objet de fixer les conditions à remplir pour la création des Eglises et des Sectes religieuses ainsi que celles relatives à la personnalité de leurs fondateurs et représentants »[511].

Les bouleversements socio-ecclésiaux enregistrés affectèrent toutes les associations religieuses reconnues mais le milieu protestant fut le plus affecté par le virus sectaire. C'est ce qui poussa les pouvoirs publics à susciter un mouvement fédérateur de toutes les tendances protestantes en une seule représentation dans le partenariat avec l'Etat qui voulait régenter toutes les activités de toutes les institutions, même religieuses[512]. Désormais, c'est le législateur qui reconnaissait les communautés membres de l'Eglise protestante au Congo connue sous le nom de l'E.C.C (Eglise du Christ au Congo). Comme l'indique l'exposé des motifs de la loi du 31 décembre 1971 : « Au terme de la présente loi, par

[511] *Journal officiel*, 2, 1972, p. 39.
[512] Cf. DE MEESTER, P., *L'Eglise de Jésus Christ au Congo-Kinshasa. Notes inchoatives et marginales pour une histoire contemporaine*, Lubumbashi, Editions du Centre Interdiocésain, 1998, p. 217.

Eglise du Christ au Zaïre il faut entendre toutes les communautés membres de cette association dont la liste est en annexe »[513].

L'ordonnance n° 72/195 du 28 mars 1972 révèle bien l'interventionnisme de l'Etat dans le règlement de la question des associations religieuses protestantes face à la prolifération des Eglises et Sectes religieuses, qui fait de l'E.C.C (Eglise du Christ au Congo) l'institution d'encadrement du protestantisme congolais. L'article 1 de cette ordonnance le prouve suffisamment :

« L'agréation prévue à l'article 11 de la loi n° 71/012 du 31 décembre 1971 réglementant l'exercice des cultes est accordée aux associations religieuses protestantes figurant sur la liste annexée à la présente ordonnance.

Ces associations sont groupées d'office au sein de l'Eglise du Christ au Zaïre, tout en conservant leur propre personnalité juridique »[514].

Ainsi pour arrêter la prolifération des Eglises et sectes religieuses, la loi du 31 décembre 1971 admet l'exercice des cultes catholique, protestant et kimbanguiste, en attendant l'agréation des autres. L'article 11 de ladite loi dispose : « Toutes les Eglises et toutes les Sectes religieuses existants à cette date doivent, endéans les 3 mois de l'entrée en vigueur de la présente loi, réintroduire leurs dossiers conformément à la présente loi, auprès du Ministère de la Justice pour une nouvelle agréation à l'exception de l'Eglise Catholique, de l'Eglise du Christ au Zaïre et de l'Eglise de Jésus-Christ sur la terre par le Prophète Simon Kimbangu »[515].

La loi du 31 décembre 1971 réglementant l'exercice des cultes était nécessaire mais dans le fond cette loi était anticonstitutionnelle. En vertu du principe constitutionnel de laïcité de l'Etat, l'Etat ne devrait pas s'ériger en organisateur de l'E.C.C (Eglise du Christ au Congo). La capacité que cette loi accorde à l'Etat porte atteinte à la liberté des cultes et manifeste la volonté des pouvoirs publics d'appuyer une opinion philosophique ou religieuse à l'exclusion des autres[516]. L'ordonnance n° 72/195 du 28 mars 1972 manifeste clairement la violation du principe de

---

[513] *Journal officiel*, 2, 1972, p. 39.
[514] *Journal officiel*, 1, 1973, p. 46.
[515] *Journal officiel*, 2, 1972, p. 42.
[516] Cf. PIERARD, J-P., « La situation juridique de l'individu dans la société zaïroise », in *RJZ*, 3, 1973, p. 282.

la laïcité de l'Etat en son article 1 : « L'agréation prévue à l'article 11 de la loi n° 71/012 du 31 décembre 1971 réglementant l'exercice des cultes est accordée aux associations religieuses protestantes figurant sur la liste annexée à la présente ordonnance.

Ces associations sont groupées d'office au sein de l'Eglise du Christ au Zaïre, tout en conservant leur propre personnalité juridique »[517].

En plus, comme l'indique le commentaire l'article 27 de la Constitution de 1967, ledit article « confère au Président de la République, chef de l'exécutif, le pouvoir réglementaire général et détermine le contenu de ce pouvoir »[518]. Partant de sa nature juridique, l'ordonnance qui est un texte réglementaire, le chef de l'exécutif qui applique la loi nous donne par le fait même l'interprétation authentique qu'il fait de la loi. Cette application montre suffisamment que par la loi n°71/012 du 31 décembre 1971, le législateur s'engage à organiser une Eglise protestante unie au Congo. Là où il n'existe pas en principe de religion d'Etat, pourquoi l'Etat doit-il organiser une religion ? Cette ordonnance prouve une violation du principe constitutionnel de la laïcité de l'Etat. Le commentaire du législateur, ajouté à l'ordonnance n°72/195 du mars 1972, prouve à suffisance que l'E.C.C (Eglise du Christ au Congo) a été une création des pouvoirs publics et non une émanation de la volonté des différentes confessions protestantes cherchant à s'unir au sein d'une seule et unique plate-forme : « fait pour être annexé à l'ordonnance n°72 / 195 du 28 mars 1972 reconnaissant certaines communautés religieuses protestantes comme faisant partie de l'Eglise du Christ au Zaïre »[519].

En violant la Constitution, l'Etat s'était immiscé dans les affaires des Eglises et il n'y avait pas à chercher l'application du principe constitutionnel de séparation de l'Eglise et de l'Etat. D'ailleurs l'article 9 de la loi de 1971 mettait les Eglises et Sectes religieuses organisées par la dite loi au service du Parti unique : « L'Eglise ou la Secte a l'obligation d'inculquer à ses adeptes l'esprit civique conformément aux principes du Manifeste de la N'Sele »[520].

---

[517] *Journal officiel*, 1, 1973, p. 46.

[518] « Mémoire explicatif du projet de Constitution établi sur la base du texte de l'avant-projet présenté au Président de la République et sur la base des discussions de la Commission politique du Gouvernement », in Moniteur Congolais, 14, 1967, p. 554.

[519] *Ibidem*, p. 48.

[520] *Journal officiel*, 2, 1972, p. 42.

Cet article révèle bien les contradictions internes de l'ordre juridique congolais. L'Eglise ou la Secte religieuse devenait un instrument au service du Parti-unique le M.P.R et ne jouissait plus de son autonomie car l'Etat lui imposait sa doctrine et sa source d'inspiration. Autrement le Parti devenait aussi une religion nationale et toutes les Eglises ou Sectes religieuses devraient confesser la foi proclamée par le « *Livre vert* », le manifeste du parti unique appelé le « *Manifeste de la N'Sele* ».

Cette loi de 1971 est une bonne illustration des dérives de l'institutionnalisation du Parti par les Constituants congolais de 1967 qui avaient mis le droit au service du politique. L'article 11 fait des Eglises des instruments de la propagande du M.P.R, le parti-unique. C'est la confusion totale et l'incohérence de tout le système juridique que révèle cet article.

La loi du 31 décembre 1971, en son article 2, viole le principe constitutionnel de la laïcité qui implique la neutralité de l'Etat en matière religieuse. L'Etat ne doit pas limiter ainsi la manifestation du religieux aux seules Eglises et Sectes religieuses, aux seules associations religieuses organisées sur le modèle institutionnel. C'est la forme institutionnelle de la manifestation communautaire des convictions religieuses et philosophiques qui touche davantage à l'ordre public, qui paraît intéresser les pouvoirs publics. Et pourtant la liberté religieuse a deux aspects, l'aspect individuel et l'aspect communautaire ou institutionnel. Cette loi du 31 décembre 1971 laisse dans l'ombre l'aspect individuel de la question.

Le législateur ne tarda pas à se rendre compte de la limite de cette loi qui n'a pas pu freiner le mouvement de prolifération des sectes religieuses. Comme nous pouvons le lire dans les motivations de l'Ordonnance-Loi n° 79-002 du 3 janvier 1979 : « En effet, lorsqu'on considère les termes de la loi de 1971 en son article 2, on se rend compte que l'absence de la personnalité civile n'entraîne pas l'interdiction de prêcher lorsqu'on n'y procède pas publiquement. Or, il a été constaté que certaines sectes religieuses sont dépourvues d'activités publiques, leurs adeptes se limitant à prêcher de maison à maison. Il a dès lors fallu étendre l'interdiction à la prédication en privé »[521].

Les anciens champs apostoliques de la géographie religieuse du Congo belge venaient de s'ouvrir à toutes les Eglises et sectes religieuses. Le désordre qu'engendra cette ouverture provoqua, des scissions dans les

[521] *Journal officiel*, 4, 1979, p. 9.

anciennes missions protestantes qui continuent à troubler l'ordre public. Comme l'indique l'exposé des motifs de l'ordonnance-loi de 1979 : « En outre, il surgit souvent au sein des associations religieuses certains conflits qui vont jusqu'à menacer l'ordre public. En vue de faciliter leur règlement, ce projet prévoit une procédure permettant au Président du Conseil Judiciaire, Procureur général de la République de tenter la conciliation des membres de l'Eglise ou Secte religieuse concernée, en cas de non-conciliation de proposer la dissolution de l'association du fait que ces rivalités portent atteinte à l'ordre public »[522].

Les articles 53 de la loi des associations de 2001 prévoient des pénalités lorsque les activités d'une association confessionnelle menacent la sécurité intérieure ou extérieure de l'Etat. L'article 54 soumet les conflits internes des associations confessionnelles menaçant l'ordre public sous la compétence du ministre de la justice. Pour lutter contre des associations de fait, l'article 55 prévoit des pénalités contre les contrevenants.

En réalité, derrière la question de la prolifération de sectes religieuses se cachait le problème fondamental du laxisme de l'Etat du à l'ouverture du régime des associations et du non-respect de l'Etat de ses propres devoirs vis-à-vis des associations. Si la police coloniale des activités religieuses portait atteinte au droit à la liberté religieuse au nom de la « *mission civilisatrice* » dont s'étaient investies les puissances coloniales, la libéralisation de l'offre religieuse postcoloniale fit sortir de la clandestinité toutes les Eglises et sectes religieuses réprimées durant la période coloniale et a lancé le pays sur la voie de l'anarchie qui révèle l'absence de l'Etat.

§ 2. Exception pour raison de bonnes mœurs

La politique religieuse coloniale belge de « *missions nationales* » n'ayant pas permis à plusieurs sociétés de mission protestante de pénétrer au Congo, elles s'implantèrent alors dans les colonies britanniques voisines du Congo belge. L'indépendance du pays fut une occasion en or pour elles de faire de nouvelles tentatives pour s'implanter en République démocratique du Congo. Profitant de la crise de leadership entre les Congolais et les missionnaires étrangers dans les missions protestantes reconnues[523], les sociétés de mission protestante établies dans les anciennes colonies britanniques s'appuyèrent sur des Congolais révoltés

---

[522] *Ibidem.*
[523] Cf. MUNONGO BANIANGA, *op. cit.*, p. 104-109.

pour pénétrer au Congo en provoquant des abandons et des scissions dans les anciennes missions établies au Congo. Dans leur stratégie d'implantation, les nouvelles sociétés de mission protestante utilisèrent des gros moyens financiers face à des « missions étrangères » protestantes frustrées par la politique religieuse coloniale belge qui ne leur avait pas permis de bien se développer. C'est cet afflux financier qui ouvrit le champ à tous « les marchands de Dieu ou du religieux » de n'importe quelle secte religieuse.

Pour la plupart des chrétiens reconvertis, ces reconversions étaient considérées comme une conquête de la liberté qu'ils n'avaient pas dans les « *missions religieuses* » coloniales. Et le mouvement avait pris le pas sur le législateur qui ne savait plus comment l'arrêter. A en croire l'exposé des motifs de l'ordonnance-loi de 1979, derrière la prolifération de sectes religieuses se cache un trafic lucratif dont bénéficient les chefs de ces nouveaux mouvements religieux :

« La loi du 31 décembre 1971 qui constitue le texte cadre des associations sans but lucratif à caractère religieux, avait été motivée par le souci du législateur de freiner la prolifération des Eglises et Sectes religieuses. Cependant, malgré la promulgation de ce texte, certains fondateurs des sectes religieuses, profitant des ouvertures laissées par cette loi, n'ont cessé d'exploiter la crédulité publique soit pour s'enrichir au détriment de leurs fidèles, soit pour distiller des idées contraires aux idéaux du Mouvement Populaire de la Révolution »[524].

La nouvelle propagande des sectes religieuses et autres nouvelles religiosités vient de l'étranger et surtout des Etats-Unis. Toutes ces nouvelles religiosités sont perçues par plus d'un comme des relais des idéologies et des politiques étrangères qui concentrent de grands moyens financiers pour s'implanter dans le pays et troubler l'ordre public national[525]. Cette nouvelle propagande est devenue une nouvelle forme de commercialisation du religieux qui préoccupe les pouvoirs publics. Il est vrai que le fonctionnement de toute institution exige des finances mais si l'esprit de lucre devient la première préoccupation des initiateurs ou des gourous des sectes religieuses, ces dernières ne méritent plus d'être considérées comme des associations sans but lucratif. Comme le stipule l'exposé des motifs de l'ordonnance-loi de 1979, « afin de combattre l'esprit de lucre de certains responsables d'associations cultuelles et les

---

524 *Ibidem*.

525 Cf. MWENZE CHIRHULWIRE NKINGI, « Les méfaits des sectes : une responsabilité collective », in *Revue du CRIP,* 1, 2002, p. 407.

abus commis dans la perception des aumônes et des collectes, il a paru opportun d'interdire toute perception d'aumône au nom d'une Eglise ou Secte non dotée de la personnalité civile ainsi que le fait d'imposer un taux quelconque d'aumône ou de collecte »[526]. Cette disposition sera reprise sous l'article 55 de la loi des associations de 2001.

§ 3. L'Etat et le patrimoine spirituel congolais traditionnel

Si le principe constitutionnel de la liberté de religion a toujours été respecté dans la tradition juridique congolaise, sa compréhension suscite bien des questions. Il ressort de cette étude que la législation congolaise révèle bien une limite, celle d'enfermer le religieux dans des manifestations extérieures organisées sous la forme institutionnelle d'« Eglise ». Malgré l'indépendance et la proclamation de la politique de désaliénation mentale du « *recours à l'authenticité* », la législation congolaise reste tributaire du « *privilège de civilisation* » au niveau religieux. Une question de fond reste ouverte : l'Etat peut-il définir juridiquement la religion ? Des associations religieuses aux associations confessionnelles, n'y a-t-il pas une tendance à exclure d'autres formes de manifestation du religieux ou du spirituel ? Juridiquement, l'Etat peut-il établir des différences dogmatiques entre les doctrines des différentes Eglises ? L'article 2 de l'ordonnance-loi de 1979, qui complète l'article 7 de la loi de 1971 ne va-t-il pas à l'encontre du principe constitutionnel de la laïcité ? L'Etat peut-il s'arroger la place d'une commission théologique pour apprécier la valeur doctrinale des Eglises et sectes religieuses ? « Aucune Eglise ou Secte religieuse ne peut obtenir la personnalité civile lorsque ses dogmes et ses enseignements sont dans leurs grandes lignes, les mêmes que les dogmes et enseignements d'une Eglise ou Secte religieuse déjà agréée ». L'article 52 paragraphe 1 de la loi des associations de 2001 lève l'équivoque de l'article 2 de l'ordonnance-loi de 1979 et permet à l'association confessionnelle requérante de la personnalité juridique de produire un dossier renfermant sa doctrine religieuse.

La loi du 20 juillet 2001, portant dispositions générales applicables aux associations sans but lucratif, fait un progrès dans la classification des associations sans but lucratif. Les associations sans but lucratif sont classées selon leur nature et leur objet (cf. art. 2). C'est ainsi que les associations sans but lucratif à caractère religieux sont nommées « *associations confessionnelles* ». La loi congolaise ne définit pas l'association confessionnelle. Sans aucune définition de l'association

[526] *Ibidem.*

confessionnelle, comment peut-on savoir juridiquement qu'une association est une association confessionnelle ? Peut-on définir juridiquement une « religion » en droit congolais ? Le droit congolais peut-il déterminer l'objet qui fait qu'une association soit confessionnelle ? Les religions traditionnelles africaines qui ne sont pas institutionnalisées ont-elles une chance de survie dans ce système de légalité ? La question est ouverte …

Section 3. Le principe de non-subventionnement

Comme nous l'avons déjà dit plus haut, c'est en vertu du principe constitutionnel de laïcité que les Eglises ne bénéficient plus des subventions publiques pour les activités religieuses. Nous avons soulevé le caractère illégal de l'arrêt des subventions publiques aux anciennes « *missions* ». Si le principe constitutionnel de laïcité veut être observé dans toute sa rigueur, il faudrait que l'Etat élabore une loi de séparation qui prendrait en charge le patrimoine public confié à la gestion des anciennes « *Missions* ». Il n'existe aucune loi qui délie la puissance publique de ses engagements vis-à-vis des anciennes « *Missions* ». Il n'existe pas non plus une législation qui consacre le principe du non-subventionnement.

Le non-subventionnement découle de la laïcité pragmatique de l'Etat. La laïcité pragmatique peut être considérée comme le socle juridique du régime de séparation. Le non-subventionnement s'applique aux seules activités cultuelles et pastorales des Eglises. Dans l'esprit des articles 39 et 40 de la loi des associations de 2001, l'Etat subventionne des actions de développement ou des activités d'intérêt général initiées par les associations sans but lucratif même si leur cadre de réalisation est confessionnel. L'Etat soutient les actions de développement des associations sans but lucratif et ne fait pas d'immixtion dans leur gestion. L'Etat subventionne des établissements qui participent à une mission de service public : écoles, centres de santé, hôpitaux, … C'est l'esprit qui sous-tend la Convention de gestion des écoles nationales du 26 février 1977 par laquelle la République a confié la gestion des écoles nationales aux Eglises[527].

Après l'indépendance du pays, la puissance publique s'était précipitée dans le combat politique contre les anciennes « *Missions* » sans pour autant saisir la portée de la nature juridique de ces institutions publiques.

527 « Note Documentaire : La Convention de gestion des écoles nationales par les Eglises du Zaïre », in *Zaïre-Afrique*, 114, 1977, p. 245-249.

Avec la distance historique et politique qui nous sépare des « mouvements des indépendances », l'Etat congolais peut interpréter le principe de séparation sans hostilité et passion contre les Eglises issues des anciennes « *Missions* ». Ces Eglises s'autofinancent ou jouissent des soutiens financiers de l'extérieur qui suppléent bien à la faillite de l'Etat mais il faudrait que l'Etat congolais aborde avec plus de délicatesse la question juridique des Eglises issues des anciennes « *Missions* ».

Les Eglises issues des anciennes « *Missions* », qui avaient acquis leur personnalité juridique par un acte législatif spécifique, devraient rester sous le coup du régime spécifique. Les Eglises et sectes religieuses qui ont acquis leur personnalité juridique sous le régime commun de séparation seraient régies par le régime commun du droit des associations. La distinction entre les associations confessionnelles issues des anciennes « missions » de droit spécifique et les associations confessionnelles de droit commun ne viole pas le principe d'égalité mais elle est une conséquence de l'héritage historique du droit congolais des religions. Il s'en suit que les associations confessionnelles ne peuvent bénéficier des subventions de l'Etat qu'en conformité avec la législation en vigueur.

En vertu du principe fondamental du droit à la liberté de religion, la puissance publique peut subventionner les activités cultuelles lorsque la liberté de religion et de conscience ne pourrait pas être réalisée sans cette aide. Les activités cultuelles sont ainsi organisées dans le cadre de services publics garantis par la puissance publique : aumôneries militaires, pénitentiaires, hospitalières, de l'enseignement public officiel…

La puissance publique se cache souvent derrière le principe de non-subventionnement pour ne pas remplir ses obligations vis-à-vis de certaines associations confessionnelles. Le non-subventionnement des Eglises n'est pas absolu car il est lié aux services d'intérêt public que les Eglises rendent à la puissance publique.

Le régime de séparation ne signifie pas que l'Etat se désintéresse du fait religieux. La puissance publique accorde la liberté aux institutions religieuses de s'organiser dans les limites de la loi. L'Etat n'empiète pas sur le bon fonctionnement des institutions religieuses mais l'encourage et le favorise dans le respect de la légalité. Une étude de l'histoire du droit congolais révèle bien que la séparation n'est pas absolue mais relative. Cette relativité du régime de séparation prouve suffisamment que la « *laïcité pragmatique* » observée par la puissance publique est une démission de l'Etat devant ses responsabilités vis-à-vis des Eglises issues des anciennes « *Missions* ».

Avec toute la brutalité dictatoriale de la politique de nationalisation des services publics spécialisés sous la deuxième République, la décision tranchée de l'autorité publique a prétendu clore des dossiers épineux dans les rapports Eglises et Etat. Aujourd'hui, plus que jamais, la question de la restitution des biens nationalisés des Eglises s'invite dans tout débat politique sur l'avenir du pays. Dans un contexte d'incertitude dû à la faillite de l'Etat, il était difficile de poser la question des Eglises issues des anciennes « *Missions* » ; avec le retour au principe de légalité, il est nécessaire que la question des Eglises issues des anciennes « *Missions* » soit prise en compte dans la reconstruction juridique du pays. Aussi croyons-nous que la révocabilité des décisions et la dialogicité des procédures devraient être des repères dans l'adaptation du droit conventionnel interne et international qui devra régir les rapports entre les Eglises et l'Etat à l'avenir.

Chapitre deuxième : La question des Eglises issues des anciennes « missions »

Une étude rétrospective de l'histoire du droit congolais permet de redécouvrir le cercle de compréhension d'une partie de l'ordonnancement juridique du pays. En effet, depuis l'accession du pays à la souveraineté internationale, une certaine agitation sociopolitique, qui procède plus d'un certain populisme à la fois nocif et stérile que du respect des textes de lois, a sacrifié le principe de légalité au nom de la libération politique. Cette partie de la législation du pays a été ignorée à dessein par des politiques anticléricales affichées par les politiciens « progressistes » et n'est pas intervenue dans le quotidien de la vie juridique du pays malgré sa consécration par les Constitutions successives du pays.

Section 1. Le principe constitutionnel de continuité juridique

La tradition constitutionnelle congolaise s'est bâtie sur le modèle itératif qui peut être décrit comme un enchaînement du quotidien de la vie juridique du pays. Toutes les Constitutions du pays ont toujours maintenu le droit existant aussi longtemps qu'il n'a pas été abrogé par des nouvelles dispositions législatives ou ne lui est pas contraire. C'est à ce titre que la tradition constitutionnelle congolaise a consacré le principe de continuité juridique.

La *loi fondamentale du 19 mai 1960* relative aux structures du nouvel Etat en son article 258 dispose : « Au fur et à mesure de la mise en vigueur des dispositions de la présente loi, les dispositions légales et réglementaires existantes qui leur sont contraires, identiques ou semblables, sont abrogées. » L'article 20 de la *loi fondamentale du 17 juin 1960* relative aux libertés publiques, complète : « La présente loi abroge toutes les dispositions moins amples ou contraires de la loi fondamentale du 18 octobre 1908. » La Constitution de 1964 est encore plus explicite là dessus car elle donne en même temps l'interprétation de ce que le Constituant entend par « les textes législatifs et réglementaires. L'article 179 dispose :

« Tous les textes législatifs et réglementaires existant à la date d'entrée en vigueur de la présente Constitution resteront en vigueur aussi longtemps qu'ils ne seront pas abrogés.

Nonobstant les dispositions de l'alinéa ci-dessus, aucun texte législatif ou réglementaire ne produira d'effet s'il est incompatible avec l'une quelconque des dispositions de la présente Constitution.

L'expression 'textes législatifs et réglementaires' désigne tous les textes législatifs ou réglementaires édictés au Congo par une autorité compétente, législative ou autre, avant l'entrée en vigueur de la présente Constitution.

Aucune disposition du présent article ne sera interprétée comme prorogeant une loi provisoire au-delà de la date fixée pour son expiration ou qui aurait cessé ses effets si la présente Constitution n'était pas entrée en vigueur. »

Dans les dispositions transitoires regroupées sous le titre IX de la Constitution de 1967, l'article I maintient le droit existant en ces termes :

« Pour autant qu'ils ne soient pas contraires aux dispositions de la présente Constitution, les textes législatifs et réglementaires existant à la date d'entrée en vigueur de la présente Constitution restent maintenus jusqu'au moment de leur abrogation.

Toutefois, les lois et les actes réglementaires provisoires cesseront, sauf s'ils sont prorogés, de produire leurs effets à la date fixée pour leur expiration. »

L'article VI du même titre complète l'article I. Il dispose : « Les traités ou accords internationaux conclu avant le 30 juin 1960 ne resteront valables que pour autant qu'ils n'auront pas été modifiés par la législation nationale ».

En fait, depuis l'indépendance du pays, il fallait se rendre à l'évidence, la vie de l'Etat devrait être paralysée par le rejet de la législation existante. C'est pour ne pas paralyser la structure étatique que, le Constituant a toujours maintenu en vigueur « tous les textes pris sous les régimes antérieurs (y compris sous le régime colonial et celui de l'Etat indépendant du Congo) et qui n'ont pas encore été abrogés. Ces textes demeurent en vigueur tant qu'ils n'auront pas été abrogés. Il va de soi que les dispositions législatives ou réglementaires contraires à la Constitution sont abrogées de plein droit »[528].

L'article 121 de l'Acte constitutionnel de la transition de 1994 stipule : « Toutes les dispositions constitutionnelles, légales et réglementaires contraire au présent Acte constitutionnel de Transition, sont abrogées ». L'article 2 alinéa 2 de la Constitution de transition de *Sun City* de 2003 consacre d'une manière claire le retour aux principes de la légalité et de la continuité juridique : « Toute loi non conforme à la présente Constitution est, dans la mesure où cette non-conformité a été établie par la Cour suprême de justice, nulle et non avenue ».

En vertu du principe constitutionnel de continuité juridique, tous les textes législatifs et réglementaires de la législation coloniale des religions (héritées du droit colonial belge et du droit de l'E.I.C) restent maintenus aussi longtemps que leur non-conformité à la Constitution actuelle du pays ne sera pas établie par la Cour suprême de justice. Ces textes législatifs et réglementaires sont toujours en vigueur. Cependant il convient d'affirmer le caractère un peu vétuste de cette législation (héritées du droit colonial belge et du droit de l'E.I.C) qui exige une certaine adaptation à des nouvelles conditions d'existence des Eglises en République démocratique du Congo.

Si l'Etat est toujours lié aux Eglises issues des anciennes « *Missions* » par des conventions particulières ou le régime contractuel, la révision de ces conventions est plus qu'une nécessité pour le retour à la légalité dans

---

[528] « Mémoire explicatif du projet de Constitution sur la base du texte de l'avant projet présenté au Président de la République et sur la base de la Commission politique du Gouvernement », in *Moniteur Congolais*, 14, 1967, p. 563-564.

la question des rapports entre Eglises et Etat en République démocratique du Congo.

Pour rappel, la législation coloniale belge des associations religieuses est fondée sur deux régimes des cultes qui se veulent complémentaires : des institutions de droit public et des institutions de droit privé.

Section 2. Les « missions » en tant qu'institutions de droit public

En droit colonial belge, les « *cultes et missions* » ne sont pas des associations cultuelles car elles ne remplissent pas seulement une fonction rituelle et cultuelle. L'activité des « cultes et missions » porte à la fois sur l'organisation du culte (la liturgie), de l'instruction religieuse par la prédication et la catéchisation, et les œuvres de promotion sociale éducatives et caritatives. Le droit des « cultes et missions » est un droit des cultes reconnus (catholique, protestant, israélite, islam). Le droit des « cultes et missions » est déterminé par la politique religieuse coloniale de discrimination positive entre les différents cultes au nom de la mission civilisatrice. Le droit des « cultes et missions » fait une nette distinction entre les « missions nationales belges » et les « missions étrangères ». Les « missions nationales belges » étaient des établissements publics spécialisés en droit colonial belge. Les « missions étrangères » pouvaient devenir des « missions nationales belges » par un processus de belgicisation de son personnel et de la responsabilisation de la « mission étrangère » à un commandement belge. Les « *missions* » et les « *établissements de mission* » sont des institutions religieuses créées par la puissance publique coloniale en accord avec les « *missions religieuses* » qui vont les administrer et représenter.

Les « *missions* », en tant qu'établissements publics spécialisés, bénéficiaient des subventions publiques. Les missionnaires étaient rémunérés par l'Etat bien qu'ils ne soient pas des agents de l'administration publique au sens strict du terme. Ils sont assimilés aux agents de l'administration publique à cause de la prise en charge du budget des cultes et missions par la puissance publique suite au *régime de coopération* du droit colonial belge.

Les « *missions* » s'engageaient à exécuter le programme social de l'Etat selon le budget que l'Etat lui octroyait annuellement. Elles s'engageaient *à remplir pour l'Etat et à ses frais* des services publics (l'organisation de l'enseignement, des services sociaux, de la santé publique, des activités de promotion sociale), des travaux d'intérêt général et même *les travaux d'ordre scientifique*. Les paroisses ou les anciens « *établissements de mission* » étaient par le fait même des centres de recherches scientifiques (études géographiques, ethnographiques, linguistiques, etc.…), des centres de rayonnement de la « civilisation ».

Les activités pastorales des « *missions* » étaient considérées par la puissance publique comme un service public d'aumônerie du foyer public de civilisation. Les postes de Mission étaient gérés en partenariat avec l'administration publique et les missionnaires s'engageaient *à assurer le ministère sacerdotal dans les centres* où le nombre des fidèles rendrait leur présence opportune selon l'avis de l'autorité publique. Le ministère sacerdotal n'est pas limité à un ministère d'évangélisation de pastorale ordinaire (culte, catéchisation et accompagnement spirituel) mais est aussi un ministère d'encadrement des masses sociales, d'assistance et de promotion sociale. C'est à ce titre que le ministère sacerdotal a été toujours considéré en droit public colonial belge comme un service public.

Section 3. Les « Missions » en tant qu'institutions de droit privé

Les institutions et associations religieuses légales sont des organismes sans but lucratif régis par le décret de 1888. Les « Missions » ont toujours existé sous la forme légale d'organisme sans but lucratif. Cette existence légale était accordée aux missions religieuses par la puissance publique, sans distinction de nationalité ni de culte conformément aux conventions internationales. C'est ainsi que le droit privé congolais des associations a toujours complété le droit public pour les institutions religieuses. En réalité, les « missions » étaient des associations de droit privé pour une simple autonomie de gestion de l'ordre spirituel et de l'ordre temporel, et le *régime de coopération* entre les Missions et l'Etat était le fondement juridique de toutes les conventions particulières entre les deux parties.

La puissance publique subsidiait les « *Missions* », selon son appréciation souveraine, pour leur engagement dans l'œuvre de promotion sociale des indigènes entendue comme « *œuvre civilisatrice* ». Ainsi il n'y a pas d'uniformité, même dans le droit privé des associations, car la puissance publique était liée aux « *Missions* » par divers contrats au contenu juridique dispersé.

Section 4. Le régime concordataire

Le régime concordataire est fondé sur la Convention de 1906 entre l'Etat indépendant du Congo et le Saint-Siège. La convention de 1906 n'a jamais été remise en question durant toute la période postcoloniale. Après l'échec de la tentative de mise à jour de cette convention en 1953, la puissance publique n'est plus revenue sur la question mais les nouvelles réalités ecclésiales et sociopolitiques du pays exigent une révision de la Convention de 1906.

Aujourd'hui plus que jamais, il nous revient de constater que le désir ardent du peuple congolais dans son ensemble est de construire un Etat responsable fondé sur le droit, au lieu de verser dans une agitation irrationnelle dont le seul mérite serait certainement de traiter les affaires publiques de façon passionnelle sans aucune référence au principe de la légalité.

La majorité des Congolais s'accorde aujourd'hui à penser qu'une des causes fondamentales de la faillite de l'Etat en République démocratique du Congo serait à situer dans le manque de préparation des jeunes cadres nationaux qui avaient pris la relève du colonisateur, précipitamment, en 1960. Sans être un nostalgique de la colonisation, nous voudrions ici souligner que ces jeunes élites congolaises de l'époque, dont un bon nombre se voulait « progressiste », trouvaient que les « missions » avaient été un précieux instrument de la colonisation et qu'il fallait les réduire à leur plus simple expression. N'ayant pas reçu des instruments d'analyse capables de leur permettre de saisir les enjeux de la politique religieuse d'un Etat, les leaders politiques s'étaient retrouvés dans le piège des discours populistes, haineux et anticléricaux. Une fois au pouvoir, ils abandonnèrent le droit colonial belge des cultes et missions sans pour autant le remplacer par autre chose, pour des raisons économiques. Les gouvernants congolais ont actuellement tout intérêt à se départir de leurs pesanteurs partisanes pour agir en faveur de l'intérêt supérieur de la nation, à savoir restaurer un Etat véritablement démocratique, seul capable de rétablir les hommes et les institutions dans leurs droits. L'abandon du régime conventionnel des cultes et missions au profit du seul régime de droit commun des associations confessionnelles soumettent toutes les religions aux mêmes conditions qui traduit la démission de l'Etat vis-à-vis de ses prérogatives lui reconnues par le droit.

C'est dans un climat politique tendu du mouvement de décolonisation que le décret relatif aux associations fut promulgué en novembre 1959. C'est encore dans un climat de décrispation politique, après la grande crise de recherche de légitimité du pouvoir et les velléités sécessionnistes du Katanga et du Sud-Kassaï, que le décret relatif aux associations fut promulgué en septembre 1965. Les deux décrets ont voulu organiser le monde associatif en le fondant sur l'initiative privée. Des organismes sans but lucratif, on passa aux associations sans but lucratif, le législateur resta muet sur les « institutions » en tant qu'organismes sans but lucratif. Les institutions étaient en effet des institutions publiques spécialisées, c'est pourquoi les « *missions* » et surtout les « *missions nationales* » sont des institutions de droit public. La préoccupation majeure du législateur congolais était de contrôler les initiatives privées de diverses natures d'où qu'elles proviennent. Le législateur postcolonial accorda des personnalités juridiques à toutes les Eglises ou confessions religieuses sans aucune étude au préalable sur leur nature juridique car il fallait bien distinguer les « institutions religieuses » des « associations religieuses » de droit colonial belge. Les institutions religieuses de droit colonial belge sont des institutions publiques spécialisées et leur privatisation ne devrait se faire que dans la légalité. Les institutions religieuses ont été créées par des actes spécifiques qui exigent d'être pris en compte dans leur gestion.

Les Eglises ou confessions issues des anciennes « *Missions* », les « *œuvres des missions* » (écoles, universités, dispensaires, hôpitaux, centres sociaux, centres de développement...) sont les vestiges de l'histoire de la politique religieuse coloniale belge, héritage du christianisme social du 18ème et 19ème siècle qui a marqué et marquera encore pour longtemps l'histoire sociale de la République démocratique du Congo. La puissance publique a-t-elle le droit de se débarrasser des liens juridiques qui l'unissent aux institutions sociales et caritatives parce que l'action sociale publique coloniale était confessionnelle ? Les Eglises ou confessions issues des anciennes « *Missions* » ont continué leur engagement dans le social et en raison de cet engagement social, la puissance publique ne serait-elle pas obligé de revisiter le droit du pays mis en jachère par des options politiques irresponsables ? Nous croyons que les financements de la puissance publique aux Eglises ou confessions religieuses sont liés à leurs activités classées d'utilité publique. La question de la suppression ou de l'abandon du régime de coopération entre les Eglises issues des anciennes « *Missions* » et l'Etat devrait suivre une procédure qui garantit la célérité, l'objectivité et la transparence du débat sur la déconfessionnalisation du service public spécialisé hérité de la colonisation et non sur la nationalisation de la politique révolutionnaire du recours à l'authenticité.

Conclusion

Arrêter un parcours de réflexion n'est pas conclure au sens de boucler un processus de pensée, c'est plutôt mettre un terme à un discours et essayer de montrer les champs explorés et qui restent à explorer pour le progrès de l'histoire de la pensée humaine. Cet ouvrage a essayé de donner les grandes lignes de l'évolution historique du système de régulation des religions par l'Etat dans l'histoire du Congo contemporain. Elle nous a permis d'aborder avec minutie l'histoire de relations Eglises et Etat en République démocratique du Congo à partir de la problématique de la régulation des religions par l'Etat.

L'ouvrage a le mérite d'apporter un rayon de lumière sur l'histoire du droit congolais des religions, qui a connu un enchevêtrement des modèles de régulation des religions par l'Etat. Cet enchevêtrement a fini par un créer un flou dans la pratique du droit, qui exigeait un diagnostic un peu avancé des fondements juridiques desdits modèles.

La première partie a essayé de monter les origines du droit congolais des religions dans la genèse de l'E.I.C en tant que structure politique moderne reconnue au niveau international. Dans les stratégies de la conquête coloniale de l'Afrique noire, la question religieuse s'était identifiée à celle de la *civilisation*, où l'exacerbation des rivalités impériales avait obligé les missionnaires à se rapprocher davantage des pouvoirs coloniaux. Ces rivalités conduisirent plus vers des solutions politiques négociées qui sont une de plus belles pages de l'histoire des origines diplomatiques de l'E.I.C. L'étude de cette période dégage les idées motrices qui ont déterminé la politique religieuse de l'E.I.C dans ses rapports avec les missions religieuses. L'analyse de la codification du droit à la liberté religieuse dans les instruments juridiques internationaux et de son application a permis de se faire une idée réelle de son contenu et des possibilités de filtrage du religieux à la disposition de l'Etat[529]. Fidèle aux conventions internationales, l'E.I.C assumera la fonction religieuse de la structuration de l'espace public, ce « qui inclut obligatoirement les organisations religieuses sur son territoire et en contrôle la capacité

529 Cf. CAMPICHE, R., *art. cit.*, p.13.

directe de commandement par l'instauration des libertés publiques, et l'octroi de privilèges et d'exemptions religieuses »[530].

La législation des cultes et missions de l'E.I.C était fondée sur des conventions entre la puissance publique et les missions religieuses qui ont une valeur normative légale. La convention entre le Saint-Siège et l'E.I.C de 1906 réglait les rapports entre l'E.I.C et les Missions catholiques. La politique de préférence nationale finira par créer un cadre juridique protecteur et stabilisateur pour la « *mission nationale belge* » qui était incorporée dans l'appareil de l'Etat. Chaque mission religieuse remplissait les fonctions lui confiées par l'Etat mais ce dernier conservait la prééminence dans l'organisation religieuse du pays. Le régime de coopération était fondé sur la politique religieuse de filtrage de l'offre religieuse ou de discrimination religieuse positive vis-à-vis des missions étrangères. Le droit à la liberté religieuse était un droit reconnu aux associations religieuses non-incompatibles à la civilisation.

La deuxième partie a stigmatisé les politiques coloniales qui ont influencé le droit colonial belge des cultes et missions. Ce dernier est une reproduction du régime belge des cultes adapté à la situation coloniale, et il est un régime de coopération entre la Colonie et les Missions. C'est un régime qui est fondé sur le principe de la domination étatique hérité de l'E.I.C et la protection de ses acquis. Les anciens contrats entre l'E.I.C. et les missions religieuses font œuvre de jurisprudence. Les cultes et missions reconnus, qui sont incorporés dans l'appareil de l'Etat, sont à ce titre considérés comme des institutions publiques spécialisées. Et ils sont régis par le fait même par un droit spécial ou conventionnel. En vue de s'assurer du contrôle de la structuration religieuse de l'espace public, l'Etat accorde l'existence légale des missions religieuses par l'octroi de la personnalité juridique. Ainsi, les cultes et missions reconnus étaient des associations de droit privé. A côté du droit public relatif aux cultes et missions, et à côté du droit privé des associations religieuses, le régime colonial belge des cultes et missions connaissait aussi un régime conventionnel hérité de l'E.I.C et un régime concordataire issu de la convention de 1906 entre le Saint-Siège et l'E.I.C.

La troisième partie a présenté les évolutions récentes qui ont marqué l'histoire du droit congolais en général et le droit congolais des religions en particulier dans la période postcoloniale. La question du droit des religions a été posée dans les questions indépendantistes de souveraineté

530 CÔTE, P., « Autorité publique, pluralisation et sectorisation religieuse en modernité tardive », in *Arch. de Sc. soc. des Rel.*, 121, 2003, p. 22.

et d'affirmation des cultures africaines, par le refus de l'asservissement de la « *mission civilisatrice* » et le rejet de la politique indigène coloniale. C'est dans l'approche des solutions aux problèmes liés à la décolonisation que la question de la laïcité de l'Etat va se poser. Il s'agissait de rejeter l'ancien ordre colonial et d'observer strictement le principe de séparation de l'Eglise et de l'Etat, le principe d'égalité et des libertés publiques. La politique religieuse de l'Etat est fondée sur la théorie de la domination étatique, l'abandon de la politique de filtrage ou du pluralisme mitigé et l'adoption d'une politique religieuse d'un pluralisme ouvert où « les organisations religieuses sont des entreprises sociales qui ont pour but de créer, de garder et d'offrir la religion aux individus »[531].

Le droit congolais postcolonial des religions est fondé sur le respect des instruments juridiques internationaux ratifiés par la République démocratique du Congo et dont certaines dispositions protègent les libertés publiques et notamment la liberté de religion. A ces instruments juridiques, il faudrait ajouter toutes les dispositions constitutionnelles, légales et réglementaires qui n'ont jamais été abrogées par une loi postérieure, et les accords et traités régulièrement approuvés et ratifiés par la République démocratique du Congo. La tradition constitutionnelle congolaise a toujours consacré le principe de continuité juridique et les dispositions légales et réglementaires qui n'ont jamais été abrogées gardent toute leur valeur légale. Ainsi les dispositions légales coloniales des cultes et missions qui n'ont jamais été abrogées restent toujours en vigueur bien qu'elles soient mises en veilleuse à cause de la crise multiforme que connaît le pays.

Si les politiques religieuses postcoloniales ont essayé de se démarquer de la politique religieuse coloniale, il n'en est pas ainsi du droit en vertu du principe constitutionnel de continuité juridique. Il est à noter que le cadre législatif de la République démocratique du Congo est caractérisé par un foisonnement des textes légaux et réglementaires sans cohérence, désuets et contradictoires pour des raisons diverses. Cela se justifie parce que ces textes ont été adoptés dans des contextes historiques, sociopolitiques et idéologiques différents.

Il est impérieux que la question religieuse du pays soit remise sur la table de discussions. L'option d'un pluralisme ouvert de la politique religieuse postcoloniale des pouvoirs publics a fini par identifier le droit congolais des religions au seul droit privé des associations religieuses ou

---

[531] CAMPICHE, R., *art. cit.*, p. 10.

confessionnelles. Quel est le sort des institutions religieuses héritières des anciennes « *missions nationales* » ? En vertu du principe constitutionnel de continuité juridique, quel sort réserve-t-on au droit public spécialisé ou conventionnel des cultes et missions ? Comme les accords et traités régulièrement approuvés et ratifiés par la République démocratique du Congo qui n'ont jamais été abrogées gardent toute leur valeur légale, n'est-il pas nécessaire de penser à renégocier les accords de 1953 entre le Saint-Siège et le Congo pour la mise à jour de la convention de 1906 ? N'est-il pas nécessaire d'adapter ce texte au nouveau contexte lié au développement du pays ? Que dire des conventions internes, plus spécialement la convention de 1977 sur les écoles, entre les pouvoirs publics et les confessions religieuses conclues dans la précipitation au mépris de la loi ? N'est-il pas nécessaire de les soumettre devant le tribunal administratif ? Que dire de la politique révolutionnaire de nationalisation appliquée dans la précipitation sous Mobutu sans aucune étude de fond au préalable : fallait-il nationaliser ou déconfessionnaliser l'espace public ? Comment l'Etat pouvait-il nationaliser son propre patrimoine confié à la gestion des institutions publiques spécialisées (religieuses) ou des associations religieuses ? Que dire des options politiques postcoloniales mal étudiées qui n'ont pas pu mettre en honneur le patrimoine religieux et spirituel des peuples et ethnies congolais ? Comme la campagne de la spiritualisation de la politique a fini par dévoiler ses mobiles profonds à travers notre propre histoire, continuerons-nous à être des bourreaux de nos propres cultures par la marchandisation du religieux ? Les aspects religieux de cultures africaines en général et congolaises en particulier, comme patrimoine de l'humanité, ne devraient-elles pas faire l'objet d'une protection plus grande en rapport avec les droits collectifs protégés par des instruments juridiques internationaux ? Ce sont là quelques questions qui ne sauraient échapper à une lecture objective de l'histoire du droit congolais des religions…

Cet ouvrage révèle que la législation congolaise des religions est complexe et variée. Elle s'étend sur des domaines variés du droit : droit international, droit constitutionnel, droit pénal, droit public, droit privé, droit administratif, droit fiscal, … Toutes les disciplines juridiques sont concernées par cette matière qui s'avère très complexe. Cet ouvrage a essayé de fournir une lecture historique de cette législation en vue d'en faciliter sa compréhension et fournir ainsi des clés de lecture à tous ceux qui s'intéressent aux relations Eglises et Etat, Eglises et Société en République démocratique du Congo. Comme la majorité des Congolais s'accordent aujourd'hui à penser qu'une des causes fondamentales de la faillite de l'Etat en République démocratique du Congo serait à situer dans le non-respect des textes fondateurs de l'Etat, que la maîtrise de l'histoire du droit congolais nous aide à comprendre la nécessité de l'avènement d'un Etat de droit que le peuple congolais appelle de tous ses vœux.

Sources et bibliographie

Les différentes sources manuscrites et références bibliographiques que nous avons regroupées sous cette rubrique sont sélectives et n'offrent pas toutes les informations nécessaires et complètes sur le sujet. Elles sont plus une justification des sources auxquelles nous avons eu recours et ne se veulent en aucun cas limitatives pour ceux qui peuvent aller plus loin dans les investigations après l'ouverture des archives de la période postcoloniale. Les indications de sources manuscrites et références bibliographiques font découvrir une documentation fouillée et plus riche qui a aidé à la reconstitution d'un page de l'histoire du droit congolais.

Pour des raisons pratiques, nous avons classé nos sources en deux catégories : les sources manuscrites et une bibliographie. Les sources manuscrites présentées sont le résultat d'un tri sélectif d'une abondante littérature des archives sur la question classée selon les lieux de leur conservation. La bibliographie est plus large et complexe. Elle vise à présenter sommairement les sources officielles de la législation congolaise, les recueils de la législation congolaise et les recueils de traités internationaux, qui sont des outils de travail à partir desquels les recherches ont été menées.

Les données de fonds ont été fournies par l'étude de la doctrine congolaise qui appartient à l'école juridique française par son histoire, c'est pourquoi les références bibliographiques renvoient dos-à-dos au droit congolais et au droit franco-belge. Pour l'étude d'un sujet particulier, nous avons donné des références substantielles d'un champ de recherche qui n'est pas encore très exploité de relations Eglises et Etat en Afrique. Une référence aux ouvrages généraux de l'histoire de la République démocratique du Congo nous a permis d'étoffer nos sources documentaires.

I. Sources manuscrites

1. Archives africaines du Ministère des Affaires étrangères du Royaume de Belgique à Bruxelles : AA/MAERB

M. 607, Carton B, Dossier I.

M 561 Carton 62 – Dossier 3.

M 561, Carton 62 – Dossier 29 : Les missions religieuses au Congo

M 563, carton 62 – dossier 24 – N° 3672.

M 563, Carton 62 – Dossier 22 - N° 2336.

M. 561 Carton 62 – Dossier 8 : Lettre de Légation de Belgique du 30 décembre 1896.

M. 561 Carton 62 – Dossier 8 : Lettre de Légation de Belgique du 21 décembre 1896.

M. 561 Carton 62 – Dossier 8 : Lettre de Légation de Belgique du 29 février 1896.

M 561 Carton 62 – Dossier 27 : Extrait du Mémorandum

M 564 Dossier n° 9208.

M. 590, Carton 11, Dossier 11 - n° 45066.

M. 613, Cultes et Missions, 17/10/1913.

M. 593, A- I / 1

M. 593, A I / 2.

M 563, carton 62 – dossier 24 – N° 1890, annexe n°1.

M 563 carton 62 – dossier 24 – N° 1890, annexe n° 2 (copie) et annexe n°3 (traduction).

2. Archives de la Sacrée Congrégation de la Propagande de la Foi à Rome : ASPF

ASPF, S.C , 73,

ASPF, S.C , 263,

ASPF, Nuova Serie, 360

ASPF, S.C , 263, 1903

ASPF, S.C. , VIII,

3. Archives Secrètes Vaticanes

4. Archives de l'Archidiocèse de Malines-Bruxelles

5. Archives de la Maison Généralice des Missionnaires d'Afrique (Pères Blancs) à Rome : APB

D 2 - 96

D 2 - 97

D 2 – 101

D 2 – 103

D 2 – 113

APB, Casier D2, Correspondances Mgr Roelens – Ministre des colonies Renkin de 1912-1913.

II. Bibliographie

1. Publications officielles de l'Etat

1.1. Documents officiels

Les textes légaux de la période de l'EIC (1885-1908) étaient publiés dans le *Bulletin officiel*. Durant la période du Congo belge (1908-1959), les actes législatifs étaient publiés dans le *Bulletin officiel* et les actes administratifs dans le *Bulletin administratif*. A partir de 1959, les deux publications officielles seront fusionnées en un seul volume le *Moniteur congolais*.

Durant la période postcoloniale, la *loi fondamentale* ordonna la publication des textes légaux dans le *Moniteur congolais*. Durant la période de sécession du Katanga (1961-1963), les actes légaux de la République sécessionniste du Katanga étaient publiés dans le *Moniteur katangais*. Sous la *Constitution de 1967*, les textes légaux continueront à être publiés dans le *Moniteur congolais*. En 1972, avec la rebaptisation du pays, le *Moniteur congolais* deviendra le *Journal officiel de la République du Zaïre*. En 1997, avec la chute de Mobutu, le pays va redevenir République démocratique du Congo et la publication officielle de l'Etat va prendre le nom de *Journal officiel de la République démocratique du Congo*.

1.1.1. E.I.C

Bulletin officiel, 1, 1885
Bulletin officiel, 6, 1888
Bulletin officiel, 1, 1889
Bulletin officiel, 1890
Bulletin officiel, 1, 1892
Bulletin officiel, 4, 1892
Bulletin officiel, 9, 1896
Bulletin officiel, 14, 1897
Bulletin officiel, 9-10, 1905
Bulletin officiel, 3, 1908

1.1.2. Congo belge

Bulletin officiel, 10 bis, 1908
Bulletin officiel, 5, 1910
Bulletin Officiel, 1, 1920
Bulletin Officiel, 1, 1921

Bulletin officiel, 1949

1.1.3. République démocratique du Congo

Moniteur congolais, 1, 1961
Moniteur congolais, 19, 1961, 2ème partie
Moniteur congolais, 1964
Moniteur congolais, 2, 1965
Moniteur congolais, Numéro spécial du 24 septembre 1965
Moniteur congolais, 3, 1966
Moniteur congolais, 8, 1966
Moniteur congolais, 8, 1967
Moniteur congolais, 14, 1967
Moniteur congolais, 23, 1967
Moniteur congolais, 17, 1971
Moniteur congolais, 20, 1971
Journal officiel, 2, 1972
Journal officiel, 22, 1972
Journal officiel, 1, 1973
Journal officiel, 5, 1973
Journal officiel, 9, 1973
Journal officiel, 1, 1974
Journal officiel, 9, 1975
Journal officiel, 22, 1975
Journal officiel, 5, 1978
Journal officiel, 4, 1979
Journal officiel, 11, 1980
Journal officiel, 8, 1986
Journal officiel, Numéro spécial, 1990

1.1.4. Belgique

Moniteur belge, 1, 1946

1.2. Charte coloniale et Constitutions

- Loi sur le gouvernement du Congo belge (« Charte coloniale »), in *Bulletin officiel*, 10 bis, 1908, p. 65.
- Loi fondamentale du 19 mai 1960 relative aux structures du Congo, in *Moniteur congolais*, 21 bis, 1960, p. 1535-1583.
- Loi fondamentale du 17 juin 1960 relative aux libertés publiques, in *Moniteur congolais*, 26, 1960, p. 1916-1922.

- Constitution de la République Démocratique du Congo du 1er août 1964, in *Moniteur congolais,* Numéro spécial du 1er août 1964, p. 1-33.
- « Constitution de la République Démocratique de Congo du 24 juin 1967 », in *Moniteur congolais*, 14, 1967, p. 564- 576.
- « Loi n° 70-001 du 23 décembre 1970 portant révision de la Constitution », in *Moniteur congolais*, 1, 1971, p. 5-6.
- « Annexe à la Loi n° 18-010 du 15 février 1978 portant révision de la Constitution de 24 juin 1967 », in *Journal officiel*, 7, 1978, p. 7-34.
- « Loi n° 80-007 du 19 Février 1980 portant modification de la Constitution », in *Journal officiel*, 5 bis, 1980, p. 3-4.
- « Constitution de la République du Zaïre », in *Journal officiel*, 1, 1983, 48 p.
- « Constitution de la République du Zaïre telle que modifiée par la loi n° 90-002 du 5 juillet 1990 », in *Journal officiel*, Numéro Spécial, 1990, 60 p.
- Constitution. Conférence nationale souveraine, Kinshasa, Palais du Peuple, 1992, 126 p.
- Acte constitutionnel de la transition, in *Journal officiel*, n° spécial, 1994, 66 p.
- Constitution de la transition de Sun City, in *Les Codes Larcier République démocratique du Congo. Tome VI. Droit public et administratif – Vol. 1. – Droit public*, Bruxelles, Larcier – Afrique Editions, 2003, p. 3-18.
- REPUBLIQUE DU ZAIRE – MOUVEMENT POPULAIRE DE LA REVOLUTION, *Manifeste de la N'Sele*, Domaine de la N'Sele, 1967, 34 p.

1.3. Compte-rendu Conseil législatif

CONSEIL DE LEGISLATION DU CONGO BELGE, Compte-rendu analytique. Première Session Mai 1959, Bruxelles, Imprimerie Lesigne, 1959, 1599 p.

CONSEIL DE LEGISLATION DU CONGO BELGE, Compte-rendu analytique des séances. Troisième session – Septembre 1959, Bruxelles, Imprimerie Lesigne, 1959, 3608 p.

2. Codes et Lois

- *Code de Droit Canonique.* Texte officiel et traduction française, Paris, Editions du Centurion, Cerf, Tardy, 1984, 363 p.
- GERMAUX, R., *La charte coloniale. Brièvement annotée d'après les travaux parlementaires*, Liège, Dessain, 1908, 31 p.

- HALEWYCK, M., *La Charte coloniale. Commentaire de la Loi du 18 octobre 1908 sur le Gouvernement du Congo belge*, tome I, Bruxelles, Weissenbruch, 1910, 189 p.

- HALOT-GEVAERT, A., *La charte coloniale belge. Commentaire de la loi de gouvernement belge éclairé par les discussions parlementaires et la comparaison des législations étrangères,* Bruxelles, Fleteren, 1910, 51 p.

- PIRON, P et DEVOS, J., *Codes et Lois du Congo belge*, Bruxelles-Léopoldville, Maison Ferdinand Larcier – Edition des Codes et Lois du Congo belge, 1954 (7ème édition), 1694 p.

- PIRON, P. et DEVOS, J., *Codes et lois du Congo belge*, Tome I, Bruxelles – Léopoldville, Larcier – Edition des Codes et Lois du Congo belge, 1960, 624 p.

- PIRON, P. et DEVOS, J., *Codes et Lois du Congo belge*, Tome II, Bruxelles-Léopoldville, Maison Fernand Larcier-Editions des codes et lois du Congo belge, 1960, 600 p.

- PIRON, P., DE WILDE, L. et PIRON, Ph., *Supplément aux Codes congolais. Législation de la République démocratique du Congo 1960-1970. Avec des notes de concordance et de doctrine et des commentaires extraits des travaux préparatoires, des circulaires et instructions officielles. Fascicule I - Matières civiles, commerciales et pénales*, Bruxelles – Kinshasa, Maison Fernand Larcier, S.A. – Présidence de la République, 1970, 107 p.

- PIRON, P., DE WILDE, L. et PIRON, Ph., *Supplément aux Codes congolais. Législation de la République démocratique du Congo 1960-1970. Avec des notes de concordance et de doctrine et des commentaires extraits des travaux préparatoires, des circulaires et instructions officielles. Fascicule II - Matières judiciaires et administratives*, Bruxelles – Kinshasa, Maison Fernand Larcier, S.A. – Présidence de la République, 1970, 291 p.

- TOURNAY-DETILLIEUX, J., *Loi sur le gouvernement du Congo belge. Résumé complet des discussions*, Bruxelles, Bulens Frères, 1909, 196 p.

- VANDER ELST, F., *Loi sur le gouvernement du Congo belge annotée*, Bruxelles, Larcier, 1908, 22 p.

- Les Codes Larcier République démocratique du Congo. Tome II. Droit pénal, Bruxelles, Larcier – Afrique Editions, 2003, 258 p.

- Les Codes Larcier République démocratique du Congo. Tome V. Droit fiscal, Bruxelles, Larcier – Afrique Editions, 2003, 318 p.

- Les Codes Larcier République démocratique du Congo. Tome VI. Droit public et administratif – Vol. 1. – Droit public, Bruxelles, Larcier – Afrique Editions, 2003, 586 p.

- Code de la famille, in *Journal officiel,* numéro spécial, 1987, 234 p.

3. Autres Recueils de textes et de documents

- CIPROTTI, P. et TALAMANCA, A., *I concordati di Pio XII (1939 – 1958). (Belgio, Germania, Portogallo, Spagna, Argentina, Bolivia, Colombia, Rep. Dominicana, Haiti),* Milano, Giuffrè Editore, 1976, 130 p.

- HOPF, J., *Nouveau recueil général de traités et autres actes relatifs aux rapports de droit international,* deuxième série, tome X, Gottingue, Librairie de Dieterich, 1885-1886, 823 p.

- LOUWERS, O. et TOUCHARD, G., *Recueil usuel de la législation des conventions internationales et des documents administratifs, avec des notes de concordance*, tome V, Bruxelles, Weissenbruch, 1909, 888 p.

- ROEYKENS, A., *La Politique religieuse de l'Etat Indépendant du Congo. Documents I. Léopold II, le Saint-Siège et les Missions catholiques dans l'Afrique Equatoriale (1876-1885),* Bruxelles, ARSOM, 1965, 648 p.

- « Note Documentaire : La Convention de gestion des écoles nationales par les Eglises du Zaïres », in *Zaïre-Afrique*, 114, 1977, p. 245-249.

- *Raccolta di Concordati su materie ecclesistiche tra la Santa Sede e le Autorita civili*, Roma, Tipografia Poliglotta Vaticana, 1919, p. 1096-1097.

4. Traités de droit

4.1. Ouvrages généraux

- ATTAR, F., *Le droit international entre ordre et chaos*, Paris, Hachette, 1994, 635 p.

- CABANIS, A. et MARTIN, M. L., Les constitutions d'Afrique francophone. Evolutions récentes, Paris, Karthala, 1999, 191 p.

- CHAPUS, R., *Droit administratif général*, Tome 1, Paris, Montchrestien, 2001, p. 1016.

- COLLIARD, C. A., *Libertés publiques*, Paris, Dalloz, 1989, 500 p.

- COMBACAU, J. et SUR, S., *Droit international public*, Paris, Montchrestien, 2001, 815 p.

- GANSHOF VAN DER MEERSCH, W. J., *Les tendances constitutionnelles des Etats ayant accédé récemment à l'indépendance* (Extrait des Rapports généraux au VI° Congrès international de droit comparé. Hambourg, 30 juillet-4août 1962), Bruxelles, Bruylant, 1964, p. 307-352 et 631-698.

- MESSNER, F., PRELOT, P-H. Et WOEHRLING, J-M. (dir.), *Traité de droit français des religions*, Paris, Edition du Juris-Classeur, 2003, 1317 p.
- MORANGE, J., *Les libertés publiques*, Paris, PUF, 1985, 384 p.
- NAZ, R., *Traité de droit canonique*, tome III, Paris, Letouzey et Ané, 1947, p.
- PONTIER, J-M., *Les libertés publiques*, Paris, Hachette, 1998, 160p.
- RIVERO, J., *Les libertés publiques. Les droits de l'homme*, Tome I, Paris, PUF, 1974, 262 p.
- XXX, *Les Nations Unies et les droits de l'homme*, XXXe anniversaire, New York, Publication des Nations Unies, 1979, 179 p.
- XXX, *Droit et Libertés à la fin du XXème Siècle. Etudes offertes à Claude-Albert Colliard*, Paris, Editions A. Pedone, 1984, 655 p.

4.2. Ouvrages sur le droit congolais

- BALANDA, G., *Le nouveau droit constitutionnel zaïrois*, Paris, Nea, 1972, 346 p.
- BLANCHARD, G., *Etude sur la formation et la constitution politique de l'Etat Indépendant du Congo*, Paris, Pedone, 1899, 399 p.
- BUISSERET, A., *Traité des associations sans but lucratif aux points de vue civil et fiscal*, Louvain, Librairie universitaire, 1960, 402 p.
- CATTIER, F., *Droit et Administration de l'Etat Indépendant du Congo*, Bruxelles – Paris, Larcier – Pedone, 1898, 504 p.
- CATTIER, F., *Etude sur la situation de l'Etat Indépendant du Congo*, Bruxelles – Paris, Larcier – Pedone, 1906, 362 p.
- DE BURLET, J., *Précis de droit international privé congolais*, Kinshasa – Bruxelles, Université Lovanium – Maison Fernand Larcier, 1971, 370 p.
- DE LANNOY, Ch., *L'organisation coloniale belge*, Bruxelles, Lamertin, 1913, 315 p.
- DUFRENOY, P., *Précis de droit colonial*, Bruxelles, Bruylant, 1946, 226 p.
- EICKHOFF, F., *Essai sur les origines diplomatiques de l'Etat Indépendant du Congo*, Conférence du Jeune Barreau de Bruxelles, Séance solennelle de rentrée 18 janvier 1936, 51 p.
- GODDYN, M.A. (Sous la direction), *Les Novelles. Corpus Juris Belgici. Droit colonial*, Tome I, Bruxelles, Les Editions Edmond Picard, 1936, 813 p.
- Idem, *Les Novelles. Corpus Juris Belgici. Droit colonial*, Tome II, Bruxelles, Les Editions Edmond Picard – Maison Ferdinand Larcier, 1936, 749 p.

- JENTGEN, P., *La terre belge du Congo. Etude sur l'origine et la formation du Congo Belge*, Bruxelles, Imprimerie Bolyn, 1937, 434 p.
- LOUWERS, O., *Eléments du droit de l'Etat Indépendant du Congo*, Bruxelles, Weissenbruch, 1907, 48 p. + XXXIII
- LIKULIA BOLONGO, *Droit pénal spécial zaïrois. Les infractions contre les particuliers*, Tome I, Paris, Librairie générale de droit et de jurisprudence, 1976, 476 p.
- LUNDA BULULU, *La conclusion des traités en droit constitutionnel zaïrois. Etude de droit international et de droit interne*, Bruxelles, Bruylant, 1984, 456 p.
- PAULUS, J-P., *Droit public du Congo belge*, Bruxelles, ULB, 1959, 519 p.
- VAN MOORSEL, G., *Etude sur la législation de l'Etat Indépendant du Congo*, Bruxelles, Larcier, 1887, 121 p.

4.3. Articles de revues

- BUABUA wa KAYEMBE, M. et MUKA TSHIBENDE, D., « *Les obligations fiscales des Eglises* », in Revue du Crip, 1, 2002, p. 171-212.
- DEBBASCH, Ch., « Le problème constitutionnel congolais », in *RDPSP*, 1, 1962, p. 25-65.
- DE JULEMONT, V., « La nouvelle Constitution de la République Démocratique du Congo », in *RJC*, N° spécial, 1965, p. 57-134.
- DIBUNDA KABUINJI, « Cour Suprême de Justice, R.A. 266 du 8/1/1993 », in *RJZ*, 1et 2, 1993, p. 15-17.
- KALAMBAY LUMPUNGU, « Les Eglises et les concessions foncières au Congo », in *Revue du Crip*, 1, 2002, p. 157-170.
- KALONGO MBIKAYI et NDESYO RURIHOSE, « Le recours à l'authenticité et le droit zaïrois », in *RJZ*, 3, 1976, p. 39-44.
- Idem, « Le recours à l'authenticité et le droit zaïrois (fin) », in *RJZ*, 1-2-3, 1977, p. 24-40.
- KASONGO MUIDINGE, P-C., « Le droit face aux Eglises et aux sectes religieuses en République démocratique du Congo », in *Revue du Crip*, 1, 2002, p. 103-155.
- KENGO-WA-DONDO, « L'organisation et le fonctionnement de la justice dans la République du Zaïre », in *RJZ*, 3, 1973, p. 245-260.
- KILENDA KAKENGI BASILA, J-P., « Le contrôle de la constitutionnalité des lois au Zaïre. Situation actuelle et perspective d'avenir », in *R.J.P*, 3, 1996, p. 310-343.
- LAMY, E., « Bilan actuel de l'intégration du droit zaïrois et ses perspectives d'avenir », in *RJZ*, n° spécial, 1974, p. 103-156.
- PAUWELS, J.M., « Vingt années de législation zaïroise 1960-1980 », in *Penant*, 777 – 778, 1982, p. 5-31.

- PIERARD, J-P., « La situation juridique de l'individu dans la société zaïroise », in *RJZ*, 3, 1973, p. 281-285.
- TSHIBANGU KALALA LAMATA, « La protection juridictionnelle des droits de l'homme dans la jurisprudence administrative de la Cour Suprême de Justice », in *RJZ*, 1-2-3, 1995, p. 5-13.

5. Relation Eglises et Etat

5.1. Ouvrages

- AHANHANZO, M., *Religion, culte et politique en Afrique noire*, Paris, Edition Economica – Présence Africaine, 1981, 376 p.
- BUSUGUTSALA GANDAYI GABUDISA, *L'Eglise et l'Etat dans la question scolaire au Zaïre de Léopold II à Mobutu Sese Seko 1885 – 1985. Doctrines sous-jacentes, fondements juridiques et praxis*, Thèse doctorale, Université Saint-Paul, Ottawa, 1986, 450 p.
- D'ONORIO, J-B, *Le Saint-Siège dans les relations internationales*, Paris, Cerf/Cujas, 1989, 469 p
- MINNERATH, R., *L'Eglise et les Etats concordataires (1846-1981). La souveraineté spirituelle*, Paris, Cerf, 1983, 510 p
- SORAS, A., *Relation de l'Eglise et de l'Etat dans les pays d'Afrique francophone*, Paris, Mame, 1963, 157 p.
- The Ministry of Foreign Affairs of the Slovak Republic – The Pontifical Oriental Institute in Rome – The Embassy of the Slovak Republic to the Holy See, *International Bilateral Legal Relations between the Holy See and States: Experiences end Perspectives*, Città del Vaticano, Libreria Editrice Vaticana, 2003, 362 p.

5.2. Articles de revues

- ABEMBA, J., « Pouvoir politique traditionnel et Islam au Congo oriental », in *Les cahiers du Cedaf*, 2, 1971, 42 p.
-MINNERATH, R., « Le Saint-Siège en droit international », in *Αφιερωμα εισ τον Κωνσταντιϖον Βαβουσκον τ. Γ*, ΘΕΣΣΑΛΟΝΙ ΚΗ, ΕΚΔΟΣΕΙΣ ΣΑΚΚΟΥΛΑ, 1990, p. 305–312.
- Idem, « The Position of the Catholic Church Regarding Concordats from a Doctrinal and Pragmatic Perspective » in *CULR*, 47/2, 1998 p. 467-468.
- NAUROIS, L. de, « Église et État » in *Encyclopaedia Universalis*, tome 7, Paris, UE France, 1990, p. 976-981.
- NYS, E., « Le droit international et la Papauté », in *Extrait de la Revue de Droit international et de Législation comparée*, 1878, p. 36.

- MUNAYI MUNTU-MONJI, « La déportation et le séjour des kimbanguistes dans le Kasaï-Lukénié (1921-1960) », in *Zaïre-Afrique*, 119, 1977, p. 555-573.

6. Généralités

6.1. Ouvrages généraux

- ABEL, A. et alii, *Les Musulmans noirs du Maniema*, Bruxelles, Publication du Centre CEPMMC, 1960, 160 p.
- ADU BOAHEN, A., *Histoire générale de l'Afrique. L'Afrique sous domination coloniale 1880-1935*, Paris, Unesco / Nea, 1987, 937 p.
- ASCH, S., *L'Eglise du Prophète Kimbangu. De ses origines à son rôle actuel au Zaïre (1921-1981),* Paris, Karthala, 1983, 342 p.
- ASSANI MPOYO KALEMA, *La Problématique philosophique de la laïcité d'Etat au Zaïre*, Thèse de doctorat, Université de Poitiers, 1992, 507 p.
- AXELSON, S., *Culture confrontation in the lower Congo. From the Old Congo Kingdom to the Congo Independent State with special reference to the Swedish Missionarie in the 1880's and 1890's.* , Falköping, Gummessons, 1970, 339 p.
- BONTINCK, F., *L'évangélisation du Zaïre*, Kinshasa, Ed. Saint Paul Afrique, 1980, 63 p.
- BRAEKMAN, E.M., *Histoire du protestantisme au Congo*, Bruxelles, Editions de la librairie des Eclaireurs Unionistes, 1961, 391 p.
- BRUNSCHWIG, H., *L'avènement de l'Afrique noire*, Paris, Librairie Armand Colin, 1963, 248 p.
- CORNEVIN, R., *Histoire de l'Afrique (tome III). Colonisation, décolonisation, indépendance*, Paris, Payot, 691 p.
- CORNEVIN, R., *Le Zaïre (ex-CONGO-KINSHASA),* Paris, PUF, 1972, 128 p.
- DE MEESTER, P., *L'Eglise de Jésus Christ au Congo-Kinshasa. Notes inchoatives et marginales pour une histoire contemporaine*, Lubumbashi, Editions du Centre Interdiocésain, 1998, 234 p.
- DEROY, E., *Le Congo. Essai sur l'histoire religieuse de ce pays depuis sa découverte (1484) jusqu'à nos jours*, Huy, Charpentier & Edmond, 1894, 264 p.
- DIANGENDA KUNTIMA, J., *L'histoire du Kimbanguisme*, Châtenay-Malabry, Editions E.KI, 2003, 343 p.
- EKOUE AMAÏZO, Y. (Sous la direction), *L'Afrique est-elle incapable de s'unir ?* , Paris, L'Harmattan, 2002, 664 p.

- KABONGO-MBAYA, Ph. B., *Eglise du Christ au Zaïre : Analyse historique et sociologique de sa formation et recherche étiologique de ses déterminants*, Thèse de doctorat, USHS, Strasbourg, 1989, 838 p.

- LANTERNARI, V., *Movimenti religiosi di libertà e di salvezza dei popoli oppressi*, Milano, Feltrinelli, 1974, 365 p.

- LATOUR DA VEIGA PINTO, F., *Le Portugal et le Congo au XIXème siècle*, Paris, PUF, 1972, 342 p.

- MACGAFFEY, W., *Modern Kongo Prophets. Religion in a Plural Society*, Bloomington, Indiana University Press, 1983, 285 p.

- MANZANZA MWANANGOMBE, W., *La constitution de la hiérarchie ecclésiastique au Congo Belge (10 novembre 1959). Prodromes et réalisation*, Frankfurt, Peter Lang, 2003, 258 p.

- MARCHAL, J., *L'Etat libre du Congo : Paradis perdu. L'histoire du Congo 1876-1900*, volume1, Borgloon, Editions Paula Bellings, 1996, 429 p.

- MARKOWITZ, M. D., *Cross an Sword. The Political Role of Christian Mission in the Belgian Congo, 1908-1960*, California, Hoover Institution Press, 1973, 221 p.

- MARTIN, M-L. , *Kimbangu. An African prophet and his church*, W.B. Eerdmans publishing company, 1975, 198 p.

- MAUREL, A., *Le Congo. De la colonisation belge à l'indépendance*, Paris, 1992, 352 p.

- McGAVRAN, D. A. and RIDDLE, N., *Zaïre: Midday in Missions*, Valley Forge, Judson Press, 1979, 252 p.

- MUHOLUNGU MALUMALU, A., *La politique du recours à l'authenticité au Congo-Zaïre sous le régime de Mobutu (1965-1997)*, Thèse de doctorat, Université Pierre Mendes France de Grenoble, 1999, 539 p.

- MUNAYI MUNTU-MONJI, Les vingt-cinq ans de la Faculté de Théologie protestante au Zaïre 1959-1984, Kinshasa, Publications de la FTPZ, 1984, 161 p.

- MUNONGO BANIANGA, *Aspects du protestantisme dans le Congo-Zaïre indépendant*, Thèse de doctorat, Université Charles De Gaulle Lille III, 2000, 420 p.

- NDAYWEL E NZIEM, I., *Histoire générale du Congo. De l'héritage ancien à la République Démocratique*, Bruxelles, Afrique Editions, 1998, 955 p.

- NKULU BUTOMBE, J. I., *La Question du Zaïre et ses répercussions sur les juridictions ecclésiastiques (1865-1888)*, Kinshasa, FTCK, 1982, 171 p.

- NGOMO OKITEMBO, L., *L'engagement politique de l'Eglise catholique au Zaïre (1960-1992)*, Thèse de doctorat, Université des Sciences Humaines Strasbourg II, Strasbourg, 1996, 325 p.

- ROEYKENS, A., *L'initiative africaine de Léopold II et l'opinion publique belge*, tome I, Bruxelles, ARSOM, 1963, 672 p.
- SINDA, M., *Le messianisme congolais et ses incidences politiques. Kimbanguisme – matsouanisme – autres mouvements*, Paris, Payot, 1972, 390 p.
- WAUTERS, A-J., *Histoire politique du Congo Belge*, Bruxelles, Van Fleteren Ed. , 1911, 435 p.
- WAUTERS, A. – J., *L'Etat Indépendant du Congo*, Bruxelles, Librairie Falk Fils, 1899, 527 p.
- *L'Afrique est-elle incapable de s'unir ?* , Sous la direction de Yves EKOUE AMAÏZO, Paris, L'Harmattan, 2002, 664 p.

6.2. Articles de revues

- BALAAMO MOKELWA, J-P., « L'avenir de l'Eglise en Afrique: Points de vue des missionnaires », in *Dialogue*, 233, 2004, p. 65-98.
- Idem, « Les guerres imposées et les menaces de disparition de certains peuples de l'Afrique centrale. Cas des Lega et de l'esclavagisme arabe à l'Est du Congo au 19ème siècle », in *Mutanga*, II, 2, 2005, p. 55-79.
- Idem, « La mystique spirituelle africaine », in *Tuj-i-buntu*, 40, 2004, p. 39-41.
- BEECKMANS, R., « Le Centenaire protestant au Zaïre (1878-1978) », in *Zaïre-Afrique*, 130, 1978, p. 589-598.
- CAMPICHE, R., « La régulation de la religion par l'Etat et la production du lien social », in *Arch. de Sc. soc. des Rel.*, 121, 2003, p. 5-15.
- CÔTE, P., « Autorité publique, pluralisation et sectorisation religieuse en modernité tardive », in *Arch. de Sc. soc. des Rel.*, 121, 2003, p. 19-39.
- DUPUY, R-J., « La crise de la nation et ses implications internationales », in *L'année canonique*, 37, 1995, p. 131-136.
- EKANZA, S-P., « Le double héritage de l'Afrique », in *Le Christ au monde*, 3, 2007, p. 235-247.
- LECLERE, L., « La politique étrangère de la Belgique », in *Cahiers de Politique Etrangère*, 82, 1939, p. 5-28.
- MASIALA MA SOLO, « Quelques évènements ayant accompagné la naissance de l'unité de l'Eglise du Christ au Congo », in *Revue du Crip*, 1, 2002, p. 213-222.
- MWENZE CHIRUHLWIRE NKINGI, « Les méfaits des sectes : une responsabilité collective », in *Revue du Crip*, 1, 2002, p. 401-418.
- NGUZA KARL – I – BOND, « Dix ans de pouvoir : Idées-forces du Mobutisme », in *Studia diplomatica*, 1, 1976, p. 3-39.

- SAKOMBI INONGO, « L'authenticité », in *Chronique de politique étrangère*, 3, 1973, p. 267-295.

- YOGOLELO TAMBWE YA KASIMBA, « Notes introductives à l'histoire du Congo ancien et du Congo moderne », in *Cahiers africains*, 65-66-67, 2004, p. 47-58.

7. Dictionnaires et Encyclopédies

DE NAUROIS, L., « Église et État » in *Encyclopaedia Universalis*, corpus 7, Paris, UE France, 1990, p. 976.

NAZ, R., « Le droit des missions », in *DDC*, tome VI, Letouzey et Ané, 1957, col. 916.

NAZ, R., « Mission », in *DDC*, tome VI, Paris Letouzey et Ané, 1957, col. 901.

NAZ, R., « Préfet apostolique », in *DDC*, tome VII, Paris Letouzey et Ané, 1965, col. 166.

Idem, « Vicaire apostolique », in *DDC*, tome VII, Paris Letouzey et Ané, 1965, col. 1479.

XXX, « Concordat », in *Catholicisme*, tome II, Paris, Letouzey et Ané, 1949, col. 1456.

XXX, « Concordat », in *DTC*, tome III, Paris, Letouzey et Ané, 1938, col. 728.

Index alphabétique

Table des matières

L'HARMATTAN, ITALIA
Via Degli Artisti 15 ; 10124 Torino

L'HARMATTAN HONGRIE
Könyvesbolt ; Kossuth L. u. 14-16
1053 Budapest

L'HARMATTAN BURKINA FASO
Rue 15.167 Route du Pô Patte d'oie
12 BP 226
Ouagadougou 12
(00226) 50 37 54 36

ESPACE L'HARMATTAN KINSHASA
Faculté des Sciences Sociales,
Politiques et Administratives
BP243, KIN XI ; Université de Kinshasa

L'HARMATTAN GUINEE
Almamya Rue KA 028
En face du restaurant le cèdre
OKB agency BP 3470 Conakry
(00224) 60 20 85 08
harmattanguinee@yahoo.fr

L'HARMATTAN COTE D'IVOIRE
M. Etien N'dah Ahmon
Résidence Karl / cité des arts
Abidjan-Cocody 03 BP 1588 Abidjan 03
(00225) 05 77 87 31

L'HARMATTAN MAURITANIE
Espace El Kettab du livre francophone
N° 472 avenue Palais des Congrès
BP 316 Nouakchott
(00222) 63 25 980

L'HARMATTAN CAMEROUN
BP 11486
Yaoundé
(00237) 458 67 00
(00237) 976 61 66
harmattancam@yahoo.fr

642897 - Mars 2016
Achevé d'imprimer par

1livre.com
du rêve à la réalité !

www.ingramcontent.com/pod-product-compliance
Lightning Source LLC
LaVergne TN
LVHW011501061026
849535LV00004BA/1167
9782296054011